Indice

Come è fatto *il Balboni B-Due* e perché

Il principio base: innovazione innestata sulla tradizione

L'ipotesi fondante è che le "mode" glottodidattiche, che contrappongono "vecchio" a "nuovo", siano un danno per la didattica. Questo manuale è:

a. ***innovativo***

- nella *preminenza data alla comprensione orale*, pur temperata dalla volontà di non costringere lo studente adulto a parlare troppo precocemente; questa circostanza rischia, infatti, di innescare filtri affettivi, paura di perdere la faccia e di sbagliare, emozioni che producono danni permanenti nel percorso acquisitivo;
- nell'*approccio induttivo*, per cui una regola grammaticale viene prima intuita e poi, con l'aiuto del manuale e sotto la guida sapiente del docente, solo successivamente sistematizzata, senza trovarla quasi mai pronta all'uso: se non si usa la testa autonomamente, non si acquisisce stabilmente;
- nello *sviluppo lessicale*, anche questo ottenuto secondo un principio intuitivo prima e sistematico poi, con 30 momenti di autovalutazione della propria memorizzazione lessicale.

b. ***tradizionale*** in quanto:

- dopo i percorsi induttivi, i materiali diventano oggetto di sistematizzazione grammaticale e poi di esercitazione, di fissazione anche meccanica;
- accanto alla strutturazione per *atti comunicativi*, che realizzano le varie funzioni, ci sono i corrispondenti aspetti grammaticali;
- sul piano dello sviluppo delle abilità prevalgono quelle ricettive (ascolto e lettura) per evitare, come si è detto precedentemente, una richiesta troppo precoce di "buttarsi e nuotare", che è bella come idea, ma spesso blocca gli studenti, soprattutto quelli adulti;
- online si trovano materiali supplementari da scaricare e stampare, ma non ci sono attività da svolgere direttamente in rete.

I 10 principi metodologici di base sono descritti nella *Guida* online, accessibile gratuitamente a docenti e studenti.

La struttura del manuale

Un diagramma può facilmente illustrare lo schema costruttivo, l'architettura dei quattro manuali del corso (*A-Uno*, *A-Due*, *B-Uno* e *B-Due*):

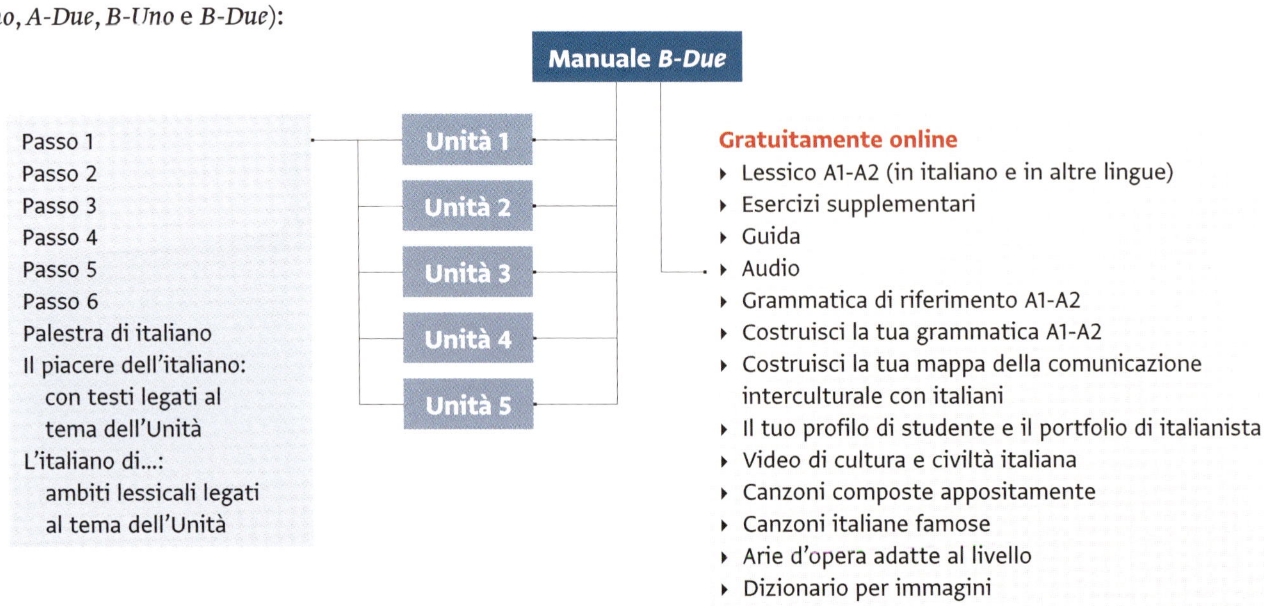

Paolo E. Balboni

il BALBONI B-DUE

Corso comunicativo di italiano per stranieri

Bonacci editore

LŒSCHER EDITORE © Loescher Editore - Torino 2017
http://www.loescher.it

Ristampe

6	5	4	3	2	1	N
2022	2021	2020	2019	2018	2017	

ISBN 9788820128579

Nonostante la passione e la competenza delle persone coinvolte nella realizzazione di quest'opera, è possibile che in essa siano riscontrabili errori o imprecisioni. Ce ne scusiamo fin d'ora con i lettori e ringraziamo coloro che, contribuendo al miglioramento dell'opera stessa, vorranno segnalarceli al seguente indirizzo:

Loescher Editore
Sede operativa
Via Vittorio Amedeo II, 18
10121 Torino
Fax 011 5654200
clienti@loescher.it

Loescher Editore Divisione di Zanichelli Editore S.p.A. opera con sistema qualità certificato KIWA-CERMET n. 11469-A secondo la norma UNI EN ISO 9001:2008

Coordinamento editoriale: Chiara Romerio
Coordinamento redazionale: Francesca Asnaghi
Progetto grafico: Laura Rozzoni
Impaginazione: Colibrì Graphic Design, Rapallo
Redazione: Marta Falco e Giovanna Lombardo
Illustrazioni: Franco Grazioli
Ricerca iconografica: Maurizio Dondi
Cartine: Studio Aguilar s.a.s.

Redazione materiali online: Simona Ricci
Impaginazione materiali online: Giulia Giuliani

Stampa: Vincenzo Bona S.p.A.
Strada Settimo, 370/30
10156 Torino (TO)

Ogni **Passo**:

a. è un'***unità di acquisizione***, cioè un blocco minimo di contenuti che può essere affrontato in 2-3 ore più lavoro domestico;

b. è organizzato secondo il ***percorso naturale di acquisizione***:
- si apre con una fase di ***comprensione globale***, intuitiva e generale, che fa molto ricorso alla memoria visiva, che si lega immediatamente con una fase di produzione sempre più autonoma, adatta a un B2;
- lentamente la **percezione** da globale si fa ***analitica***, focalizzandosi su alcuni punti: è la fase di riflessione sulla lingua che riguarda elementi introdotti *intuitivamente* nei Passi precedenti;
- in conclusione si procede a una ***sintesi***, che spesso è molto ampia e quindi è ospitata anche nella sezione degli esercizi supplementari.

c. è costituito da ***tre tipi di attività***:
- esercizi di carattere ***induttivo***, in cui lo studente viene portato a *scoprire* la "grammatica" (nel senso più ampio), secondo i principi naturali del meccanismo di acquisizione linguistica;
- esercizi di carattere ***applicativo***, cioè esercizi tradizionali che aiutano a fissare e a riutilizzare quanto scoperto; molti di questi esercizi sono nella ***Palestra di italiano*** alla fine dell'Unità e soprattutto negli Esercizi supplementari scaricabili e stampabili, che costituiscono un quaderno di esercizi parallelo al volume - e gratuito;
- esercizi di ***ricapitolazione***, costituiti sia da sintesi grammaticali sia da esercizi conclusivi (presenti alla fine di ogni Unità didattica) sia da una sintesi lessicale.

d. include almeno un audio: alla base dell'approccio comunicativo naturale che sorregge questo manuale sta il **principio di Krashen** secondo il quale si acquisisce una lingua attraverso un ***input reso comprensibile*** dal manuale e dall'insegnante.
Gli audio di un B2 sono lunghi e complessi, quindi le trascrizioni, quando non sono presenti nel volume, sono disponibili, anche con commenti lessicali e grammaticali, tra gli esercizi supplementari online.

e. propone, sparsi qua e là, dei **post-it**, mini appunti con un elemento linguistico che non vale la pena trattare analiticamente, ma che può essere utile.

f. propone le sezioni ***Il piacere dell'italiano*** e ***L'italiano di...*** (dell'arte, della musica, del cinema, del lavoro ecc.): due sezioni di uso dell'italiano, non finalizzate alla riflessione ma che sviluppano la comprensione (ascolto e lettura), il lessico, e soprattutto offrono una lingua alta, complessa, adeguata a un B2. Non serve che capiscano ogni parola, almeno in classe: se le attività sono condotte bene, con discussione e coinvolgimento, si può essere certi che a casa rileggeranno e cercheranno una comprensione più analitica.

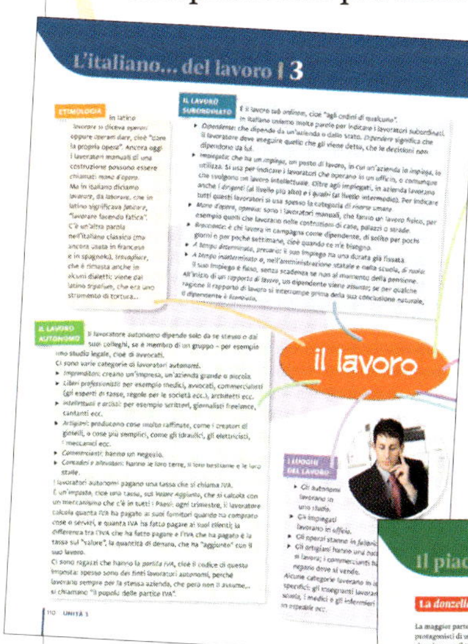

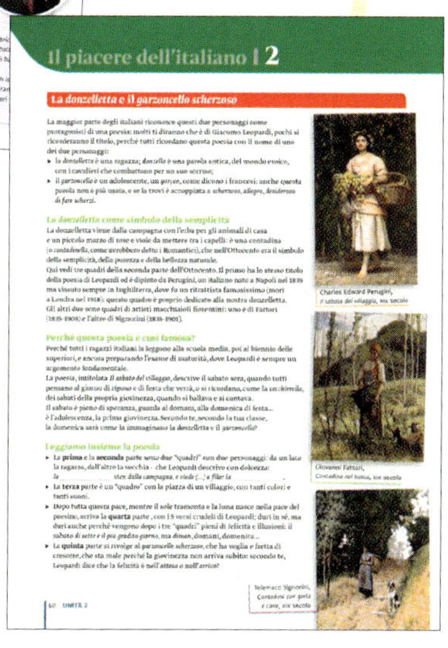

Sillabo *B-Due*

Unità didattica 1 (Passi 1-6)

FUNZIONI

Funzione personale
- esprimere amore, allegria, felicità
- esprimere nostalgia, tristezza

Funzione interpersonale
- invitare a condividere ricordi

Funzione regolativa
- preparare un itinerario turistico

Funzione referenziale
- parlare del passato concluso e lontano
- raccontare biografie
- indicare la posizione, il luogo
- descrivere chiese e iconografia cristiana

Funzione metalinguistica
- uso dei dizionari e interpretazione dei lemmi

Strategie comunicative
- fare e comprendere perifrasi di parole sconosciute

GRAMMATICA

Articolo, nome, aggettivo, pronome:
- le diverse sfumature di significato dei sinonimi
- *esso, essa, essi, esse*

Verbo
- participio presente
- passato remoto regolare e non, passivo e impersonale
- trapassato remoto
- i diversi tempi usati per il passato

Preposizioni, congiunzioni, avverbi
- *a/in* nell'indicazione di stato in luogo

Testualità
- trasformazione di un dialogo in narrazione scritta

Strategie di memorizzazione
- le famiglie di verbi irregolari
- le mappe lessicali create autonomamente

Strategie di studio
- uso del dizionario monolingue

Ambiti lessicali
- sentimenti di felicità e di tristezza
- l'italiano della religione

Cultura e civiltà italiana
- bioschede di Dante, Lorenzo de' Medici, Cesare Borgia, Gioacchino Rossini, Federico Fellini, Vasco Rossi
- i Macchiaioli
- le superstizioni popolari
- l'iconografia dei santi
- il gusto per la meccanica e la velocità di emiliani e romagnoli

Testi
- Dante Alighieri
- Lorenzo de' Medici
- Francesco Maria Piave e Giuseppe Verdi
- Giuseppe Ungaretti
- Marco Polo
- Cristoforo Colombo

Unità didattica 2 (Passi 7-12)

FUNZIONI

Funzione personale
- esprimere solitudine e incomprensione
- esprimere rabbia, frustrazione

Funzione interpersonale
- dialogare con una persona ostile (in realtà o nella percezione)

Funzione referenziale
- trasformare un discorso diretto in un racconto
- raccontare il proprio passato
- descrivere il carattere delle persone

Funzione metalinguistica
- uso dei dizionari
- individuazione delle caratteristiche che descrivono le varie età della vita
- recupero della terminologia grammaticale

Strategie comunicative
- aggirare le difficoltà linguistiche

GRAMMATICA

Articolo, nome, aggettivo, pronome
- derivazione di nomi da verbi
- il prefisso privativo *-a*
- variazioni quando si passa dal discorso diretto all'indiretto
- vari usi di *chi*

Verbo
- la corrispondenza dei verbi tra discorso diretto e indiretto
- ripresa dell'impersonale

Preposizioni, congiunzioni, avverbi
- variazioni quando si passa dal discorso diretto all'indiretto

Testualità
- dal discorso diretto a quello indiretto

Ambiti lessicali
- l'ambiguità e la complessità del lessico
- le definizioni delle varie età
- la lingua della scuola e dell'università
- italiano burocratico vs. italiano quotidiano

Cultura e civiltà italiana
- la struttura scolastica
- la scuola e il mondo dell'adolescenza
- le iniziative per gli anziani

Testi
- Giacomo Leopardi
- Don Lorenzo Milani

Unità didattica 3 (Passi 13-18)

FUNZIONI

Funzione personale
- parlare delle proprie condizioni economiche, reali o percepite

Funzione interpersonale
- fare patti, porre condizioni

Funzione regolativa
- comprendere testi giuridici

Funzione referenziale
- comprendere e dare spiegazioni di un testo tecnico (giuridico)
- fare ipotesi
- trarre conclusioni
- raccontare gestendo le sequenze temporali
- riferire quanto ascoltato

Funzione metalinguistica
- comprendere e spiegare termini tecnici attraverso perifrasi
- definire parole

GRAMMATICA

Verbo
- i modi e i tempi nelle frasi unite da connettori di varia natura

Preposizioni, congiunzioni, avverbi
- sintesi dei connettori
- le preposizioni che seguono i verbi

Testualità
- il meccanismo di coesione nella frase e nel periodo
- caratteristiche dei testi referenziali
- il genere testuale *definizione*

Strategie di memorizzazione
- accoppiare i verbi e le preposizioni corrispondenti

Ambiti lessicali
- il mondo del lavoro
- ricchezza e povertà

Cultura e civiltà italiana
- il lavoro nella Costituzione
- il lavoro nella storia dell'arte
- le condizioni economiche degli italiani

Testi
- Costituzione Italiana
- articolo di giornale

Unità didattica 4 (Passi 19-24)

FUNZIONI

Funzione personale:
- esprimere i propri gusti, anche in maniera entusiastica ed eventualmente con ‘parolacce’
- cambiare un’opinione
- condividere un’opinione
- esprimere un’opinione contrastante rispetto agli altri

Funzione referenziale:
- descrivere opere d’arte, musiche e film con attenzione alle microlingue

Strategie comunicative
- comprensione di parole ignote attraverso la logica

GRAMMATICA

Articolo, nome, aggettivo, pronome
- *bello*, *quello*, *buono* davanti a vocale, consonante, *z* e *s* impura
- gli alterati
- plurale dei nomi composti
- ripresa dei pronomi indefiniti
- ripresa dei pronomi relativi

Verbo
- la concordanza tra principale e secondaria

Preposizioni, congiunzioni, avverbi
- formazione degli avverbi di modo
- comparativo e superlativo degli avverbi

Strategie di memorizzazione
- traduzione in lingua materna dei termini microlinguistici dei tre settori lessicali affrontati

Ambiti lessicali
- l’italiano della storia dell’arte
- l’italiano della musica
- l’italiano del cinema

Cultura e civiltà italiana
- pittura, scultura, architettura, arti ‘minori’
- lo scambio interculturale tra il Mille e il Rinascimento
- il melodramma italiano
- il cinema italiano

Unità didattica 5 (Passi 25-30)

FUNZIONI

Funzione poetico-immaginativa
- saper costruire un racconto
- saper scegliere le parole e le immagini che creano un’atmosfera
- saper usare le tecniche della “persuasione occulta” per orientare la percezione del lettore

Funzione referenziale:
- saper descrivere un ambiente, un’atmosfera
- saper caratterizzare personaggi
- saper “mostrare” eventi e sensazioni, senza necessariamente descriverli

GRAMMATICA

Articolo, nome, aggettivo, pronome
- *grande* + aggettivo
- aggettivi che reggono *di* / *a* + infinito
- vari usi di *ci*
- ripresa dei femminili in *-trice* e *-essa*

Verbo
- Verbi riflessivi con il pronome *ne*

Testualità
- la funzione del parallelismo o bilanciamento
- la funzione del *leitmotiv*, dell’immagine ricorrente
- descrizione oggettiva e soggettiva

Ambiti lessicali
- l’italiano della letteratura

Cultura e civiltà italiana
- la narrativa poliziesca e noir
- il cinema da Oscar

1

Romantici, malinconici, allegri, paurosi, coraggiosi, un po' matti

Come sono gli italiani? Definire 60 milioni di persone è difficile: gli italiani sono tante persone con un nome e un cognome (talvolta di origine araba, asiatica, slava ecc.).
In questa Unità impareremo alcune *parole chiave* per capire meglio gli italiani, che possono essere *romantici, malinconici, allegri, paurosi, coraggiosi, un po' matti*.

Imparo l'italiano per:

- parlare dell'amore, delle passioni, della tristezza, dell'allegria
- raccontare cose del passato
- invitare qualcuno a condividere i propri ricordi
- guidare gli amici in itinerari tra le chiese e l'arte di una città

So come funzionano:

- passato remoto, trapassato remoto e le famiglie di verbi irregolari
- participio presente
- famiglie lessicali
- dizionari

Conosco alcune cose dell'Italia:

- notizie su Dante e Lorenzo de' Medici
- le superstizioni degli italiani
- notizie su Marco Polo e Cristoforo Colombo
- notizie sul carattere di noti personaggi emiliani e romagnoli
- la religiosità e il significato delle icone nell'arte cristiana

Ricorda che il libro continua online

P1 Uno | Gli italiani sono... romantici

Comprensione

Il Castello di Gradara

1 L'amore è uno shock... e anche questo testo lo è!

Questo testo sarà uno shock perché è molto difficile!
È il testo più difficile che hai letto finora: ma ce la farai, riuscirai a capirlo e, speriamo, ad amarlo.
Fai un passo alla volta, condividendo con la classe quello che sai.

a. Quando è vissuto, più o meno, Dante Alighieri? Qual è la sua opera più importante?

....

b. Quest'opera è un viaggio nell'*aldilà*, cioè nel mondo che è *al di là di questo mondo*, là dove vivono le anime dei morti. Sai che cosa sono le *anime*? Scoprilo con la classe.

c. Le anime dei morti possono andare in tre luoghi, che corrispondono alle tre parti dell'opera di Dante: *Inferno*, *Purgatorio* e *Paradiso*. Le anime buone vanno ***in*** ....; le anime buone che hanno peccato (*peccare* = fare qualcosa di male) ma che si sono pentite (*pentirsi* = chiedere perdono per il proprio peccato) vanno per un certo tempo ***in*** ....; le anime che hanno peccato e non si sono pentite vanno ***all'***.............................. .

d. Nel suo viaggio Dante incontra centinaia di persone, che sono simboli di cose buone e di cose cattive. Nel testo che stai per leggere incontra due innamorati famosi in tutto il mondo, Paolo e Francesca, la cui storia si svolge nel castello di Gradara, vicino a Rimini. Paolo e Francesca si amano, sono innamorati: questa è una cosa che porta ◯ all'Inferno ◯ in Paradiso.

e. Francesca però è sposata con il fratello di Paolo... Un giorno sta leggendo con Paolo la storia di Lancillotto (un cavaliere di Re Artù) e di Ginevra (la moglie di Re Artù) che si innamorano e diventano amanti (cioè fanno l'amore). Paolo e Francesca si guardano, si baciano e smettono di leggere il libro, dove avrebbero scoperto che l'amore può portare alla morte. Il bacio porterà Paolo e Francesca ◯ all'Inferno ◯ in Paradiso.

2 Le tre facce dell'amore secondo Dante.

Dante è all'Inferno, tra coloro che hanno peccato. I peccatori di questa zona dell'Inferno hanno fatto sesso fuori dal matrimonio. Dante, che conosce bene la forza dell'amore, della passione e del desiderio, descrive queste anime trascinate dal vento (simbolo della passione).
Nel dialogo con queste anime Dante scrive tre cose sull'amore: leggile, poi abbina il numero della spiegazione al verso corrispondente:

◯ Amor, ch'al cor gentil ratto s'apprende
◯ Amor, ch'a nullo amato amar perdona
◯ Amor condusse noi ad una morte

1. L'amore entra rapidamente in un cuore gentile, dolce, onesto.
2. Nessuna persona amata può resistere alla forza dell'amore, che la obbliga a rispondere all'amore che riceve.
3. L'amore ci ha portato a morire insieme, allo stesso modo.

Gustave Doré, *Paolo e Francesca*, XIX secolo

3 Un primo passo nel testo.

Come abbiamo detto, questo testo è difficile visto che ha 700 anni, ma ce la puoi fare. Intanto cerca di capirlo globalmente.

Noi leggiavamo un giorno per diletto di Lancialotto come amor lo strinse; soli eravamo e sanza alcun sospetto.	Un giorno, per divertimento, noi leggevamo la storia di Lancillotto, di come l'amore lo aveva stretto con la sua forza; eravamo soli e non immaginavamo quello che stava per succedere.
Per più fïate li occhi ci sospinse quella lettura, e scolorocci il viso; ma solo un punto fu quel che ci vinse:	Varie volte quella lettura ci ha spinto a guardarci negli occhi, e ci ha tolto il colore dal viso; ma solo un punto ci ha vinto, è stato più forte di noi:
Quando leggemmo il disïato riso esser basciato da cotanto amante, questi, che mai da me non fia diviso,	quando abbiamo letto che il sorriso [di Ginevra] tanto desiderato veniva baciato da un tale amante [Lancillotto], lui [Paolo], che non sarà mai separato da me,
la bocca mi basciò tutto tremante. Galeotto fu 'l libro e chi lo scrisse: quel giorno più non vi leggemmo [avante.	mi ha baciato la bocca, tremando [di emozione e di paura]. Per noi, Galeotto [colui che fece diventare amanti Lancillotto e Ginevra] è stato questo libro e chi lo ha scritto: da quel giorno non siamo più andati avanti a leggere.

4 Leggiamo meglio: completa con le parole dei versi che ti servono per capire.

a. Paolo e Francesca stanno leggendo per il piacere di leggere, *per* .... (da qui viene la parola *dilettante*, cioè una persona che suona, dipinge, recita ecc. per il piacere di farlo); sono soli, non hanno alcun pensiero "cattivo", non immaginano quello che può succedere: sono *sanza* ....

b. Mentre leggono, i loro occhi si guardano, il viso diventa bianco, perde colore, si *scolora*; oggi la forma è *ci scolorò*, ma nel Trecento si poteva unire il pronome riflessivo al verbo: ....

c. L'amore è forte e Dante lo descrive con verbi che indicano azioni decise. L'amore è più forte di Lancillotto: *amor lo* .... (passato remoto di *stringere*); l'amore è più forte di Paolo e Francesca: *solo un punto ci* .... (passato remoto di *vincere*).

d. Lancillotto, ... (un amante di tale fama), bacia il *disïato* ...., cioè quel sorriso tanto desiderato. *Disiare* è una forma antica del verbo *desiderare*; la *ï* con la dieresi (i due puntini) indica che le lettere *-ia* fanno parte di due sillabe diverse: *di-si-a-to*. Il desiderio è durato molto tempo, e lo senti nel suono allungato della parola stessa.

e. Paolo e Francesca hanno peccato, sono stati uccisi e sono all'Inferno: lei è pentita? Capisce che tradire il marito è stato male? Potrebbe tornare indietro e dimenticare Paolo? La risposta è chiara: *che mai da me* ....; *fia* è una forma antica di *sarà*, il futuro di *essere*.

5 Ascolta questi 12 versi del V (quinto) Canto dell'*Inferno* nell'AUDIO 1.

a. Ascolta l'audio con pause e prova a ripetere i versi per sentirne il ritmo. Sono tutti versi di 11 sillabe, con l'accento finale sempre sulla sillaba numero 10: è il verso tipico della poesia italiana, l'*endecasillabo* (dal greco *endeca*, "undici").

b. Dante è cattolico, crede che il sesso sia legato al matrimonio, quindi mette Paolo e Francesca all'Inferno. Ma secondo te, il cuore di Dante è più vicino alla legge morale o alla forza della passione tra Paolo e Francesca?

6 Dopo essere tornata a casa da scuola, Renata parla con la madre.

a. Per Renata la storia di Paolo e Francesca è bellissima e la racconta alla madre (*ma'*, come dice lei). Che cosa dirà alla madre? Proviamo a fare delle previsioni.

1. Secondo Renata Dante è *forte* (che nel linguaggio dei ragazzi significa "bravo", "simpatico") perché sembra essere dalla parte di Dio, che mette i due amanti all'Inferno, ma in realtà è dalla parte di ....
2. Renata racconta che Paolo e Francesca *stavano leggendo* la storia di Lancillotto e Ginevra. *Stavano leggendo* indica che l'azione ○ è continuata, cioè dura un po' di tempo ○ avviene in un preciso momento.

COME E PERCHÉ USARE GLI *AUDIO CON PAUSE*

A casa ti consigliamo di ascoltare gli audio con pause per poter ripetere (le frasi sono lunghe, quindi richiedono attenzione!), registrando sullo smartphone la voce che viene dal computer e la tua ripetizione, in modo da poterle poi confrontare.

3. Un racconto è sempre costruito a partire da una situazione, descritta con l'imperfetto. Poi avviene qualcosa e inizia l'azione. In italiano parlato quel "qualcosa" è raccontato di solito con il passato **prossimo** (*Stavo leggendo e mi* ***sono addormentato***); nei racconti scritti, nei romanzi ecc., invece, si usa il passato **remoto**. Renata lo usa e anche se non lo abbiamo ancora studiato certamente sai intuire il significato:
   Quando **arrivarono** (*passato remoto del verbo* arrivare) al momento in cui Lancillotto bacia Ginevra, Paolo e Francesca si **guardarono** (*passato remoto del verbo* ....), si **baciarono** (*verbo* ....) e **diventarono** (*verbo* ....) amanti. Dante non racconta come **andarono** (*verbo* ....) le cose, ci dice solo che **morirono** (*verbo* ....) insieme e che **continuarono** (*verbo* ....) a stare insieme anche all'Inferno.
4. La madre è sorpresa che un testo di Dante abbia entusiasmato la figlia adolescente (in Italia si studia l'*Inferno* a 16-17 anni, in terza superiore). Perché Renata trova *fortissimo* questo testo, secondo te?

b. Adesso ascolta l'**AUDIO 2** per verificare se le tue previsioni sono corrette.
Renata è rimasta colpita dall'unica cosa che si racconta di Paolo, e lo dice a sua madre in questo modo: «con tutte quelle *t*, ascolta: *tut-to-tre-man-te*...» Che cosa vuole fare notare, secondo te?

Dove trovi le trascrizioni degli audio e come usarle

Le trascrizioni degli audio non sono nel libro ma negli esercizi supplementari online. Ti suggeriamo di stampare gli esercizi e le trascrizioni ogni volta che comincia una nuova Unità, e di inserire le stampe nel quaderno che porti con te insieme al manuale.

prossimo, remoto

Sono due parole antiche che oggi si usano solo parlando del passato dei verbi: *prossimo* = vicino; *remoto* = lontano.

Riflessione sulla lingua

Anselm Feuerbach, *Paolo e Francesca*, 1864

7 Dante è una *forza*... Francesca è una *bellezza*, la sua voce è una *dolcezza*.

Spesso in italiano, per dare più forza a quello che vuoi dire, usi il nome al posto dell'aggettivo, che sarebbe più semplice.

a. *forte* → forza
b. *bella* → ....
c. *dolce* → ....

8 Paolo la baciò tutto *tremante*, diventarono *amanti*, ma il marito di Francesca era *potente* e...

Scrivi da quali verbi derivano e che cosa significano queste parole.

a. *tremante* → .... → una persona che trema
b. *amante* → .... → una persona ....
c. *potente* → .... → ....

Tremante, *amante* e *potente* sono **participi presenti** e stanno al posto di una frase con un pronome relativo. I verbi in ***-are*** hanno il participio presente in ***-ante***, mentre i verbi in ***-ere*** e in ***-ire*** hanno il participio presente in ***-ente***.

a. Spesso ci sono delle coppie di participi, presente e passato, che sono complementari, cioè uno completa l'altro:

- Paolo ama Francesca: lui è l'*amante* e lei è l'*amata*.
- La storia d'amore di Lancillotto e Ginevra è *interess*..............., e io sono *interess*............... a conoscerla meglio.
- Maria Callas fu (passato remoto di *essere*) la più grande *cant*............... lirica: le opere *cant*............... (attento, è plurale femminile!) da lei davano una grande emozione.

b. Altre volte questa corrispondenza non c'è:

- *Questa cosa è* ***importante***: *importante* significa che ....
- *Questa cosa è* ***importata***: *importata* significa che ....

9 **Senza fatica stai imparando anche il passato remoto.**

Nell'**ES. 6** hai trovato la 3ª persona plurale di alcuni verbi al passato remoto; qui ti diamo la 3ª persona singolare: scrivi la 3ª persona plurale dove manca.

		3ª pers. sing.	3ª pers. plur.
arrivare	→	arrivò	....
continuare	→	continuò	....
diventare	→	diventò	....
andare	→	andò	....
morire	→	morì	....
dovere	→	dovette	dovettero
vedere	→	vide	videro
scrivere	→	scrisse	scrissero

I verbi in verde sono **regolari**: in questi casi la 3ª persona singolare ha una caratteristica comune a tutti: hanno l'.................... alla fine.
I verbi in azzurro sono **irregolari**.

!

Tra gli esercizi supplementari online troverai una breve biografia di Dante Alighieri: scoprirai altri passati remoti e potrai ascoltare il testo nell'AUDIO 3.

Userai spesso il **passato remoto** di ***essere***: eccolo.

(io) fui	(noi) fummo
(tu) fosti	(voi) foste
(lui / lei) fu	(loro) furono

Produzione

10 **Tirate a sorte con una moneta: chi vince racconta al compagno la storia di Paolo e Francesca.**

tirate a sorte con una moneta

In Italia quando si tira in aria una moneta per vedere chi vince si dice:

- ***testa*** per indicare la faccia della moneta dove c'è una persona;
- ***croce*** per indicare l'altra faccia, quella con il numero.

11 **In classe o a casa cerca in rete notizie su Paolo e Francesca: quadri, opere e poesie dedicati a loro.**

Poi scrivi un breve testo su questa storia, inserendola nel tema classico "amore e morte", e invialo al tuo insegnante.

12 **Le parole dell'italiano romantico.**

Quali parole italiane conosci per parlare dell'amore? Alcune le hai trovate evidenziate in questo *Passo*.
Condividi con la classe quello che sai e crea alla lavagna delle mappe lessicali, secondo questo modello:

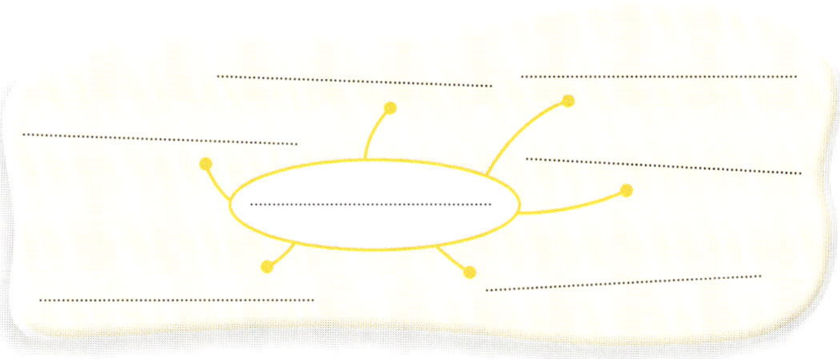

a. Fai una prima mappa sulla parola *amore*. Scrivi qui le parole che secondo te descrivono l'amore.
....

b. Quali aggettivi usi per descrivere l'*amato/a*, cioè la persona che ami? ....
....

c. Quali verbi usi per parlare dell'*amore*? ....
....

Ci sono alcune parole che non hai mai trovato e che l'insegnante ti può aiutare a capire:
amorevole • carino • cotto • sentimentale • sognatore • poetico • corteggiare • adorare

13 **E nella tua lingua?**

Siamo al livello B2: devi cominciare a "sentire" la sottile differenza di significato tra le parole, per esempio tra quelle che hai scritto nell'**ES. 12**. Lavora con i compagni della tua stessa lingua madre e trova il corrispondente corretto di ogni parola.

Due proverbi sull'amore

In amore e in guerra tutto è permesso.
L'amore e la tosse non si possono nascondere.

Che cosa significano secondo te e i tuoi compagni?
Ci sono proverbi simili nella tua lingua?

SECONDO PASSO

P2 Due | Gli italiani sono... malinconici

Comprensione

1 Uno strumento importante: il dizionario.

Gli italiani sono malinconici, dice il titolo del *Passo*. Che sentimento è la malinconia? Nei dizionari trovi definizioni come queste, che spesso sono più difficili da capire della parola che stai cercando.

lett.: "letterario", cioè variante della parola usata in letteratura
ant.: "antico", cioè varianti della parola che si usavano in passato

s.f.: "sostantivo femminile" (*s.m.* è sostantivo maschile)
pl. -nìe: al plurale, finisce in *-nìe* e si pronuncia con l'accento sulla *i*

DIZIONARIO HOEPLI

Malinconia [ma-lin-co-nì-a]
lett. *melanconia*; ant. *malanconia, maninconia, melancolia*
s.f. (**pl. -nìe**)
1 Stato dell'animo che **per naturale temperamento** o **per causa particolare** **è pervaso da una vaga, calma e talvolta dolce mestizia**: *soffre di m.; essere preso da m.; occhi pieni di m.*
2 Pensiero triste che è causa di preoccupazione, di tristezza: *non lasciarti prendere dalle malinconie.*

per naturale temperamento: per il carattere, la personalità che uno ha per natura
per causa particolare: per qualche ragione speciale

è pervaso da una [...] mestizia: è preso, dominato, da una forma di tristezza
vaga, calma e talvolta dolce: imprecisa, calma e in alcuni casi dolce

m. sta per la parola analizzata, in questo caso *malinconia*

intonato a una vaga tristezza: gli strumenti musicali si *intonano*, si accordano sulla stessa nota; due colori si *intonano* perché stanno bene insieme;
vaga: imprecisa, di cui non si conosce la ragione

anche: indica che la parola può avere un altro significato

DIZIONARIO SABATINI-COLETTI

Malinconia [ma-lin-co-nì-a]
lett. *melanconia*; s.f.
1 Stato d'animo **intonato a una vaga tristezza**: *essere* ***in preda*** *alla m.*; **anche carattere di ciò che suscita tale sentimento**: *la m. di un paesaggio*; **2** (spec. pl.) Cosa o pensiero che suscita tristezza: *lasciare da parte le m.*

in preda: il leone è il cacciatore, l'antilope è la preda, cioè chi viene cacciato; la malinconia è come un leone e la persona malinconica è la preda

carattere di ciò che suscita tale sentimento: caratteristica di una cosa o di una situazione (per esempio *un paesaggio*) che produce il sentimento della malinconia nelle persone che la vedono o la vivono

depressione: malattia psicologica

DIZIONARIO DARDANO

Malinconia, *s.f.*
Stato d'animo caratterizzato da un senso di **depressione** e **sottile angoscia**, pur senza un preciso motivo.

angoscia: una paura di cui non sai la causa, che ti toglie il respiro; è come l'ansia
sottile: non è una paura chiara e forte; c'è ma è leggera, sottile

un'alterazione patologica del tono dell'umore: un cambiamento (*alterazione*) dell'umore che è quasi una malattia (*patologia*)

DIZIONARIO TRECCANI

Melanconia (o **malinconia**) **/malinko'nia/**
Stato psichico caratterizzato da **un'alterazione patologica del tono dell'umore**, con un'immotivata tristezza, talora accompagnata da ansia, e **con inibizione di tutta la vita intellettuale.**

/malinko'nia/: è la trascrizione della pronuncia della parola secondo l'alfabeto fonetico internazionale (*IPA*)

con inibizione di tutta la vita intellettuale: impedisce, cioè blocca (*inibisce*), il pensiero, il ragionamento

Che cosa hai capito finora? Che la malinconia è uno stato d'animo, un sentimento. Come si dice nella tua lingua madre? ....

Nei dizionari hai trovato vari **sinonimi**, ma non esistono sinonimi perfetti; i sinonimi indicano *più o meno* lo stesso significato:

- Hoepli: *una vaga, calma e talvolta dolce* ....
- Hoepli: *pensiero triste che è causa di preoccupazione, di* ....
- Sabatini-Coletti: *stato d'animo intonato a una vaga* ....
- Sabatini-Coletti: *carattere di ciò che suscita tale* ....
- Dardano: *senso di* .... *e sottile* ....
- Treccani: *un'immotivata* ...., *talora accompagnata da* ....

Dunque, la malinconia è una forma di *tristezza*, che nella tua lingua si dice .... Talvolta è meno forte della tristezza, è una *mestizia* (parola poco usata); talvolta invece è più forte della tristezza, è simile alla *depressione*, all'*angoscia*, all'*ansia* – in portoghese esiste una parola molto simile, *saudade*, che non ha traduzione piena in altre lingue. I dizionari usano gli **aggettivi** per dire che la malinconia non è una vera tristezza:

- Hoepli: *una* ...., ... *e talvolta* .... *mestizia* (parola simile a malinconia)
- Sabatini-Coletti: *stato d'animo intonato a una* .... *tristezza*
- Dardano: *senso di depressione e* .... *angoscia, pur senza un* .... *motivo*
- Treccani: *un'*.......... *tristezza*

2 **Adesso che hai intuito che cosa è la *malinconia*, possiamo cercare di capire se gli italiani sono malinconici. Leggi questo testo.**

Mario **guidava** con calma tra Napoli e Potenza, il sole **stava** per tramontare, **c'era** quella luce particolare... **Uscì** dall'autostrada perché **aveva** paura di addormentarsi. **Prese** la strada normale, guidando tranquillo, pensando che avrebbe preferito essere a casa, ma il suo lavoro **era** andare in giro a vendere macchine per l'agricoltura... I suoi pensieri **andavano** qua e là, la mente **passava** da una cosa all'altra – i nuovi trattori, gli occhi di Angela, il compleanno tra una settimana, il rumore del motore – quando dopo una curva **vide** i templi e si **ricordò** che la strada passava per Paestum.
Rallentò. **C'era** un'indicazione per un parcheggio, si **fermò**, **scese** dalla macchina, la **chiuse** e si **mise** a camminare verso i templi. Il sole del tramonto **segnava** tutte le colonne con un filo di luce dorata; gli alberi dietro i templi **avevano** le foglie color oro; il tempo **era** fermo. Non **c'era** nessuno.
Mario **sentiva** dentro di sé una felicità piena, ma poi **pensò** che non si può essere fuori dal tempo: le cose passano, le persone che hanno costruito quel tempio sono passate, anche lui è di passaggio a Paestum, nel mondo, nella vita. Questo pensiero però non lo **portò** alla tristezza, all'angoscia: davanti a quella bellezza, la paura del tempo che passa **diventò** una malinconia sottile, delicata.
Gli **venne** in mente Dante: *Era già l'ora che volge il disio / ai navicanti e 'ntenerisce il core / lo dì c'han detto ai dolci amici addio*. Con quale semplicità **era** descritta la malinconia al tramonto, lontani da casa, in quei tre versi...

Era quell'ora del tramonto che porta (*volge*) i naviganti al desiderio (*disio*) di essere ancora a casa, e intenerisce il loro cuore (*core*) con il ricordo del giorno in cui hanno salutato i loro amici.

Mario **guardò** i templi, **pensò** ai secoli in cui l'Italia **dominava** il mondo, in cui senza computer si **progettavano** monumenti che sono ancora lì, dopo 2500 anni - 2500 anni in cui ogni giorno al tramonto il sole disegna linee di luce sulle colonne. Si **sentì** piccolo, tra quei segni della ricchezza e della gloria passata: "Che senso ha il mio correre?", **pensò**. Si **sedette** sull'erba, **sentì** le lacrime che **uscivano** dagli occhi, e poi *l'ora che volge il disio* **finì** e **arrivò** la sera e i templi **diventarono** sempre meno visibili, **diventarono** fantasmi del passato. Si **accesero** delle luci potenti, fortissime. I templi **tornarono** in vita, ma era una vita finta, adatta solo ai turisti che, dietro di lui, **stavano** scendendo da un pullman.

La malinconia che prende Mario ha varie cause:

- la luce del tramonto, quella che *intenerisce il core*;
- il fatto che sta viaggiando per ...., lontano da Angela e da casa;
- il senso del tempo che ....: chi ha costruito quei templi non c'è più;
- il fatto che tra una settimana sarà il suo .... e questo gli ricorda che il tempo passa anche per lui;
- tutte le cose, anche le più grandi, come l'Italia che dominava il mondo, diventano solo un ricordo.

Online trovi una breve storia dell'Italia quando era una superpotenza.

Secondo te, quale causa è quella dominante? Perché? C'è una causa specifica che porta alle lacrime? Immagina Mario seduto sull'erba: secondo te sta piangendo in maniera violenta, muovendo le spalle, o in maniera silenziosa e quasi dolce? Discuti le tue opinioni con la classe, poi ascolta l'AUDIO 4.

Riflessione sulla lingua

3 I sentimenti hanno tante sfumature, e nel B2 devi imparare le sfumature!

In questo schema abbiamo aggiunto due parole a quelle che hai trovato nel testo:

- *disperazione*: è lo stato d'animo di chi non ha più speranza, di chi è *disperato*;
- *nostalgia*: è il ricordo di un luogo che hai lasciato e dove vorresti tornare.

Ecco la linea che va dalla tristezza più nera a quella quasi dolce.

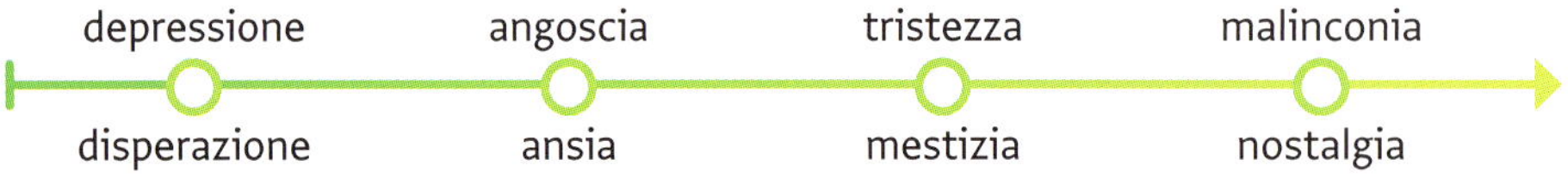

Fai lo stesso schema nella tua lingua madre. Ci sono parole che corrispondono a quelle italiane?

4 Rosso e verde.

Non stiamo parlando della bandiera italiana, anche perché manca il bianco... Stiamo parlando dei colori dei verbi che hai trovato nel racconto di Mario (→ ES. 2): i verbi all'imperfetto sono ...., i verbi al passato remoto sono ....

5 Passato remoto e passato prossimo.

Non abbiamo ancora studiato il passato remoto (l'ultima grande parte della grammatica italiana che ti serve per poter raccontare storie), ma stai cominciando a riconoscerlo ed è questo l'importante: perché lo userai molto poco, parlando, ma lo troverai molto spesso, leggendo.
Infatti c'è una grande differenza tra l'italiano parlato e l'italiano scritto. Dopo aver letto il testo (→ ES. 2) confronta e completa queste due versioni: quella a sinistra è un racconto, quindi si usa la terza persona, *lui*, mentre quella a destra è una telefonata, quindi Mario parla in prima persona, *io*.

Uscì .... dall'autostrada perché aveva paura di addormentarsi e .... la strada normale, pensando a casa... Dopo una curva .... i templi di Paestum.
Si .... e si .... a camminare verso i templi.
Poi .... che non si può essere fuori dal tempo, che le cose passano... Gli .... in mente Dante: *Era già l'ora che volge il disio ai navicanti...*
Mario si .... sull'erba, ... ai secoli in cui l'Italia dominava il mondo, si .... piccolo, ... le lacrime...
Si accesero delle luci potenti, fortissime...

Sono uscito dall'autostrada perché avevo paura di addormentarmi e **ho preso** la strada normale, pensando a casa... Dopo una curva **ho visto** i templi di Paestum.
Mi **sono fermato** e mi **sono messo** a camminare verso i templi.
Poi **ho pensato** che non si può essere fuori dal tempo, che le cose passano... Mi **è venuto** in mente Dante: *Era già l'ora che volge il disio ai navicanti...*
Mi **sono seduto** sull'erba, **ho pensato** ai secoli in cui l'Italia dominava il mondo, mi **sono sentito** piccolo, **ho sentito** le lacrime...
Poi si sono accese delle luci potenti, fortissime...

Nel racconto scritto c'è il passato ...., invece nella telefonata si usa il passato ....

6 Completiamo il passato remoto.

	pensare	*fermare*	*sedere*	*uscire*	*sentire*
io	pens**ai**	ferm**ai**	sed**ei**, sed**etti**	usc**ii**	sent**ii**
tu	pens**asti**	ferm**asti**	sed**esti**	usc**isti**	sent**isti**
lui / lei	....	....	sed**é**, ...	....	....
noi	pens**ammo**	ferm**ammo**	sed**emmo**	usc**immo**	sent**immo**
voi	pens**aste**	ferm**aste**	sed**este**	usc**iste**	sent**iste**
loro	pens**arono**	ferm**arono**	sed**erono**, sed**ettero**	usc**irono**	sent**irono**

Come vedi, le forme verbali sono molto simili, anche se cambiano le lettere *-a-*, *-e-*, *-i-* delle tre coniugazioni in *-are*, *-ere*, *-ire*. Lunico verbo un po' diverso è *sedere*, perché la 1ª e la 3ª persona singolare e la 3ª persona plurale hanno due forme: quella in italiano classico è *sedei*, che è costruita come *pensai* e *uscii*.

7 Il passato remoto è il tempo più irregolare in italiano.

a. Hai già trovato alcune forme di passato remoto:

- *prendere* → prese
- *scendere* → ....
- *venire* → ....
- *vedere* → ....
- *mettere* → ....
- *accendere* → .... (plur.)

b. Online trovi una lista dei verbi irregolari. Se osservi il passato remoto, vedrai che le persone irregolari sono quasi sempre solo tre: *io*, *lui*, *loro*:

- **presi**, prendesti, **prese**, prendemmo, prendeste, **presero**
- **vidi**, vedesti, **vide**, ved.........., vedeste, **videro**
- **scesi**, scend.........., **scese**, scend.........., ..., **scesero**
- **misi**, mett.........., **mise**, ..., ..., **misero**
- **venni**, ven.........., **venne**, ven.........., ..., **vennero**
- **accesi**, accend.........., **accese**, ..., ..., **accesero**

8 Insieme alla classe, scrivete alla lavagna tutte le parole che conoscete per parlare dell'allegria, che è il contrario della tristezza.

Produzione

9 Certamente anche tu hai avuto momenti di malinconia.

Non tristezza, angoscia, ansia, paura, depressione, ma semplice "malinconia".
Ricostruisci uno di quei momenti, raccontalo al tuo compagno e condividi con lui quel sentimento, quel momento.

10 Anche a te *l'ora che volge il disio* fa venire un po' di malinconia? Ti vengono pensieri come quelli di Mario?

Scrivi che cosa provi al tramonto, e poi alla sera, quando ancora non è notte. Poi, manda la tua composizione all'insegnante.

TERZO PASSO

P3 / Tre | Gli italiani sono... allegri

Comprensione & produzione

1 Perché lavoriamo ancora sul dizionario?

Perché è uno strumento necessario e prezioso nel livello B2 e poi C1 e C2. Ma bisogna saperlo usare.
Per esempio:

- se non conosci la parola *regali* vai a cercare ...., cioè sempre il singolare;
- se non conosci la parola *gatta* vai a cercare ...., cioè sempre il ....;
- se non conosci le parole *gattino*, *gattaccio*, *gattone* vai a cercare ...., cioè la parola base;
- se non conosci la parola *dovuto* vai a cercare ...., cioè l'............ del verbo;
- se non conosci la parola *stato* nella frase "sono stato io" e cerchi *stato*, che cosa trovi? Leggi la definizione e prova a spiegare le abbreviazioni.

stato

sost. m. s. **1** Comunità stabile in un certo territorio, separato da altri con confini, caratterizzato da una bandiera, con un proprio sistema di leggi, *lo stato italiano*. **2** Condizione economica, psicologica, fisica, *in stato di povertà, in buono stato, allo stato liquido*.

v. p. pass. **1** *p. pass.* di essere. **2** *p. pass.* di stare.

pref. "che misura una situazione in un dato momento", *statògrafo, statòmetro*.

suff. **1** *aviaz.* "che si sostiene", *aeròstato*. **2** *med.* "che ferma, che blocca", *angiòstato, blefaròstato*.

- *sost. m. s.* = ...
- *v. p. pass.* = ...
- *pref. / suff.* = ...
- *aviaz.* = *linguaggio dell'aviazione*
- *med.* = *linguaggio della* ....

In alcuni dizionari trovi spesso anche i sinonimi, cioè le parole che hanno più o meno lo stesso significato, e i contrari, cioè le parole che hanno significato opposto.

Nel **P2** abbiamo cercato nei dizionari la parola *malinconia*, adesso cerchiamo il suo contrario: *allegria*.

2 Anche i dizionari possono essere allegri!

DIZIONARIO HOEPLI

Allegria [al-le-grì-a] **s.f.** (pl. -grìe)
1 Stato di **letizia** dell'animo che si manifesta vivacemente: *stare, vivere in a.; cose che mettono a.*
2 Allegria!, **esclam.** di gioia e di augurio.

letizia: è un sinonimo di *allegria*, ma quest'ultima *si manifesta*, cioè si mostra, si fa vedere, *vivacemente*, cioè in maniera più forte e chiara rispetto alla *letizia*

esclam.: esclamazione

DIZIONARIO TRECCANI

Allegrìa s.f. [**der. di** allegro] **1** Contentezza, buon umore, anche di più persone insieme, che **si esterna in modo vivace** e spesso rumoroso; [...] può anche essere uno stato abituale: *essere, stare in a.; vivere in a.*, con **spensieratezza**, tra i divertimenti e i piaceri, [...] divertirsi, far **baldoria**; come esclam., *allegria! allegria!*, per **incitare** al buon umore o per **volgere** in **buon augurio** qualche lieve incidente (come quando si versa il vino sulla **mensa** o si rompe qualche **stoviglia**) [...] **2 Per estens.**, vivacità, gaiezza, di cosa che colpisca gradevolmente la vista o l'udito: *un'a. di luci, di colori, di suoni*.

der. di: "derivato da"; indica la parola base da cui viene *allegria*

spensieratezza: *avere pensieri* significa "avere preoccupazioni, problemi"; *s-* è un prefisso che indica *senza*, quindi *spensieratezza* significa "che si è *senza pensieri*"

per estens.: "per estensione", cioè allargare, estendere il significato di una parola

si esterna in modo vivace: è il modo di mostrarsi (*esternarsi*) che differenzia l'*allegria* da stati simili, come la *contentezza*

baldoria: festa molto rumorosa, eccessiva
incitare: spingere a fare qualcosa, incoraggiare
volgere: trasformare
buon augurio: segno di felicità futura
mensa: tavola
stoviglia: piatto, bicchiere, oggetti della tavola

DIZIONARIO SABATINI-COLETTI

Allegria [al-le-grì-a] **s.f.**
1 Stato d'animo gioioso, spensierato, che si manifesta con **vivacità d'atti**, con **ilarità**; Sin. gioia, contentezza: *mettere a.*; **2** estens. Vivacità di suoni, di colori, di luci: *un'a. di colori.*

al|le|grì|a: è la *sillabazione*, cioè la divisione in sillabe

vivacità d'atti: azioni (*atti*) piene di vita (*vivaci*), di movimento, di allegria
ilarità: voglia di ridere

DIZIONARIO SAPERE

Allegria sost. f.; **al|le|grì|a**; **etim.**: deriv. di *allegro* (dal latino *alĕcer*)
1 (psic.) stato d'animo di buonumore che si manifesta esplicitamente attraverso gesti ed espressioni **inequivocabili**: ***Sprizza allegria da tutti i pori***. **2** gioia e contentezza con spensieratezza. **3** (**fig.**) vivacità di luci/suoni/colori

inequivocabili: un *equivoco* è un errore; *inequivocabile* significa che non ci possono essere errori

fig.: "senso figurato"; non è il senso reale, il significato vero; è una somiglianza, una metafora ecc.

etim.: indica l'etimologia, cioè l'origine della parola

Sprizza allegria da tutti i pori: è un modo di dire: *sprizzare* significa "buttare fuori acqua"; il *poro* è uno dei milioni di buchetti nella pelle, da cui esce il sudore; c'è chi sprizza sudore e chi sprizza allegria

3 **Ascolta l'AUDIO 5.**

a. Come puoi capire dalle foto, nell'audio ci sono situazioni allegre, felici, con persone contente che mostrano (*manifestano*) la loro contentezza: al primo ascolto, indica a quale foto si riferisce ogni conversazione.

○ 
○ 
○ 

b. Adesso riascolta l'audio con attenzione.

▸ **Conversazione 1**
Trova queste informazioni.
1. Perché il piccolo Paolo non ricorda di essere già stato al mare?
2. Che cosa ha detto Anna di fronte all'immensità del mare?
3. Secondo te, la piccola Anna è rimasta colpita dal mare?

▸ **Conversazione 2**
Trova queste informazioni.
1. Al liceo i ragazzi erano sempre insieme, adesso no: perché?
2. Perché si fanno un selfie?

PAROLE CHE POSSONO AIUTARTI

- **talmente**: seguito da un nome, un aggettivo (*eravamo talmente giovani*) o un avverbio (*ridevamo talmente tanto*) + *che* + conseguenza (*che abbiamo dovuto fermarci*) significa "così che", "al punto che"
- **il tempo che fu**: modo di dire che indica un tempo lontanissimo, finito (per questo si usa il passato remoto di *essere*)

PAROLE CHE POSSONO AIUTARTI

- **impressione**: sensazione, emozione
- **addormentato, assonnato**: Anna è sveglia, ma ha ancora molto sonno e continua un po' a dormire
- **onda, ondata**: il vento crea le *onde* nel mare, **esse** si muovono verso la costa dove arrivano a *ondate*, una dopo l'altra

esso/a/i/e

In italiano oggi usiamo soprattutto *lui, lei, loro*; parlando di **cose, oggetti** e **idee** si possono usare anche i quattro pronomi del titolo. L'importante è che tu li riconosca: aspetta a usarli fino a quando non sarai sicuro!

▸ **Conversazione 3**

Trova queste informazioni.

1. Perché lei vuole che lui non la faccia più ridere così tanto?
2. Che ruolo ha avuto il gelato nella loro vita?
3. Che errore ha fatto lui, da ragazzo, con il gelato di lei?

c. Crea delle frasi con queste parole o espressioni che hai trovato nelle conversazioni.

1. *talmente* + nome o aggettivo: ....
2. *essi*: ....
3. *il tempo che fu*: ....
4. *piantala!*: ....
5. *non avere una lira*: ....
6. *macchiarsi*: ....

PAROLE CHE POSSONO AIUTARTI

- **piantala!**: espressione che chiede in modo forte di smettere di fare quello che si sta facendo (puoi usare anche *smettila / smettetela!*); è una forma molto colloquiale, forte, ma qui viene usata scherzosamente
- **macchiato, macchia**: una sostanza (qui il *cioccolato*) a contatto con una stoffa o con una superficie (qui la *camicia*) lascia un po' del suo colore, *macchiando* la stoffa: *il cioccolato macchia la camicia*; la persona che parla vuole ricordare che è stata proprio lei a causare la macchia e quindi usa un riflessivo: *mi sono macchiata*
- **fazzoletto**: quadrato di stoffa che si usa quando si ha il raffreddore (se è di carta è un *fazzolettino*)
- **non avere una lira!**: la *lira* era la moneta italiana prima dell'euro, ma in questo modo di dire si continua a usare *lira*

4 Raccontare.

Racconta una delle tre conversazioni al tuo compagno. Poi lui ne racconta un'altra a te. Alla fine l'insegnante fa raccontare tutte e tre le conversazioni a tre studenti.
Visto che è un racconto orale, molto probabilmente hai usato il **passato prossimo**, come fanno anche i personaggi nelle conversazioni. Ma se fossero racconti scritti, per esempio parti di un romanzo, si userebbe il **passato remoto**. Leggi questi tre racconti e sottolinea i verbi al passato remoto.

① La prima volta che Anna vide il mare

Carlo e Federica, che abitavano a Milano, decisero di portare i bambini a vedere il mare e organizzarono un weekend in Romagna.
Arrivati in spiaggia, Carlo chiese al piccolo Paolo che impressione gli facesse il mare, e il bambino rispose che il mare era tanto grande, non finiva mai. La bambina, che era più grande di Paolo, aveva già visto il mare qualche anno prima, ma non poteva ricordarlo. Quel giorno, quando arrivarono al mare Anna stava dormendo; la svegliarono per mostrarle il mare, ma lei era assonnata e confusa e il suo unico commento fu davvero imprevedibile: «Ma qualcuno ha mai provato a bere tutto il mare?», chiese.

② Buon compleanno!

Erano amici da sempre: ai tempi del liceo passavano insieme ogni serata, ogni weekend. Poi l'università li separò, passarono anche mesi senza che si vedessero. Quella sera era una delle occasioni giuste per ritrovarsi insieme: il compleanno di Roberto.
Come sempre, cominciarono i ricordi. Per esempio la volta in cui, in macchina, ridevano talmente tanto che dovettero fermarsi. Ma con i ricordi arrivò anche una sottile nostalgia per i tempi in cui erano ragazzi un po' matti e sempre allegri:
«Ma adesso siamo tristi?», chiese Roberto.
«Nooooo!», risposero tutti in coro.
«Dai, facciamoci un selfie così lo postiamo su Facebook!», disse Francesco, e dal ricordo degli anni andati si passò a una cosa da fare in futuro: mostrare ai loro amici su Facebook che erano ancora insieme.

③ Galeotto fu il gelato al cioccolato

Nella storia di Paolo e Francesca, Dante dice «Galeotto fu 'l libro e chi lo scrisse»: Galeot è il personaggio che fece diventare amanti Lancillotto e Ginevra. Nella storia di questi due anziani, invece, Galeotto fu un gelato al cioccolato. È una storia di tanto tempo fa, perché tutto successe quando erano ragazzini: erano già innamorati l'uno dell'altra, ma non sapevano come dirlo. Un giorno, lei stava mangiando un gelato al cioccolato e, forse per l'emozione, si macchiò la camicia. L'occasione per parlargli era finalmente arrivata: gli chiese di tenerle il gelato mentre lei si puliva con un fazzoletto bagnato, ma lui era così emozionato che cominciò a leccare il gelato come se fosse suo. Quando se ne accorse si vergognò e decise di pagarle un altro gelato... ma si accorse che non aveva una lira! Come vedete, Galeotto può avere tante forme!

Riflessione sulla lingua

5 I sentimenti hanno tante sfumature, e nel B2 devi imparare le sfumature!

In questo schema abbiamo aggiunto *serenità* alle parole che hai trovato all'inizio del *Passo*; non abbiamo inserito *letizia* e *gaiezza* perché oggi non si usano più, anche se si possono trovare ancora in letteratura.

serenità	spensieratezza	allegria	felicità
buonumore	contentezza	gioia	

Fai lo stesso schema nella tua lingua madre. Ci sono parole che corrispondono a quelle italiane?

6 Il passato nell'orale e nello scritto.

Completa queste frasi.

- **Conversazione 1**: Quando .... sulla strada lungo il mare Anna **stava dormendo**.
  Racconto 1: Quando .... al mare Anna **stava dormendo**.
- **Conversazione 2**: In macchina **ridevamo** talmente tanto che .... fermarci!
  Racconto 2: In macchina **ridevano** talmente tanto che .... fermarsi.
- **Conversazione 3**: **Stavo mangiando** un gelato e mi .... la camicia di cioccolato.
  Racconto 3: Lei **stava mangiando** un gelato e, forse per l'emozione, si .... la camicia.

Qui troviamo due cose importanti sul passato:

- l'**imperfetto** racconta azioni che continuano per un po' di tempo, il passato (**prossimo** o **remoto**) racconta azioni che ....;
- all'orale prevale il passato ...., nello scritto il passato ....

7 Il passato remoto è il tempo più irregolare in italiano, come hai già visto nel P2, ES. 7.

Ecco alcuni verbi al passato remoto che hai trovato in questo *Passo*:

a. *decidere* → *decise, decisero*
b. *essere* → ....
c. *succedere* → ....
d. *rispondere* → ....
e. *chiedere* → ....
f. *dire* → ....
g. *accorgersi* → ....
h. *vedere* → ....

Ricorda che online trovi l'elenco dei principali verbi irregolari.

Nel **P1** hai trovato il **passato remoto** di *essere*; eccoti quello di ***avere***, che si usa spesso:

(io) ebbi	(noi) avemmo
(tu) avesti	(voi) aveste
(lui / lei) ebbe	(loro) ebbero

8 A casa ascolta e ripeti l'AUDIO 5 nella versione con pause.

Le frasi da ripetere tra una pausa e l'altra sono lunghe e questo allena la tua memoria e ti abitua al suono dell'italiano corretto, in modo da "sentire" quando per caso fai un errore. La ripetizione degli audio è molto importante in B2.

Felicità, allegria, gioia e un tocco di malinconia

La *Danza dei figli di Alcinoo*

Canova, il maggior scultore neoclassico italiano (il Neoclassicismo va dalla metà del Settecento all'inizio dell'Ottocento), ti mostra visivamente la definizione di *allegria* come "stato d'animo gioioso, spensierato, che si manifesta con vivacità d'atti, con ilarità, gioia, contentezza".
Alcinoo regnava sull'isola dei Feaci, dove Ulisse arrivò dopo dieci anni di avventure, segnate dalla nostalgia per la sua patria. L'isola era un luogo felice, dove ogni stagione gli alberi davano frutti e dove regnavano la pace e la gioia, rappresentata dai due figli del re.

Antonio Canova, *Danza dei figli di Alcinoo*, 1790-1792

Quant'è bella giovinezza

I due figli di Alcinoo danzano felici: sono giovani e si sentono eterni, cioè senza tempo.
Ma Lorenzo de' Medici sapeva che il tempo passa e lo ricordò ai suoi ospiti durante una festa che aprì con una sfilata di ragazzi e ragazze vestiti come gli dei e le dee del mondo classico. Per ogni gruppo di "attori" che entrava nella grande sala, Lorenzo aveva scritto una strofa che si concludeva sempre così: la gioventù (*giovinezza*) è bella, ma (*tuttavia*) scappa, va via (*fugge*): chi vuole essere lieto (= pieno di *letizia*, di allegria) cerchi di esserlo (*sia*), perché del futuro (*doman*) non c'è certezza.
Eccoti la prima e le ultime due strofe del *Trionfo di Bacco e Arianna*, la poesia che Lorenzo scrisse per accompagnare la sfilata (il *trionfo*). Bacco e Arianna sono i due personaggi principali della sfilata: il primo era il dio del vino e dell'allegria senza freni; la seconda era la principessa di Creta abbandonata sull'isola di Naxos; lì Bacco la trovò e ne diventò l'amante, in una festa che continuò giorni e notti.

Quant'è bella giovinezza,
che si fugge tuttavia!
Chi vuol esser lieto, sia:
di doman non c'è certezza. [...]

Ciascun apra ben gli orecchi,
di doman nessun si paschi[1];
oggi sian, giovani e vecchi,
lieti ognun, femmine e maschi[2];
ogni tristo pensier caschi[3]:
facciam festa tuttavia.
Chi vuol esser lieto, sia:
di doman non c'è certezza.

Donne e giovinetti amanti,
viva Bacco e viva Amore!
Ciascun suoni, balli e canti!
Arda[4] di dolcezza il core!
Non fatica, non dolore!
Ciò c'ha a esser, convien sia[5].
Chi vuol esser lieto, sia:
di doman non c'è certezza.

1. **di doman nessun si paschi**: *pascersi* è una parola antica per *nutrirsi*: "nessuno si nutra di speranze per il futuro".
2. **oggi sian ... femmine e maschi**: "Oggi siamo tutti allegri, giovani e vecchi, femmine e maschi".
3. **ogni tristo pensier caschi**: *cascare* è una forma antica per *cadere*: "ogni pensiero triste cada, vada via".
4. **Arda**: *ardere* oggi è poco usato e significa "bruciare".
5. **Ciò c'ha a esser, convien sia**: "È bene (*convien*) che quello che deve succedere, succeda", cioè non bisogna lottare contro la natura delle cose, il passare del tempo.

Lorenzo de' Medici, il più grande banchiere e uomo politico del Rinascimento, nacque nel 1449 e a 20 anni era già "signore", padrone di Firenze: alla sua corte lavorarono Botticelli, Michelangelo, Leonardo e tutti i più grandi geni del Rinascimento. Morì nel 1492, l'anno in cui Colombo scoprì l'America - che prende il nome da Amerigo Vespucci, un banchiere amico di Lorenzo.

La malinconia dei macchiaioli e del "parigino" Modigliani

Nel secondo Ottocento in Toscana nacque una scuola di pittura "a macchie", negli stessi anni in cui qualcosa di simile, l'Impressionismo, nasceva in Francia. I quadri dei "macchiaioli", che puoi facilmente vedere in rete, avevano spesso temi malinconici, di una tristezza sottile, come questa donna di Vincenzo Cabianca: non serviva mostrare il viso per far vedere la malinconia, bastavano la posizione del corpo, la luce, i colori. Ai primi del Novecento molti giovani pittori italiani andarono a Parigi. Tra questi, il più famoso era Amedeo Modigliani, i cui ritratti erano sempre malinconici, come i pagliacci di Picasso, il pittore che in quegli anni dominava a Parigi.

Vincenzo Cabianca,
Studio di donna a Montemurlo, 1861

Amedeo Modigliani,
Ritratto di Jeanne Hébuterne, 1919

La dolce malinconia di una sera di Natale

Natale 1916: Giuseppe Ungaretti (uno dei più grandi poeti italiani del Novecento) era a Napoli per qualche giorno di "licenza", come si chiamano le vacanze dei soldati. Ormai era un anno che combatteva in Friuli, contro gli Austriaci, ed era psicologicamente distrutto.
Che cosa può fare a Natale un soldato stanco e depresso? Grandi feste? Leggi questo testo, *Natale*. Secondo te è malinconico, triste, disperato o tragico? Discutine con la classe.

Natale

Non ho voglia
di **tuffarmi**[1]
in un **gomitolo**[2]
di strade

Ho tanta
stanchezza
sulle spalle

Lasciatemi così
come una
cosa
posata
in un
angolo
e dimenticata

Qui
non si sente
altro
che il caldo buono

Sto
con le quattro
capriole
di fumo[3] del focolare

1. **tuffarmi**: i *tuffatori* si gettano in acqua dall'alto ed entrano nell'acqua di colpo, con forza.
2. **gomitolo**: è una "palla" di filo di lana, che si disfa mentre viene usata, ma che può diventare inutilizzabile se cade o se un gattino la usa per giocarci.
3. **capriole di fumo**: le *capriole* sono salti in cui, correndo, si appoggiano a terra le mani mentre le gambe si alzano facendo un giro completo. Qui indica la "danza" del fuoco e del *fumo* nel camino (*focolare*).

Sempre libera

Hai già incontrato Violetta, nella Traviata *di Verdi. Ricordi il suo canto di gioia e allegria? Online trovi una guida all'ascolto nella scheda* Follie, follie! *tra le arie d'opera.*

Sempre libera degg'io
Folleggiar di gioia in gioia,
Vo' che scorra il viver mio
Pei sentieri del piacer.
Nasca il giorno, o il giorno muoia,
Sempre lieta ne' ritrovi
A diletti sempre nuovi
Dee volare il mio pensier.

Io, sempre libera, devo
far follie, passando di divertimento
in divertimento;
voglio che la mia vita scorra
lungo i sentieri del piacere.
All'alba o al tramonto
il mio pensiero deve volare
sempre allegro
verso feste e piaceri sempre nuovi.

QUARTO PASSO

P4 / Quattro | Gli italiani sono... paurosi

Comprensione & produzione

Nei *Passi* precedenti hai visto le parole adatte per parlare di malinconia, nostalgia, tristezza, e le parole per parlare di allegria, felicità, spensieratezza.
Possiamo pensare con *nostalgia* agli anni in cui gli europei non si chiudevano in una fortezza, e con *tristezza* ai milioni di vite umane che chiedono asilo, aiuto; ma possiamo anche pensare con *allegria* alle paure assurde e fantasiose che vengono dal passato attraverso le *superstizioni*, cioè le credenze popolari che non hanno base scientifica.

Paure "reali"

Nei primi anni Novanta **ci fu** la guerra nei Balcani; ogni giorno **arrivavano** navi, autobus e camion pieni di persone in fuga: gli italiani si **dimostrarono** accoglienti e **aiutarono** tutti. Negli anni Duemila, marocchini, indiani, cinesi, che erano pronti a fare i lavori più umili, **furono accettati** dagli italiani: infatti solo una piccola parte degli italiani **rifiutava** l'immigrazione, anche se molti **avevano** paura della diversità. Dopo la crisi iniziata nel 2008, con gli sbarchi di africani e asiatici al Sud, **si è diffusa** la paura ed **è cambiata** la percezione di molti: per queste persone gli immigrati sono un'*invasione*, *rubano* il lavoro, minacciano l'identità italiana e così via. In Italia, come in Europa, la paura degli immigrati **si è trasformata** in paura per la propria sicurezza, per il futuro.
Ma questo fenomeno non è solo italiano: la paura **si è diffusa** con effetti tragici in Europa, nell'America del Nord... è sotto gli occhi di tutti...

Paure immaginarie

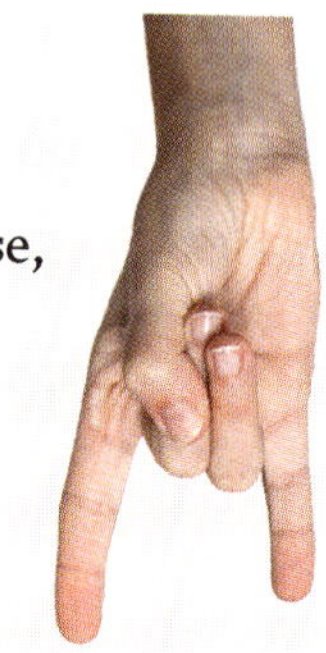

Dal passato **sono arrivate** fino a noi le *superstizioni*, cioè le credenze popolari sulle cose, sulle azioni o sulle parole che "portano male", cioè portano sfortuna, e sugli *scongiuri*, cioè i modi per evitare la sfortuna.
Alcune di queste superstizioni derivano dall'incapacità di capire alcuni fenomeni: per esempio, in passato alcuni non **capivano** come uno specchio potesse ospitare l'immagine di una persona, e quindi **temevano** che rompendo uno specchio si "rompesse", prima o poi, anche la persona che "viveva" dentro lo specchio. In altri casi **c'erano** ragioni religiose: per esempio il gatto nero **era adorato** dagli Egizi, ma nel Medioevo **fu visto** come la forma terrena del diavolo, l'animale preferito delle streghe. In altri casi c'è la paura dell'effetto magico delle parole: parlare di un successo prima che sia certo (per esempio, dire di aver vinto una partita quando mancano ancora due minuti alla fine) può avere un effetto contrario (cioè far perdere la partita...). Vediamo insieme queste paure immaginarie, che ti raccontano molte cose del passato.

1 **Ascolta l'AUDIO 6.**

L'audio è composto da una serie di piccole conversazioni sulle principali superstizioni degli italiani. Al primo ascolto devi solo indicare vicino ai disegni il numero della conversazione corrispondente. Attenzione: non tutte le foto sono legate a una conversazione!

2 **Ascolta ancora l'AUDIO 6, in modo da approfondire la tua comprensione.**

CONVERSAZIONE 1

PAROLE CHE POSSONO AIUTARTI

- **accidenti!**: è un'esclamazione da usare solo tra amici: indica che è avvenuto un incidente
- **supporto montato male**: il *supporto* tiene su un oggetto, e il *montaggio* è quello che hanno fatto i muratori quando hanno fissato l'oggetto al muro
- **porta s/fortuna**: produce, è causa di s/fortuna

a. Perché la superstizione dice che non bisogna rompere uno specchio?
b. C'è qualche superstizione legata agli specchi, nel tuo Paese?

CONVERSAZIONE 2

PAROLE CHE POSSONO AIUTARTI

- **strega**: è una donna cattiva e malvagia, capace di fare magie

a. Tu che cosa fai se un gatto nero ti attraversa la strada?
b. Anche nel tuo Paese c'è questa paura?

CONVERSAZIONE 3

PAROLE CHE POSSONO AIUTARTI

- **porta scalogna!**: corrisponde a "porta sfortuna", ma la parola è più forte e meno elegante
- **sul letto, verso i piedi**: dalla parte del letto dove ci sono i piedi

a. Da che cosa deriva la paura del cappello sul letto?
b. C'è qualcosa di simile nel tuo Paese?

CONVERSAZIONE 4

PAROLE CHE POSSONO AIUTARTI

- **mi passi il sale?**: in frasi come questa, *passare + un oggetto* corrisponde a "dare"
- **peccato**: nel **P1** hai visto che il *peccato* è un'offesa alla legge di Dio, ma indica anche qualcosa di spiacevole che era meglio evitare; in altri casi significa "purtroppo", cioè "sfortunatamente": *Volevo vederla ma non c'è, **peccato!***
- **spiriti cattivi, maligni**: secondo le credenze popolari intorno a noi vivono degli "spiriti" invisibili e potenti: possono essere buoni (angeli) o cattivi (demoni, diavoli). Per parlare di spiriti cattivi si usa *maligni*

a. Nella conversazione si parla di *scongiuro*: che cosa è? Perché si fa? Come è questo scongiuro? Il verbo derivato da *scongiuro* è *scongiurare*: la frase "pericolo *scongiurato*" significa "pericolo evitato".
b. Nel tuo Paese ci sono degli scongiuri e degli oggetti portafortuna?

CONVERSAZIONE 5

PAROLE CHE POSSONO AIUTARTI

- **porta sfiga**: "porta sfortuna", detto in registro molto volgare
- **fare le corna**: il gesto delle corna si fa con l'indice e il mignolo: è un gesto di scongiuro, che annulla la sfortuna

a. Per quale unico motivo, secondo la donna, può essere pericoloso passare sotto una scala?
b. Nel tuo Paese c'è questa superstizione?

CONVERSAZIONE 6

PAROLE CHE POSSONO AIUTARTI

- **Ultima cena**: la sera del giovedì Gesù cenò con i dodici *apostoli* (i seguaci più stretti, i suoi amici) e il venerdì fu ucciso

a. Nel tuo Paese c'è la paura del numero 13?

b. Anche il numero 17 porta sfortuna perché in numeri romani si scrive XVII, ma le stesse lettere formano la parola VIXI, cioè "vissi" (ora non più).

c. Alcune persone credono che i metalli preziosi salvino dalla sfortuna, quindi tengono con sé un 13 in oro. Succede anche nel tuo Paese?

CONVERSAZIONE 7

PAROLE CHE POSSONO AIUTARTI

- **fazzoletti di stoffa**: oggi si usano di più i *fazzolettini* di carta, ma le persone eleganti usano ancora quelli di stoffa, spesso di *grande marca*, cioè di una fabbrica famosa
- **eccome!**: "certamente", "senza dubbio": l'espressione è usata nelle esclamazioni in cui si vuole sostenere fortemente qualcosa
- **a meno che**: introduce una spiegazione che dice che cosa fare per evitare che qualcosa succeda

a. Perché non si regalano perle, fazzoletti e oggetti con le punte?

b. Perché si butta una monetina dietro le spalle?

c. In molti Paesi – anche in Italia – c'è la tradizione di buttare una moneta dietro le spalle, dentro un lago, una fontana o un fiume: significa chiedere al futuro di farci tornare in quel posto un'altra volta. C'è qualcosa di questo tipo anche nel tuo Paese?

3 **Nell'ES. 1 ci sono cinque immagini vicino alle quali non hai ancora scritto nessun numero: che cosa rappresentano, secondo te?**

Scrivi i numeri di queste descrizioni vicino alle foto corrispondenti.

(8) Nella conversazione 5, quando la donna sta per passare sotto una scala, l'uomo fa le corna perché è un gesto di ...., cioè un gesto che combatte la sfortuna.

(9) Il trifoglio è un'erba molto diffusa: ha *tre foglie*, da cui viene il nome. Ogni tanto se ne trova uno con *quattro foglie*, cioè un *quadrifoglio*: chi lo trova è fortunato. Toccare un quadrifoglio, anche seccato tra le pagine di un libro, combatte gli spiriti maligni e porta fortuna.

(10) Chi trovava un ferro di cavallo era fortunato: questi oggetti erano molto costosi e molto utili! Spesso trovi ferri di cavallo appesi al muro vicino all'ingresso di una casa per tenere lontani gli spiriti cattivi.

(11) Il cornetto portafortuna è tipico del Sud e deriva dagli antichi portafortuna a forma di pene (l'organo maschile), che portavano lavoro, fertilità e ricchezza.
È rosso perché questo colore porta fortuna (la notte di Capodanno i superstiziosi indossano sempre un indumento rosso!). I cornetti più preziosi sono fatti di corallo e costano moltissimo.

(12) Questo dialogo è comune a scuola: «Ho tanta paura, sto per fare l'esame...» – «In bocca al lupo!». Il lupo è un animale pericoloso che vive nei boschi, e quindi può sembrare una risposta sadica, ma non lo è: nel passato si credeva che nominare un pericolo avesse un effetto di contrasto, e quando i cacciatori partivano, al mattino, i familiari gli auguravano di finire *in bocca al lupo*, perché così gli spiriti maligni non si sarebbero più divertiti a far finire il cacciatore davvero in bocca a un lupo.

Ci sono oggetti portafortuna nella tua cultura? Spiegalo all'insegnante e ai tuoi compagni.

4 **Sulla base di queste riflessioni, parla al tuo compagno (e alla classe se l'insegnante te lo chiede) di alcune paure reali e immaginarie presenti nella tua cultura. Poi scrivi una composizione sul tema e invialo all'insegnante.**

Riflessione sulla lingua

5 **Le preposizioni di luogo.**

a. Inserisci le preposizioni *in* o *a* (se serve con l'articolo) in queste espressioni che hai trovato nel testo *Paure "reali"*.

la guerra .... *Balcani* *gli sbarchi* .... *Sud* .... *Italia, come* .... *Europa* .... *America del Nord*

Sono tutte espressioni di luogo: devi "sentire" quale preposizione è meglio usare, perché le regole, dove ci sono, sono complesse!

b. Osserva gli schemi: metti la preposizione di luogo vicino agli esempi, poi scrivi le preposizioni *in*, *nel* (che può essere anche *nella*, *negli*, *nelle*) e *a* dentro le tre sfere colorate.

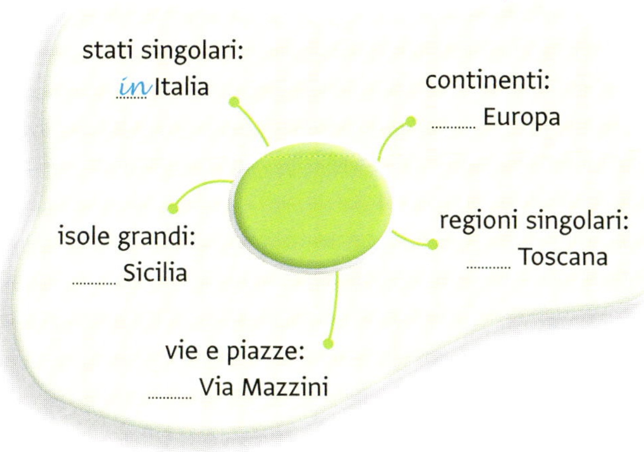

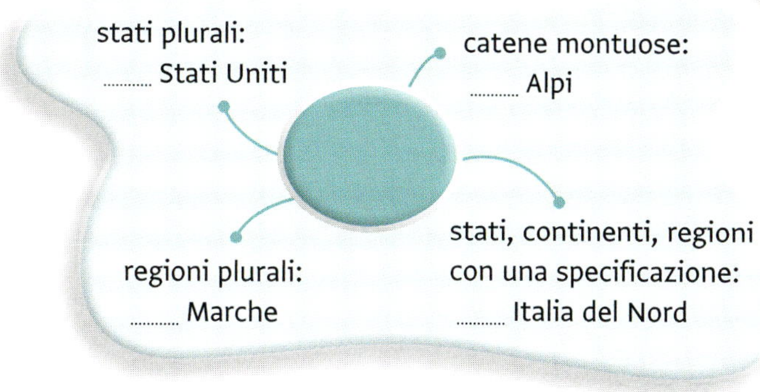

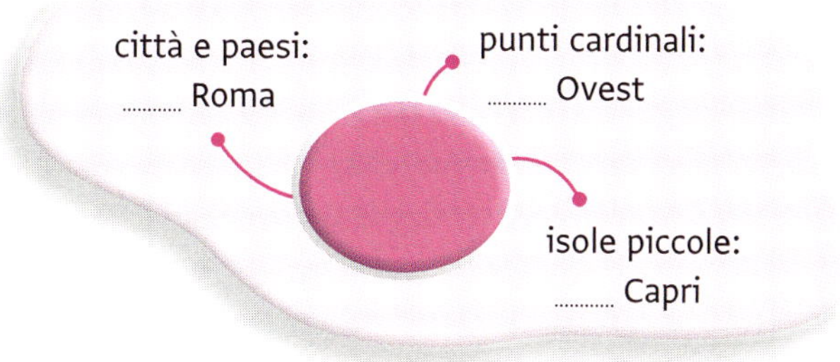

- Per le **isole** c'è un problema: in italiano antico si distinguevano le isole grandi (che hanno un nome diverso da quello della città principale: Sicilia, Palermo) dalle isole piccole (che hanno lo stesso nome della città principale: Capri)... Ma questo si faceva solo con le isole che si conoscevano bene. Le altre isole erano tutte considerate "piccole": per cui *a Cipro*, *a Creta*. Il principio vale anche per le isole che non erano state scoperte quando l'italiano si formò: *a Giava*, *a Ceylon*, *a Cuba* ma... *in Madagascar*!
- Per gli **altri luoghi** invece è il caos: ogni luogo vuole la sua preposizione e devi "sentirla". Ci sono però due regole abbastanza sicure:
  - quando indichi l'"idea" di un luogo, usi *a*: *A casa sto bene* (si fa riferimento all'idea di casa);
  - quando indichi un luogo fisico usi *in* / *nel*: *Nella mia casa c'è solo un bagno* (si fa riferimento proprio alla tua casa).

Scrivi degli esempi con *scuola*, *chiesa*, *cinema*; le parole che finiscono in *-teca* (*biblioteca*), *-ria* (*pizzeria*), *-zione* (*stazione*) usano la preposizione ....

I tre tempi principali per esprimere il passato

Online trovi una sintesi generale del verbo in italiano; qui ti anticipiamo una sintesi delle tre principali **forme del passato**. Nel testo *Paure "reali"* hai trovato queste frasi:

a. ogni giorno .... navi: per le azioni continuate, abituali, usi l'....................
b. gli italiani .... accoglienti: per le azioni che avvengono in un preciso momento e che finiscono in quel momento usi il ....
c. .... la paura: per le azioni passate che hanno ancora effetto sul presente usi il ....

Questo è il meccanismo corretto ma, come abbiamo visto, all'orale si usa spesso il passato prossimo anche per le azioni concluse nel passato (per esempio la frase *b* diventa *gli italiani si sono dimostrati accoglienti*).

I tempi passati passivi e impersonali

- Ricordi il **passivo**, quando il soggetto del verbo in realtà non fa un'azione, ma la fa qualcun altro? Ne hai trovato un esempio nel testo *Paure "reali"*: l'ausiliare è sempre il verbo ...., in questo caso al passato remoto.
  Marocchini, indiani, cinesi .... dagli italiani
- Nel testo *Paure "reali"* hai trovato anche un **impersonale**, e anche questo senza problemi: basta mettere *si* + *passato remoto*. L'esempio nel testo riguarda il verbo *dimostrarsi*:
  Gli italiani .... accoglienti.

QUINTO PASSO

P5 Cinque | Gli italiani sono... coraggiosi

Comprensione & produzione

Marco Polo nacque a Venezia nel 1254 e, insieme al padre e allo zio, raggiunse il Catai, cioè la Cina, lungo la Via della seta, che attraversava l'Asia Minore (la Turchia) e l'Asia Centrale. Rimasero in Cina diciassette anni e Marco, giovane intraprendente, fu talmente apprezzato che l'imperatore, il Gran Khan, lo mandò come ambasciatore in Tibet, Birmania e India.
Quando stava rientrando a Venezia la sua nave fu fatta prigioniera dai Genovesi, che misero Marco in prigione. Lì dettò a un amico il *Devisiment dou monde* in lingua franca (francese antico), raccontando le meraviglie che aveva visto e aprendo l'Estremo Oriente agli occhi degli europei. Il libro fu subito tradotto in italiano e si diffuse con il titolo ***Il Milione***.
Queste poche righe, tradotte in italiano, ti possono far capire cosa significasse nel XIII secolo essere mercanti coraggiosi che esploravano il "Levante" (dove si "leva", si alza il sole), cioè l'Estremo Oriente.

Dopo essere restati in Soldania alcuni giorni, pensarono di andare avanti. Si misero in cammino e cavalcarono tanto che arrivarono da Barca, re e signore di una parte dei Tartari, che viveva a Bolgara. [...]
Dopo che furono stati per un anno in questa città scoppiò una guerra tra il re Barca e Alau, re dei Tartari Orientali, e per colpa della guerra nessuno poteva viaggiare per strada senza essere preso. Ci fu una grande battaglia in cui morì una grande quantità di gente, e alla fine Alau vinse. I due fratelli [*il padre e lo zio di Marco che, nel viaggio di andata, era un adolescente*] caricarono le loro merci e si avviarono verso il Levante, per cercare di tornare a Venezia per un altro itinerario.
E partiti da Bolgara, arrivarono a Ontaca, ultima città di contatto con l'Occidente; lì passarono il fiume Tigri e poi attraversarono un deserto mettendoci 18 giorni, finché arrivarono alla città Baccara del re Barac, da dove non potevano più andare avanti, per cui vissero lì per ben tre anni. In quei tempi il Signore dell'Oriente mandò ambasciatori e quando questi videro i due fratelli furono molto stupiti, perché non avevano mai visto una persona di origine latina. E allora chiesero se volessero andare con loro dal Gran Khan, e così i due fratelli viaggiarono per un anno prima di arrivare nel Catai.

1 Due italiani coraggiosi.

Oggi sono molti i giovani italiani coraggiosi che emigrano, con le loro *startup* e con le loro competenze, per lavorare in Europa e nel resto del mondo, ma non sono i primi che lo fanno: il veneziano Marco Polo, nel XIII secolo, e il genovese Cristoforo Colombo, nel XV secolo, esplorarono il mondo e regalarono a Venezia e alla Spagna secoli di ricchezza e potere.
Leggi le biografie dei due personaggi e trova in rete questi dati sui testi che stai per leggere.

a. In che lingua fu scritto *Il Milione*? Da che cosa deriva questo nome, così diverso da quello originale? Che cosa racconta il libro?
b. In che lingua fu scritta la *Relazione* di Colombo? In quale occasione la scrisse? Che cosa racconta?

2 Prendi qualche appunto sulle due biografie.

Se vuoi, aggiungi agli appunti queste informazioni.

- Il viaggio di Marco Polo in tutto durò dal 1271 al 1298.
- *Il Milione* di Marco Polo diede a Colombo l'idea del viaggio per mare verso la Cina.
- Marco Polo morì nel 1324.
- Cristoforo Colombo fece altri tre viaggi in America, scoprendo Cuba, Santo Domingo, le coste dell'America centrale e del Venezuela.
- Cristoforo Colombo fece investimenti economici sbagliati, entrò in conflitto con il Re e morì povero nel 1506.

Racconta al tuo compagno una delle biografie, lui ti racconta l'altra. Usate il passato remoto.

Cristoforo Colombo nacque a Genova nel 1451. Era un mercante di mare e credeva che la Terra fosse rotonda, quindi era convinto che navigando verso Ovest sarebbe arrivato in Cina (il Catai di Marco Polo) e in India. Così come fanno i giovani coraggiosi di oggi che vogliono creare una *startup*, non trovando fondi in Italia, Colombo cominciò a cercarli all'estero e li trovò in Spagna. Comprò tre piccole navi e il 3 agosto 1492 partì verso l'ignoto. Dopo un mese tutti i suoi marinai volevano tornare in Spagna, ma con il suo entusiasmo (e la sua durezza di capitano) li convinse ad andare avanti. Il 12 ottobre dello stesso anno, oggi *Columbus Day*, arrivò nell'isola che chiamò *San Salvador*, in onore di Gesù Salvatore.
Tornando in Spagna, nel 1493, scrisse una ***Relazione*** al Re: ti diamo, tradotte dallo spagnolo, le prime righe, per farti capire quanto coraggio avevano questi mercanti, come sfidavano l'oceano, l'ignoto e le terre sconosciute.

So di doverti gratitudine per aver concluso la mia impresa, quindi ho deciso di scriverti per informarti di tutto ciò che feci e scoprii in questo mio viaggio.
Dopo 33 giorni da quando ebbi lasciato Cadice, giunsi al mare delle Indie, dove trovai molte isole popolose, delle quali presi possesso, visto che nessuno si era opposto all'annuncio che venivo in nome del nostro Re felicissimo, del quale avevo mostrato le bandiere. [...]
Dopo che fummo arrivati sull'isola che in tuo onore avevo chiamato *Giovanna*, navigammo molto lungo la costa verso Occidente. Vidi che quella terra era grandissima, e non trovando alcun confine, credemmo che non fosse un'isola, ma una provincia continentale del Catajo; non vedendo alcun castello o città situati sulla costa, fuorché alcuni villaggi di contadini con i quali era impossibile parlare perché fuggivano appena ci vedevano, proseguimmo sperando di trovare qualche città o villaggio.
Alla fine, quando fummo convinti che non c'era nulla di nuovo, decisi di allontanarmi perché la nebbia copriva quelle terre e non c'era vento favorevole [...]: tornammo a un porto che avevo notato, dove feci sbarcare due uomini per cercare se ci fosse in quella provincia qualche città e un re. Essi camminarono per tre giorni e trovarono molte piccole abitazioni e numerosi popoli senza alcun governo, per cui ritornarono alla nave.

3 **Leggi il brano dal *Milione*.**

Lo scopo è farti capire quanto coraggio avessero questi "matti" coraggiosi.

- **a.** Viaggiarono dalla Soldania a Bolgara. In che modo viaggiavano?
- **b.** Restarono un anno a Bolgara e poi scoppiò una ....: quale fu la conseguenza drammatica per i mercanti?
- **c.** Attraversarono il fiume Tigri e poi attraversarono il ....; arrivarono nella città del re Barac e lì ci fu un altro problema: quale?
- **d.** Per quanto tempo viaggiarono per arrivare nel Catai?

4 **Leggi il brano dalla *Relazione* di Colombo.**

- **a.** Colombo comincia il suo viaggio il 3 agosto 1492 e tocca terra americana il 12 ottobre dello stesso anno: sono 33 giorni, come dice Colombo? In realtà, poco dopo la partenza si ruppe il timone di una delle tre navi, poi ci furono problemi con le vele, quindi partirono e tornarono indietro più volte: erano i problemi tecnologici della navigazione a fine Quattrocento!
- **b.** Trovarono abitanti in quelle terre? Riuscirono a parlarci? Secondo te, questa mancanza di relazioni li faceva sentire sicuri o ansiosi?

5 **Viaggiare a quei tempi significava...**

- Doversi portare dietro il cibo per attraversare i deserti e gli oceani: ma non c'era il frigorifero!
- Avere con sé merci da vendere, ma non c'erano i camion!
- Usare una tecnologia molto a rischio: per esempio ruote di carri e timoni di navi che si rompevano.
- Andare in luoghi dove c'erano guerre o popolazioni sconosciute.

Avresti avuto il coraggio di viaggiare in quelle condizioni? Perché sì o perché no?
Discutine con il tuo compagno e poi con la classe, dividendovi tra chi avrebbe voluto essere con loro e chi invece sarebbe rimasto a Venezia o a Genova.

Riflessione sulla lingua

6 Il passato nel passato.

a. Osserva questi esempi:

- *Quando **sono arrivato** a Cadice / Colombo **era** già **partito**.*
- *Quando **arrivò** a San Salvador / Colombo **aveva navigato** per 33 giorni.*

1. In ogni esempio c'è una **frase principale**, cioè che ha senso anche da sola: è la ○ prima ○ seconda.
2. Le due **frasi secondarie** di ciascun esempio sono "temporali", cioè indicano il tempo dell'azione: iniziano con ....
3. Le quattro frasi sono tutte al passato, ma in ogni coppia c'è un'azione che avviene prima e un'azione che avviene dopo: nel primo esempio l'azione che avviene prima è ....; nel secondo esempio l'azione che avviene prima è ....
4. *Sono arrivato* e *arrivò* sono due verbi al passato; il tempo delle due azioni che avvengono prima, formato da *imperfetto + participio passato*, è il **trapassato prossimo**, che conosci già.

b. Completa queste frasi con i verbi tra parentesi al trapassato prossimo.

1. Quando compì 25 anni, Marco Polo (*attraversare*) .... già .... mezzo mondo.
2. Quando scoppiò la guerra tra Barca e Alau Marco Polo (*arrivare*) .... da poco a Bolgara.
3. Quando ho guardato questo *Passo* (*sentire*) .... già .... parlare del *Milione*.
4. Colombo scrisse la *Relazione* quando (*arrivare*) .... in Spagna da un giorno.

7 Passati e trapassati.

Come abbiamo visto, c'è il passato prossimo e il trapassato prossimo; ma c'è anche il passato remoto quindi dovrebbe esserci anche il .... remoto.

a. Completa queste frasi che hai trovato nei testi.

- Dopo che (*essere*) .... per un anno in questa città, scoppiò una guerra. (→ **Il Milione**)
- Dopo 33 giorni da quando (*lasciare*) .... Cadice, giunsi al mare delle Indie. (→ **Relazione**)
- Dopo che (*arrivare*) .... sull'isola, navigammo molto lungo la costa. (→ **Relazione**)

b. Completa queste frasi che hai trovato nei testi.

- Dopo (*restare*) .... in Soldania alcuni giorni, pensarono di andare avanti. (→ **Il Milione**)
- Dopo (*tornare*) .... in Spagna scrisse una *Relazione* al Re. (→ **Biografia Cristoforo Colombo**)

c. In alcuni casi, quando il soggetto delle due frasi è lo stesso, puoi usare anche solo il participio passato, come in questa frase del *Milione*, in cui scompaiono *dopo* e l'ausiliare.

- (*loro, partire*) .... da Bolgara, (*loro*) arrivarono a Ontaca. (→ **Il Milione**)

Puoi usare questa forma anche nelle due frasi sopra.

d. Completa queste frasi usando solo il participio passato se i due soggetti sono uguali, altrimenti devi usare il trapassato prossimo.

- (*dopo, loro, arrivare*) .... sull'isola, cercarono gli abitanti del posto.
- (*dopo, i soldati, cercare*) .... per giorni, Colombo decise di andare su un'altra isola.
- (*dopo, Colombo, piantare*) .... la bandiera del Re e (*dopo, Colombo, vedere*) .... che nessuno si era opposto, Colombo prese possesso dell'isola.

▸ Il **trapassato remoto** si forma con il passato remoto di *essere* o *avere* + il participio passato del verbo base. Non si usa quasi mai (per tua fortuna!), ma bisogna imparare a riconoscerlo.
*Dopo che **furono stati** per un anno in questa città / scoppiò una guerra.* (i soggetti delle due frasi sono diversi: *loro* erano stati, la *guerra* scoppiò)

▸ Oggi si usano **forme più semplici**:

- l'**infinito passato**, se il soggetto delle due frasi è lo stesso;
  *Dopo **aver lasciato** Cadice da 33 giorni / giunsi al mare delle Indie.* (il soggetto delle due frasi è sempre *Colombo*)
- il **trapassato prossimo**, che è possibile in tutti i casi.
  *Dopo che **eravamo arrivati** sull'isola / navigammo molto lungo la costa.*
  *Dopo che **eravamo arrivati** sull'isola / Colombo conobbe gli abitanti.*

8 L'incertezza al passato.

a. Se stai parlando **oggi**, indichi l'incertezza con il **congiuntivo presente**:

- *Non so se questa **sia** la cosa giusta.*
- *Penso che **sia** la cosa giusta.*
- *Ho paura che non **sia** la cosa giusta.*

b. Se parli del **passato**, indichi l'incertezza con il **congiuntivo imperfetto**:

- Queste poche righe ti possono far capire cosa (*significare*) .... nel XIII secolo essere mercanti coraggiosi. (→ **Biografia Marco Polo**)
- E allora chiesero se (*volere*) .... andare con loro dal Gran Khan. (→ **Il Milione**)
- Feci sbarcare due uomini per cercare se ci (*essere*) .... in quella provincia qualche città o un re. (→ **Relazione**)

c. Trasforma al passato i tre esempi iniziali di questo esercizio.

- *Non sapevo se quella* ....
- ....
- ....

9 Sintesi: il sistema del passato nei verbi italiani.

C'è differenza tra le azioni che continuano nel tempo e quelle che avvengono in un tempo preciso (è l'**aspetto** del verbo): *Mentre **studiavo** / **stavo studiando** il passato in italiano, mi **è venuto** / **venne** mal di testa*. Che tempi usi?

Azione continuata: ....

Azione *momentanea*:
passato ....
passato ....

imperfetto	passato prossimo	passato remoto
▸ Azione che continua per molto tempo: *Da piccolo non mi **piaceva** studiare.* ▸ Azione che continua per un certo tempo: *Dov'**eri** dopo cena ieri sera? **Studiavo** il passato in italiano.* ▸ Azioni contemporanee: *Mentre tu **studiavi**, io **guardavo** la televisione.*	▸ Azione recente: ***Ho studiato** troppo e sono stanco.* ▸ Azione continuata nel tempo ma conclusa: ***Ho studiato** il passato per tre ore e adesso vado in piscina!* ▸ Azione in un passato lontano, ma che ha ancora effetti sul presente: *Studiamo l'inglese perché gli americani **hanno vinto** la guerra.* ▸ Azione lontana e conclusa, espressa in italiano orale: *Cesare **è stato ucciso** nel 44 a.C.*	▸ Azione lontana e conclusa, espressa in italiano scritto: *Cesare **fu ucciso** nel 44 a.C.*

10 Il passivo dei verbi al passato.

a. La forma passiva è possibile con tutti i verbi transitivi, in cui l'azione *transita* (= passa) dal soggetto al complemento oggetto.
Quali di questi verbi sono transitivi?
andare *amare* *correre* *bere* *uccidere*

b. Nella tabella dell'**ES. 9** hai trovato due forme passive:

- *Cesare* .... *nel 44 a.C.*: tempo passato prossimo al passivo
- *Cesare* .... *nel 44 a.C.*: tempo passato remoto al passivo

*Cesare fu ucciso perché **era accusato** di voler diventare imperatore*: tempo .... al passivo.
Ricorda: l'ausiliare dei verbi passivi è sempre ...., seguito dal participio passato del verbo base.

11 **Quando un'azione viene prima dell'altra.**

Questo può succedere sia al futuro sia al passato.

a. Ecco un esempio con il **futuro**:
*Tornerò ad amare l'italiano / dopo che **avrò finito** di studiare il passato.*
Il verbo evidenziato si chiama **futuro anteriore**: l'azione di *finire* è anteriore, cioè precedente, a quella di *tornare*.
L'ausiliare è al tempo .... e il verbo base è al ....

b. Più spesso trovi **due azioni in sequenza** nel **passato**:

1. *Dopo che **ebbero ucciso** Cesare*
2. *Dopo che **avevano ucciso** Cesare*
3. *Dopo **aver ucciso** Cesare*
4. ***Ucciso** Cesare*

si guardarono / *si sono guardati* *intorno con paura.*

Le forme 3 e 4 sono le più semplici: sono *implicite*, perché non indicano la persona, e sono possibili perché il soggetto delle frasi è lo stesso (*gli assassini*).
Con soggetti diversi è possibile solo la forma *esplicita*, cioè le forme 1 e 2, con soggetto espresso (anche se non compare, *loro* è compreso nel verbo) + ausiliare + participio passato:
*Dopo che i senatori ribelli **ebbero ucciso / avevano ucciso** Cesare, gli altri senatori scapparono.*

Vincenzo Camuccini, *Morte di Cesare* (particolare), XIX secolo

12 **Quando un'azione è la causa di un'altra.**
Nell'esercizio precedente abbiamo visto una relazione di tempo: prima avviene un'azione, poi un'altra. Alcune volte in azioni che avvengono l'una dopo l'altra si può indicare anche una **causa**. Con la causa il trapassato remoto non si usa e la forma "implicita" (quella più semplice) si costruisce con il gerundio o con il participio passato.

1. *Siccome **avevano ucciso** Cesare*
2. ***Avendo ucciso** Cesare*
3. ***Ucciso** Cesare*

si guardarono / *si sono guardati* *intorno con paura.*

13 **Costruisci delle coppie di frasi *principale* + *secondaria* (o viceversa) al passato.**

a. Due azioni che avvengono nello stesso momento, in parallelo: ....
....

b. Due azioni, una continuata e l'altra che la interrompe: ....
....

c. Due azioni successive nel passato molto vicino: ....
....

d. Due azioni successive nel passato molto lontano: ....
....

e. Due azioni successive nel passato, di cui l'una è la causa dell'altra: ....
....

Il dio del futuro e del passato

Giano era il dio romano che guardava il passato (il viso con la barba) e il futuro (il viso giovane: in questo caso è Augusto, il figlio adottivo di Cesare e primo imperatore romano). Il nome latino era *Ianus*, il suo tempio era sul *Ianiculus*, il Gianicolo, uno dei sette colli (oggi si dice *colline*) su cui fu costruita Roma. Il mese che apre l'anno nuovo, in cui non sappiamo quello che succederà, era il mese di Giano: *Ianuarius*, *Gennaio*, *January*.
Per i Romani, come per quasi tutti i popoli antichi, il passato è davanti a noi, e infatti possiamo "vederlo" nella memoria, mentre il futuro è alle spalle, quindi sconosciuto: per questo, come hai visto nel **P4**, ancora oggi si butta una monetina o un po' di sale dietro le spalle per "comprare" un futuro migliore.

P6 Sei | Gli italiani sono... un po' matti

Comprensione & produzione

1 Il fiume Savio.

Gli italiani sono un po' matti: chi può pensare di costruire una città monumentale sull'acqua, come Venezia? O di farsi la guerra due volte all'anno come nel Palio di Siena, che non è solo una corsa di cavalli ma è una vera sfida nella piazza della città? Ma i più matti di tutti sono i romagnoli e gli emiliani più vicini alla Romagna, cioè quelli di Bologna e Modena.

Savio è una parola antica che significa *saggio*, cioè "persona che sa molte cose". La Romagna, la terra che va da Forlì a Rimini e da Ravenna a Pesaro, è attraversata da un fiume che si chiama Savio. C'è una battuta: «L'unica cosa savia in Romagna è il fiume!». I romagnoli vanno matti per la velocità, per il buon cibo, per la vita *spericolata*, che non si interessa dei pericoli, come dice il noto rocker italiano Vasco Rossi nella sua canzone più famosa.

Vediamo qualche esempio della pazzia vitale e stupenda di questa gente nell'AUDIO 7, che è fatto in modo nuovo:

- c'è una versione breve per il primo ascolto, con poche frasi che ti servono per riconoscere le foto (→ ES. 2);
- c'è poi una versione completa, che ti serve per cercare alcune informazioni (→ ES. 3);
- infine c'è la versione con pause, che ti serve per ripetere e allenarti a memorizzare le frasi lunghe.

2 **Ascolta la versione breve dell'AUDIO 7.**

Scrivi il numero della descrizione o della conversazione accanto alla foto corrispondente.

3 **Ascolta la versione completa dell'AUDIO 7.**

Le parti che hai ascoltato nella versione breve sono solo l'inizio di ogni descrizione o conversazione.
Adesso ascolta l'audio nella versione completa. Eccoti alcune parole chiave e delle informazioni da trovare.

NUMERO 1

PAROLE CHE POSSONO AIUTARTI

- **sedurre**: "attrarre", "convincere"; è uno dei tanti verbi composti a partire dal verbo latino *ducere*, che significa "portare", "guidare" e che è diventato *-durre* in italiano: quindi *se* + *-durre* significa "portare verso di sé" (ricordi il participio passato dei verbi in *-durre*?)
- **alla Vasco Rossi**: "alla maniera di Vasco Rossi"
- **di matti ne trovi tanti**: la costruzione normale è "trovi tanti matti", ma questa forma, che anticipa l'oggetto (*matti*) e poi lo riprende con il *ne*, serve ad accentuare quello di cui parli, i matti

a. Pesaro è una provincia della regione
◯ Marche ◯ Emilia-Romagna.

b. Pesaro, linguisticamente e culturalmente, fa parte
◯ delle Marche ◯ della Romagna.

NUMERO 2

PAROLE CHE POSSONO AIUTARTI

- **borghese**: la borghesia è la classe sociale media o medio-alta, tranquilla, *benestante* ("che sta bene", cioè è abbastanza ricca)
- **assetato**: "che ha sete", in questo caso di vita, non di acqua; "che ha voglia di vivere intensamente"
- ***La dolce vita, 8½, La strada***: sono alcuni dei capolavori di Federico Fellini; Anita Ekberg e Marcello Mastroianni sono attori famosi del secondo Novecento
- **zingaro**: appartenente alla popolazione degli zingari, di origine indiana, egiziana (da cui l'inglese *gipsy*) e balcanica; non ama vivere in una casa: è nomade, cioè non ha una dimora fissa, e vive in roulotte

a. *Amarcord* è in dialetto romagnolo e significa ....

b. A quali film si riferiscono queste scene?

◯ La dolce vita
◯ 8½
◯ La strada

◯ Amarcord
◯ 8½
◯ La strada

◯ La dolce vita
◯ Amarcord
◯ La strada

NUMERO 3

PAROLE CHE POSSONO AIUTARTI

- **esso**: pronome personale che corrisponde a *lui* e si usa solo parlando di cose
- **Nettuno**: è il dio rappresentato nella statua qui sotto
- **rispetto a**: "in confronto a"
- **appariscente**: una cosa che *appare*, che si vede bene tra le altre

a. Che cosa c'entra questa foto con la Maserati?

b. Gli emiliani sembrano
◯ tranquilli ◯ matti
ma non lo sono.

NUMERO 4

PAROLE CHE POSSONO AIUTARTI

- **sfidare**: voler dimostrare a qualcuno che si è i più forti (o belli, bravi ecc.)

a. *Sciono patthho per la moto* significa ....

b. *Valentino* è un nome, ma *va lentino* significa ....

NUMERO 5

PAROLE CHE POSSONO AIUTARTI

- **omonimo**: "che ha lo stesso (*omo*) nome (*nymos*)": Rossi e Rossini sono quasi omonimi

a. Che caratteristica ha, rispetto al *crescendo* normale, il "crescendo rossiniano"?

b. Che cosa c'entra questa foto con il compositore del *Barbiere di Siviglia*?

NUMERO 6

PAROLE CHE POSSONO AIUTARTI

- **maleducata**: la vita che vuole Vasco è *maleducata*, che è l'opposto della buona educazione borghese
- **di quelle vite fatte così**: *fatto così* è un modo di dire che indica una cosa fatta senza una progettazione
- **se ne frega di tutto**: *fregarsene* significa "disinteressarsi" delle conseguenze, della buona educazione, degli altri ecc.
- **una vita che non è mai tardi, di quelle che non dormo mai**: la forma grammaticalmente corretta è "una vita *in cui* non è mai tardi, di quelle *in cui* non dormo mai", ma in italiano parlato molto popolare si usa *che* in moltissime frasi in cui non si dovrebbe...
- **non si sa mai**: non sai come andrà a finire
- **ubriaco**: qualcuno che ha bevuto troppi alcolici e non è più padrone di se stesso

a. Quando presentò la canzone *Vita spericolata* a Sanremo, Vasco fece scandalo per i contenuti e per ....

b. Quando presentò la canzone *Vado al massimo* a Sanremo, Vasco fece scandalo per i contenuti e perché ....

c. È vero che a causa di questa sua vita scandalosa Vasco è stato rifiutato dagli italiani?

d. Ti viene in mente qualche rockstar internazionale che abbia una storia simile?

NUMERO 7

a. La Ducati è nata come fabbrica di motociclette nel 1926. ◯ vero ◯ falso

b. Dopo la guerra cominciò a fabbricare motociclette. ◯ vero ◯ falso

NUMERO 8

PAROLE CHE POSSONO AIUTARTI

- **raffinatezza**: indica la qualità delle cose fatte molto bene sul piano tecnico, ma anche molto eleganti, pur senza essere di una bellezza appariscente
- **curatissima**: una cosa fatta *con cura*, cioè con molta attenzione, senza difetti
- **perfino**: introduce qualcosa di impensabile, di incredibile: in questo caso il fatto che il cliente possa partecipare alla progettazione della sua Ferrari

a. Le Ferrari sono costosissime, quindi ce ne sono tante pronte in attesa che qualcuno le compri. ◯ vero ◯ falso

NUMERO 9

PAROLE CHE POSSONO AIUTARTI

- **astronave**: una nave spaziale, di quelle dei film di fantascienza, come la Enterprise di *Star Trek*
- **marchio**: corrisponde a *logo*
- **trattore**: macchina per lavorare nei campi, con grandi ruote e molta forza
- **collezionista**: una persona che fa *collezione*, cioè raccoglie oggetti simili: francobolli, bicchieri ecc.; esistono anche i collezionisti di auto d'epoca (cioè antiche) o di auto sportive
- **spigoli, angoli**: parlando di oggetti, sono i punti in cui la superficie dell'oggetto cambia direzione di colpo, non in maniera dolce: le prese d'aria (i grandi "buchi") della Lamborghini sono *spigolosi*, non hanno linee morbide, dolci; anche un carattere duro può essere *spigoloso*

a. Che cosa hanno in comune queste immagini?

NUMERO 10

PAROLE CHE POSSONO AIUTARTI

- **da queste parti**: "in queste zone"
- **rivalità**: gara o lotta tra due o più persone per essere i più forti in qualcosa: le famiglie di Romeo e di Giulietta sono rivali per il potere su Verona

a. Che differenza c'è tra i due innamorati di Gradara (a sinistra) e di Verona (a destra)?

NUMERO 11

PAROLE CHE POSSONO AIUTARTI

- **per dirla con Vasco Rossi**: "per usare le parole di Vasco Rossi": è una forma comune con un nome di scrittore o cantante
- **Teologia**: la parte della Filosofia che studia dio e la religione
- **Cardinale**: un "principe della Chiesa" chiamato a eleggere il Papa
- **principe, conte**: sono titoli di nobili aristocratici del passato (tranne in alcuni Paesi, come l'Inghilterra): un principe era importante quasi quanto un re, un conte era meno importante; i femminili sono *principessa* e *contessa*

a. Machiavelli è un filosofo della politica, il Valentino è un generale spericolato: che cosa li unisce?
b. Alessandro VI era un Papa: che cosa c'entra con il Valentino?

4 **Una sfida di memoria: rispondi alle domande sull'AUDIO 7.**

a. Quali persone hanno cognomi uguali o simili? ....
b. Quali persone hanno nomi o soprannomi uguali? ....
c. Quali persone sono di Pesaro? ....
d. Quali automobili o motociclette sono costruite in Romagna? ....
e. Quali case automobilistiche sono parte del gruppo Fiat? ....
f. Quali persone appartengono al passato?
- quattro innamorati: ....;
- due costruttori: ....;
- un musicista e gourmet: ....;
- un generale: ....

g. Quale personaggio non è nato in Emilia o in Romagna? ....
h. Abbiamo ricordato Machiavelli e Alessandro VI parlando di ....
i. Abbiamo citato due musicisti: ....
j. Quanti film ricordi di Fellini? Tra quelli citati nell'audio: ....; altri: ....
k. Romeo e Giulietta erano di Verona, in Veneto; Paolo e Francesca erano di Gradara che è in ....
l. Che cosa c'entra Nettuno, il dio del mare, con questi audio su Emilia e Romagna? ....
m. Chi scrive canzoni con "errori" grammaticali? ....
n. Quattro dei personaggi citati nell'audio sono morti lontano dall'Emilia-Romagna:
- uno in Spagna: ....;
- uno a Parigi: ....;
- due in Veneto: ....

Ascolta ancora una volta l'AUDIO 7 per verificare le tue risposte; se vuoi, adesso puoi ascoltare la versione con pause, altrimenti fallo a casa con calma.

5 **Racconta una delle storie che hai ascoltato; il tuo compagno ne racconta un'altra a te.**

L'insegnante poi chiederà a 11 di voi di raccontare le 11 storie dell'audio.

6 **In aula (se avete un proiettore) o a casa cercate di capire che cosa vi piace.**

a. Andate sui siti Ferrari e Lamborghini, guardate le auto, prendete qualche appunto sulla loro estetica e decidete quale vi piace di più e perché. Siate pronti a discuterne in classe.
b. Andate in rete e scrivete "crescendo rossiniano": ascoltate qualche esempio e decidete se vi piace o no. Siate pronti a discuterne in classe.
c. Andate in rete e ascoltate *Vita spericolata*; poi scegliete altre due o tre canzoni di Vasco, tra quelle degli ultimi anni, e decidete se vi piacciono o no. Siate pronti a discuterne in classe.
d. Andate in rete, cercate "Bagno Anita Fontana Trevi" e guardate la scena più famosa della *Dolce vita*: vi pare abbastanza pazza? Vi piace? Siate pronti a discuterne in classe.

Riflessione sulla lingua

7 Qualche precisazione sulla lingua.

In questa Unità hai ascoltato molto, usando l'italiano, il suo lessico e la sua grammatica. È però necessario che notiamo insieme qualche aspetto linguistico, oltre ai *post-it* che trovi nella trascrizione dell'AUDIO 7 tra gli esercizi supplementari online.

a. Un congiuntivo ci starebbe proprio bene!

Nella conversazione sul fiume Savio (→ **numero 1**) hai sentito:

- **Qui dicono che l'unica cosa *savia* in Romagna è quel fiume!**

Che l'unica cosa *savia* sia il fiume è ○ un fatto documentato ○ un'idea, un'ipotesi.

Nell'audio su Lamborghini (→ **numero 9**) c'è questa frase:

- **Comprò una Ferrari, ma non funzionava bene; allora andò da Enzo Ferrari e gli spiegò quale era la causa del problema.**

La spiegazione di Lamborghini esprime ○ un fatto certo ○ l'opinione di Lamborghini.

In entrambi i casi siamo di fronte a opinioni, anche se non ci sono verbi come *pensare*, *credere* ecc. Quindi in italiano formale sarebbe più corretto usare il congiuntivo:

- **Qui dicono che l'unica cosa *savia* in Romagna .... quel fiume!**
- **Comprò una Ferrari, ma non funzionava bene; allora andò da Enzo Ferrari e gli spiegò quale .... la causa del problema.**

b. Un passato remoto ci sta bene, anche se è un testo orale.
Abbiamo detto che all'orale prevale il passato prossimo; ma se fai un racconto, il passato remoto è più adatto, dà il senso completo di una narrazione, come nella conversazione **numero 9**. Qui ci sono i vari passati: cerchiamo di analizzarli.

Ferruccio Lamborghini (1916-1993)

Enzo Ferrari (1898-1988)

Lui **Sì, ma io avevo** [tempo ...., perché indica un'azione ○ momentanea ○ continuata] **un compagno d'università che dopo la laurea è andato** [tempo ...., normale passato dell'oralità; l'ausiliare è .... perché *andare* è un verbo ○ transitivo ○ intransitivo] **a lavorare alla Lamborghini. E lui mi ha raccontato** [tempo ...., normale passato dell'oralità; l'ausiliare è .... perché *raccontare* è un verbo ○ transitivo ○ intransitivo] **come è nata la Lamborghini.**

Lei **Be', raccontalo anche a me, allora.** [Nota che è lei a chiedere un "racconto", quindi lui passa al passato ....]

Lui **Lamborghini era** [tempo ...., perché indica un'azione ○ momentanea ○ continuata] **un meccanico geniale che costruiva** [tempo ....] **trattori ed era diventato milionario.**
Comprò [tempo ...., perché indica un'azione ○ momentanea ○ continuata] **una Ferrari, ma non funzionava** [tempo ...., perché indica un'azione ○ momentanea ○ continuata] **bene; allora andò** [tempo ....] **da Enzo Ferrari e gli spiegò** [tempo ....] **quale era** [tempo ...., perché indica un'azione ○ momentanea ○ continuata] **la causa del problema. Ferrari si arrabbiò** [tempo ....] **all'idea che uno che faceva** [tempo ....] **trattori volesse insegnare la meccanica a un ingegnere come lui: litigarono** [tempo ....], **e Lamborghini decise** [tempo ....] **di costruire la sua "Ferrari". E così nacque** [tempo ....] **la Lamborghini.**

I matti nei modi di dire

Ci sono due modi di dire sulla pazzia creativa:

- **Se no i xe mati no li voémo**: in veneziano, "se non sono matti, non li vogliamo"
- **Darsi alla pazza gioia...** non serve spiegazione!

Ma ce n'è uno in cui la follia fa paura (*follia* deriva da *folle*, che si usa poco; ma *follia* si usa più di *pazzia*, che ha spesso un tono medico-psichiatrico):

- **Cose da matti**: cose incredibili, pericolose, che non hanno senso; spesso si usa un sinonimo popolare di *cose*, cioè *robe*

L'italiano... della religione | 1

La Doxa, uno dei più importanti centri di ricerca sociale, dà questi dati sulla religiosità in Italia:

45% cattolici praticanti

30% cattolici non praticanti

15% altre religioni o religiosità vaga

10% atei

Quindi l'Italia è un Paese a maggioranza cattolica, ma se consideriamo chi va davvero in chiesa, è un Paese parzialmente cattolico. Questa influenza della religione ovviamente c'è anche nella lingua che viene dalla Bibbia e dal Vangelo.

1 Collega le spiegazioni alle citazioni religiose corrispondenti.

1. Il *prossimo* sono le altre persone: bisogna amarle in maniera totale.
2. Gesù mandò via i mercanti che usavano il tempio di Dio per fare soldi: non confondere la vita spirituale e la vita materiale.
3. Gesù chiede a Dio di perdonare i suoi uccisori perché non sapevano quello che facevano.
4. «È più facile che un cammello passi nella cruna di un ago piuttosto che un ricco vada in Paradiso». La *cruna* è il buco dell'ago.

5. Se ti danno un pugno, non vendicarti ma *porgi* (offri, mostra) l'altra guancia.
6. Pilato, il governatore romano, decise di "non decidere" e *si lavò le mani* per indicare che non voleva sapere altro su Gesù.
7. Chi ha peccato va punito, ma puoi punirlo (lanciandogli una pietra) solo se tu non hai mai peccato. In altre parole: perdona chi ha sbagliato.
8. Gesù dice che «non di solo pane vive l'uomo», cioè esiste anche una vita spirituale, non solo materiale.
9. Lo spirito è forte (prende decisioni, fa promesse) ma la carne è debole (il corpo spesso ci fa tradire le promesse).
10. I *peccati della carne* sono peccati che riguardano il corpo, soprattutto quelli legati al sesso.

- (5) Porgere l'altra guancia.
- ( ) Scagliare la prima pietra.
- ( ) Mandar via i mercanti dal tempio.
- ( ) Ama il prossimo tuo come te stesso.
- ( ) Passare nella cruna dell'ago.
- ( ) Non sanno quello che fanno.
- ( ) Lavarsene le mani.
- ( ) Non di solo pane.
- ( ) I peccati della carne.
- ( ) La carne è debole.

....

....

....

....

....

2 **Parole o espressioni usate in italiano, spesso senza conoscerne l'origine religiosa.**

- *È solo un peccato / una mancanza / un errore veniale!*
  Il cristianesimo distingue i peccati *mortali*, cioè gravi, che mandano l'anima all'Inferno, da quelli *veniali*, cioè piccole mancanze o imperfezioni.
- *Non dimenticare che la pazienza è una virtù cardinale.*
  Ricorda che l'ira è un vizio capitale.
  Nella tradizione cattolica ci sono 7 *virtù* (aspetti buoni del carattere) *cardinali* (importantissime) e 7 *vizi* (abitudini cattive, negative, il contrario delle virtù) *capitali* (importantissimi).
- *Il Parlamento non ha deciso, la legge resta ancora nel limbo.*
  Quando un bambino nasce viene battezzato ed entra a far parte della Chiesa; se si comporta bene va in Paradiso, se ha commesso errori veniali va in Purgatorio, se ha commesso peccati mortali va all'Inferno. E se muore prima di essere battezzato? Va nel *limbo*, dove tutto è fermo e non si vede Dio ma non si soffre il dolore dell'Inferno.
- *Quando parla sembra che dica le litanie / il rosario.*
  La *litania* è una serie di lodi a Dio, a Maria e ai santi; il *rosario* è la ripetizione per 50 volte di una preghiera (*Ave Maria*). Litanie e rosario hanno una tonalità ripetitiva, per cui chi parla in quel modo è noioso.
- *Siete solo dei sepolcri imbiancati.*
  Cristo definisce *sepolcri* (cioè "tombe") *imbiancati* ("dipinti di bianco", per sembrare nuovi e puliti) gli ipocriti, cioè coloro che dicono una cosa e ne pensano un'altra.

3 **La religione aiuta a capire la pittura italiana.**

Le immagini dei Santi erano usate per aiutare i fedeli (cioè coloro che hanno *fede in Dio*, i credenti) a imitare la loro vita senza vizi e con tante virtù. Siccome la gente normale non sapeva leggere, si usavano delle immagini. In queste pagine vedi alcuni esempi di icone di Santi molto comuni nelle chiese.
Scrivi i nomi dei santi sotto alle immagini corrispondenti.

- **San Sebastiano**: fu legato nudo a una colonna e ucciso con delle frecce.
- **San Paolo**: poiché era cittadino romano non poteva morire in croce, quindi gli tagliarono la testa con una spada.
- **San Lorenzo**: fu bruciato vivo su una griglia come quelle usate per cuocere la carne sul fuoco.
- **San Pietro**: ha in mano le chiavi del Paradiso.
- **Santa Barbara**: il padre la teneva chiusa in una torre perché ne era geloso.
- **Santa Lucia**: le furono tolti gli occhi, che nelle immagini tiene in un piattino davanti a sé.
- **San Rocco**: aiutava i malati di peste e per questo si ammalò: gli si formò un "bubbone" (la ferita della peste) su una coscia.
- **San Marco**: è uno dei quattro evangelisti (gli autori dei Vangeli); ha sempre in mano il Vangelo ed è vicino a un leone alato.
- **San Francesco**: parlava con gli uccelli e con gli animali dei boschi.
- **Sant'Antonio da Padova**: in realtà era portoghese; ha sempre in mano un giglio (simbolo della purezza) e in braccio Gesù Bambino. *Santo* o *Sant'* si usa davanti a vocale (come Sant'Antonio) o a *s + consonante* (come Santo Stefano).

Progetta un itinerario

Il livello B2 ti insegna a fare cose complesse, non solo conversazioni quotidiane. Facciamo una prova.
Ben 7 dei Santi che hai visto alle pagine precedenti sono “titolari” (cioè danno il loro nome) di chiese a Venezia, e in due casi i corpi di quei santi, San Marco e Santa Lucia, sono conservati a Venezia.
In rete trovi l’elenco (impressionante!) delle chiese di Venezia.
Dai una prima occhiata alle chiese che ospitano i Santi di cui abbiamo parlato.

Lavorando in gruppi, progettate una visita da fare con alcuni vostri amici: preparate una breve guida sulla storia di queste chiese e segnate l’itinerario su una piantina. Ogni gruppo sceglie uno di questi itinerari e spiega alla classe (con stampate, PowerPoint o in altro modo) quello che vedrete.

1. Arrivo in stazione, poi San Rocco, i Frari (dove c’è il più bel quadro di Tiziano!), Chiesa della Salute; mentre camminate passate davanti alle Gallerie dell’Accademia, il più importante museo veneziano, al Guggenheim Museum (era la casa di Peggy Guggenheim, e c’è la sua collezione) e al Museo Pinault: spiegate che sono due musei di arte moderna.
2. San Giovanni e Paolo con la chiesa e la Scuola Grande di San Marco, sede dell’Ospedale e tesoro da visitare; San Francesco della Vigna; passate davanti all’Arsenale e andate a San Pietro di Castello.
3. Dalla stazione andate a San Geremia, poi al Ghetto (il primo ghetto al mondo) dove visiterete una sinagoga; poi andate alla Madonna dell’Orto e concludete a San Giovanni e Paolo (chiesa e Scuola Grande).
4. Da San Rocco e i Frari andate a Santa Maria dei Carmini, poi a San Sebastiano e infine a San Nicolò dei Mendicoli, chiesa bellissima dove nessun turista arriva mai!

Ricorda che tra i materiali video ce n’è uno proprio su Venezia: può aiutarti e darti idee.

Palestra di italiano

1 Inserisci le preposizioni *a* o *in*, se serve con l'articolo (→ *post-it* nella trascrizione dell'AUDIO 2).

a. Le persone che hanno peccato vanno .... Inferno.
b. Ragazzi, la pasta è già .... tavola, venite a mangiare!
c. Le vere amicizie nascono .... tavola.
d. Sono felice, sono innamorato, mi sento .... Paradiso!

2 Quali nomi useresti per indicare emozioni di allegria o di tristezza in queste situazioni?

a. La persona che ami ti ha detto «sì» → ....
b. La persona che ami ti ha detto «non è no, ma ancora non me la sento di dirti sì» → ....
c. La persona che ami ti ha detto «no» → ....
d. Incontri un amico che non vedevi da tempo → ....
e. Pensi a un amico che non vedi da tempo → ....
f. Un tuo amico non c'è più → ....
g. Stai per avere un figlio → ....

3 Prova a scrivere una definizione di queste parole dell'italiano "romantico".

Scrivi su un foglio, all'inizio del lavoro, la tua definizione; poi confrontala con quella del tuo compagno e insieme integratele e fatene una sola.
A questo punto confrontatevi con un'altra coppia e fondete le due definizioni, scrivendole qui sotto. L'insegnante vi chiederà di metterle insieme a quelle della classe, lavorando alla lavagna. Segnate quindi le principali cose che avevate dimenticato o le integrazioni più interessanti.

a. *amore* definizione: ....
integrazioni: ....

b. *sognatore* definizione: ....
integrazioni: ....

c. *romantico* definizione: ....
integrazioni: ....

d. *bello* definizione: ....
integrazioni: ....

e. *carino* definizione: ....
integrazioni: ....

4 **Completa il passato remoto regolare di questi verbi.**

	amare	credere	finire
io	amai	credetti	finii
tu			
lui / lei			
noi			
voi			
loro			

	andare	dovere	morire
io		dovetti	
tu			
lui / lei			
noi			
voi			
loro			

5 **Completa il passato remoto irregolare di questi verbi.**

	essere	avere	prendere
io	fui	ebbi	presi
tu	fosti	avesti	prendesti
lui / lei			
noi			
voi			
loro			

	vedere	mettere	venire
io	vidi	misi	venni
tu			
lui / lei			
noi			
voi			
loro			

6 **Metti in ordine la conversazione 2 del P3 (AUDIO 5), scrivendo i numeri 1, 2, 3 ecc. davanti a ogni frase.**

- ◯ Be', mica si poteva passare il tuo compleanno senza trovarci, no?
- (1) Che bella idea hai avuto, Chiara!
- ◯ Dai, facciamoci un selfie così lo postiamo su Facebook!
- ◯ Erano mesi che non ci vedevamo, con l'università e tutti gli impegni... Ti ricordi? Ai tempi del liceo passavamo insieme ogni serata, ogni weekend.
- ◯ Ma adesso siamo tristi?
- ◯ Mi ricordo solo che in macchina ridevamo talmente tanto che abbiamo dovuto fermarci!
- ◯ Nooooo!
- ◯ Sono passati solo quattro anni da quando eravamo al liceo – e mi sembra il tempo che fu... eravamo dei matti, sempre allegri.
- ◯ Vi ricordate quando siamo andati per la prima volta da soli nella casa in montagna di Chiara?

7 **Lavora sulla conversazione 3 del P3 (AUDIO 5), quella tra i due signori anziani che ricordano il loro primo incontro e un gelato al cioccolato.**

a. Sono in tutto cinque battute, quindi è molto breve. Secondo te, quanti verbi ci possono essere in cinque battute? Confronta la tua risposta con i compagni.
Eccoti la prima battuta:
*Pianta*la, se ....
a .... mi
.... non
.... a
.... il gelato!

Capisci perché diamo tanto spazio ai verbi in questo manuale?

b. Adesso inserisci i verbi nella conversazione qui accanto (alcuni verbi servono più volte).

ascoltare • avere • chiedere • cominciare • continuare • dire • essere • fare • finire • leccare • macchiarsi • mangiare • pagare • parlare • ~~piantarla~~ • pulire • ricordare • ridere • riuscire • sapere • stare • tenere • trovare • volere

Lei *Pianta*la, se .... a .... mi .... non .... a .... il gelato!

Lui Allora .... il gelato .... più importante che .... tuo marito?

Lei Non .... stupidaggini, Gigi. .... il nostro primo gelato? .... ragazzini e io non .... come .... una scusa per ....ti...
Un giorno .... un gelato e .... la camicia di cioccolato e allora ti .... di ....lo in mano tu, mentre io mi .... con un fazzoletto bagnato...

Lui ...E io .... così emozionato che .... a .... il tuo gelato come se .... mio, e quando .... di .... ti ne .... metà!

Lei E allora ....mene uno, ma non .... una lira!

8 **Cruciverba al passato remoto.**

I verbi sono importanti, come abbiamo visto nell'ES. 7. Quindi ecco una sfida per vedere se ricordi bene come si descrivono i verbi: cioè, come si dicono le **persone**, che possono essere **singolari** o **plurali**. Per aumentare la sfida, sono tutti **passati remoti**... irregolari! Se hai dubbi, usa la lista dei verbi irregolari che trovi online e che ti abbiamo consigliato di stampare e inserire nel tuo quaderno.

Orizzontale
1 *Prendere*: 3ª persona plurale
6 *Scendere*: 1ª persona singolare
8 *Essere*: 2ª persona plurale
10 *Venire*: 3ª persona plurale
11 *Scendere*: 3ª persona singolare
12 *Dire*: 1ª persona singolare
13 *Mettere*: 3ª persona plurale
14 *Essere*: 1ª persona singolare
15 *Vedere*: 3ª persona singolare
16 *Rispondere*: 3ª persona plurale

Verticale
2 *Rispondere*: 1ª persona singolare
3 *Rispondere*: 1ª persona plurale
4 *Mettere*: 3ª persona singolare
5 *Scendere*: 1ª persona plurale
7 *Avere*: 3ª persona plurale
8 *Essere*: 3ª persona plurale
9 *Vedere*: 2ª persona singolare
11 *Scendere*: 1ª persona singolare
12 *Dire*: 3ª persona singolare
13 *Mettere*: 1ª persona singolare

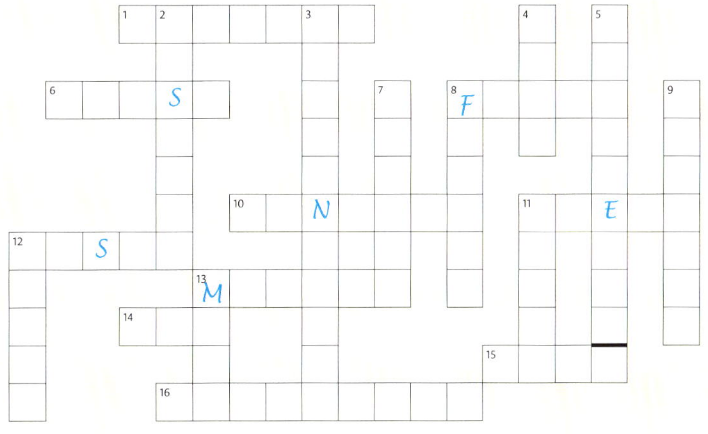

9 Crea un dialogo e sii pronto a recitarlo con il tuo compagno. *A* è straniero, *B* è italiano.

A Sta leggendo il testo *Paure "reali"* a pagina 24 e chiede a *B* se gli italiani hanno paura dell'immigrazione.
B Dice che la paura si è diffusa dopo la crisi economica, quando allo stesso tempo sono iniziati gli sbarchi al Sud.
A Chiede da che cosa derivi questa paura.
B Glielo spiega.
A Chiede come era la situazione prima della crisi, negli anni Novanta e nei primi anni Duemila.
B Glielo spiega.
A Commenta che non è un fenomeno solo italiano. Poi aggiunge che è rimasto stupito anche dalle paure immaginarie degli italiani, e fa un esempio di due-tre superstizioni.
B Spiega da dove derivano le superstizioni e poi spiega l'origine di una di quelle citate da *A* e conclude dicendo che comunque ci sono sempre gli scongiuri a salvarci.
A Chiede che cosa siano gli scongiuri.
B Glielo spiega e fa qualche esempio.

Adesso provate a recitare il dialogo. Poi a casa ciascuno ne fa una versione scritta, così si fissa meglio nella memoria.

10 Inserisci le preposizioni *in* o *a* (se serve con l'articolo) in questo testo.

Il teatro romano di Benevento

Ho voglia di fare un bel viaggio, sono ormai sei mesi che me ne sto qui ...*a*... Benevento e non ne posso più. È una bella cittadina, è .... Campania, ... Sud d'Italia, vicino .... Napoli, ma è una cittadina piccola. .... casa che ho affittato per questo anno di lavoro qui a Benevento non c'è l'aria condizionata, è in periferia e andare .... cinema o .... pizzeria è difficile perché la sera .... centro non si trovano parcheggi.
Ho bisogno di andare via qualche giorno, sto pensando di fare un giro .... Sicilia o .... Sardegna, così faccio turismo e posso andare al mare, ma sono costose.
Se trovassi un volo *low cost* potrei passare una settimana .... Creta o .... Cipro, dove gli hotel non sono cari. Se fossi un "bravo ragazzo", andrei a trovare i miei genitori .... Marche, ma l'idea di starmene a casa una settimana con loro non è il top.
Comunque devo andare via da qui per qualche giorno o divento matto!

UNA STRATEGIA IMPORTANTE: FARE LA "PERIFRASI" DI UNA PAROLA

Quando non conosci una parola, devi dire una frase che spieghi il significato di quella parola. Ne trovi moltissime in questo manuale. Ecco alcune frasi che spiegano queste parole:

~~aldilà~~ • benestante • collezionista • dilettante • leccare • mordere • nomade • praticante • principale • quadrifoglio • scongiuro • superstizione • tridente

......*aldilà*......: il mondo che è *al di là di questo mondo*. (→ P1)
..........................: persona che suona, dipinge, recita ecc. per il piacere di farlo. (→ P1)
..........................: staccare con i denti dei pezzetti di cibo. (→ P3)
..........................: passare la lingua su un gelato. (→ P3)
..........................: credenza popolare su cose, azioni o parole che "portano male", cioè "portano sfortuna". (→ P4)
..........................: modo per evitare che la sfortuna arrivi, secondo le superstizioni. (→ P4)
..........................: un trifoglio con quattro foglie. (→ P4)
..........................: frase che ha senso anche da sola. (→ P5)
..........................: persona o famiglia abbastanza ricca, che sta bene economicamente. (→ P6)
..........................: non ama vivere in una casa, quindi vive in roulotte per spostarsi. (→ P6)
..........................: persona che raccoglie oggetti simili: francobolli, bicchieri ecc. (→ P6)
..........................: arma con tre punte, tre denti, usata per prendere i pesci. (→ P6)
..........................: cattolico che va in chiesa regolarmente. (→ **L'italiano... della religione**)

11 **Inserisci i verbi in questo testo su Cristoforo Colombo.**

essere (x 3) ● cominciare ● arrivare ● chiamare ● comprare ● convincere ● ~~nascere~~ ● navigare ● partire ● trovare (x 2) ● volere ● tornare

Cristoforo Colombo *nacque* a Genova nel 1451 e .... un mercante di mare. La sua idea .... che la terra .... rotonda, quindi .... verso Ovest .... in Cina e in India. Non .... fondi in Italia, ... a cercarli all'estero, e li .... in Spagna. .... tre piccole navi e .... verso l'ignoto il 3 agosto 1492. Dopo un mese tutti i marinai .... in Spagna, ma lui con il suo entusiasmo li .... ad andare avanti e il 12 ottobre dello stesso anno arrivò nell'isola che .... *San Salvador*, in onore di Gesù Salvatore.

12 **Alcune delle frasi in corsivo, che indicano il tempo, hanno lo stesso soggetto della principale e quindi possono essere espresse con il participio passato. Segui gli esempi.**

a. *Dopo che fu arrivato in America*, Colombo ringraziò Dio.
→ *(Dopo essere) arrivato in America, Colombo ringraziò Dio.*

b. *Quando ebbe ringraziato Dio*, i suoi uomini lo festeggiarono.
→ *non cambia*

c. *Dopo che ebbero festeggiato Colombo*, gli chiesero quali fossero i suoi progetti.
→ ....

d. *Dopo che ebbe ascoltato i suoi uomini*, Colombo disse che non aveva un progetto.
→ ....

e. *Dopo che ebbero capito* che non aveva progetti, Colombo li guardò dritti negli occhi.
→ ....

f. *Dopo che ebbe guardato i suoi uomini per un minuto*, Colombo disse, ridendo: «Secondo voi, rischio la vita senza avere un progetto?».
→ ....

g. *Quando ebbero capito* che aveva scherzato, si misero tutti a ridere.
→ ....

13 **Metti in ordine questo testo su Cesare Borgia, scrivendo i numeri 1, 2, 3 ecc. davanti a ogni frase.**

- ◯ A 20 anni Cesare ricevette il dottorato in Teologia a Pisa
- ◯ A 24 anni diventò generale dell'esercito del Re di Francia
- *1* Cesare Borgia era figlio di **Papa** Borgia,
- ◯ e conquistò Milano, che diventò francese,
- ◯ e diventò subito **cardinale**;
- ◯ e morì giovanissimo, a 32 anni.
- ◯ e sposò una contessa francese.
- ◯ Negli anni seguenti combatté a Napoli e poi in Spagna
- ◯ e poi conquistò la Romagna, che diventò sua.
- ◯ poi smise di fare l'uomo di Chiesa
- ◯ uno dei papi-re del Rinascimento.

Papa, cardinale

Il **Papa** è il vescovo di Roma e capo della Chiesa cattolica.
I **cardinali** sono 120 ed eleggono il Papa.
I **vescovi** sono i capi delle **diocesi**, cioè delle "province" della Chiesa.
I **sacerdoti** o **preti** sono i capi delle comunità locali, che vivono intorno a una **parrocchia**, e corrispondono ai **pastori** protestanti e ai **pope** ortodossi.
Oltre alle parrocchie e ai sacerdoti ci sono i **conventi** o **monasteri**, dove vivono i **monaci** e le **monache**, detti anche **frati** ("fratelli") e **suore** ("sorelle").

14 Nell'Unità hai trovato queste forme del passato remoto. Insieme ai compagni ricostruisci tutte le forme.

Se hai dubbi, ricorda che online c'è la lista dei verbi irregolari. I colori ti indicano i verbi irregolari simili; ricorda che quasi sempre le persone 1ª, 3ª, 6ª sono simili e spesso il participio passato assomiglia a queste persone.

infinito	passato remoto						participio passato
	1ª sing.	2ª sing.	3ª sing.	1ª plur.	2ª plur.	3ª plur.	
(rag)giungere	(rag)giunsi					(rag)giunsero	
spingere			spinse				
vincere			vinse				
accendere		accendesti				accesero	
appendere							appeso
decidere	decisi					decisero	
diffondere			diffuse				diffuso
(s)mettere			(s)mise			(s)misero	
prendere	presi		prese				
rimanere						rimasero	
scendere		scendesti	scese				
chiedere			chiese				
chiudere			chiuse				
leggere				leggemmo			letto
scrivere			scrisse				scritto
succedere			successe				
vivere						vissero	
accorger(si)			accorse				
avere	ebbi						
dare			diede				
essere			fu	fummo		furono	stato
fare	feci						
nascere			nacque				
rompere			ruppe				
vedere	vidi		vide			videro	visto
venire			venne				

Trovi altri esercizi in
www.bonaccieditore.it

2

Bambini, ragazzini, giovani, adulti, pensionati, anziani

Come sono gli italiani? Nell'Unità 1 abbiamo esplorato il loro carattere - anche se definire 60 milioni di persone è difficile! - e in questa Unità li vedremo da bambini e poi, piano piano, fino a quando diventano anziani.

Imparo l'italiano per:

- raccontare la mia storia e quella degli altri
- riferire dialoghi
- esprimere la rabbia, l'insoddisfazione
- saper dialogare con chi non è d'accordo con noi
- descrivere il carattere delle persone
- descrivere e discutere sul significato delle parole

Ricorda che il libro continua online

So come funzionano:

- il passaggio dal dialogo al racconto (dal discorso "diretto" al discorso "indiretto")
- i dizionari monolingui, cioè solo in italiano

Conosco alcune cose dell'Italia:

- il sistema scolastico e formativo
- la "rivoluzione" di Don Milani
- la divisione nelle varie età della vita

SETTIMO PASSO

P7 / Sette | Gli italiani sono... bambini

Nido

Dopo tre mesi dalla nascita, un bambino può essere portato all'asilo nido. Questo non è solo un "parcheggio" per bambini: infatti gli insegnanti, che hanno una laurea di tipo educativo, aiutano i bambini a crescere e a stare insieme agli altri nei primi tre anni di vita.

Asilo

Il nome corretto è *scuola dell'infanzia*, ma molti la chiamano "scuola materna" o, più semplicemente, "asilo". Sebbene basata sul gioco, è una vera scuola, con degli obiettivi precisi. Spesso si gioca anche in inglese, per un primo contatto con quella lingua.

Elementari

La *scuola primaria* (detta "scuola elementare" o "le elementari" al plurale) è frequentata dai 6 agli 11 anni e dà le competenze di base: leggere, scrivere, far di conto (*far di conto* significa "contare"), qualche nozione di storia, geografia, scienze e inglese.

Comprensione & riflessione sulla lingua

1 Nell' AUDIO 8 non parleremo di *essere* bambini ma di *avere* bambini.

a. Avere figli è una cosa naturale, ma non sempre la nostra società ci permette di vivere secondo natura: secondo voi, perché una coppia che vorrebbe uno o più figli rimanda la decisione di averli? Provate a indicare qualche motivazione, poi ascoltate l'audio e scoprite perché Francesca, che parla con sua madre, aveva dei dubbi sull'avere figli.

- Francesca e suo marito ....
- I nonni non possono aiutarli perché ....

b. Ascolta di nuovo l'audio seguendo la trascrizione nella colonna a sinistra.

Francesca Mamma! Mamma! **Mamma** Ehi, che cosa c'è!? **Francesca** Aspetto un bambino! **Mamma** Oh, che bello... da quanto?	Oggi pomeriggio mi ha telefonato Francesca, era tutta eccitata, le ho chiesto che cosa era successo e lei mi ha detto che aspetta un bambino	Ricordo quando Francesca mi telefonò quel pomeriggio... era tutta eccitata, io le chiesi che cosa fosse successo e lei mi disse che aspettava un bambino
Francesca Sei settimane. È bellissimo. Era da tanto che lo cercavamo... **Mamma** Mi avevi detto che non eri sicura di volere un figlio.	da sei settimane. Ha detto che era da tanto che lo cercavano e allora io le ho ricordato che mi aveva detto che non era sicura di volere un figlio.	da sei settimane. Disse che era da tanto che lo cercavano e allora io le ricordai che mi aveva detto che non era sicura di volere un figlio.
Francesca No, l'idea di avere un figlio, anche due, mi è sempre piaciuta. Ma c'era il problema del nido... Lavoriamo tutti e due, i nonni sono tutti lontani... Ma adesso hanno aperto un nido proprio dall'altro lato del parco e il problema è risolto!	Lei mi ha spiegato che l'idea di avere un figlio, anche due, le è sempre piaciuta, ma c'era il problema del nido, visto che lavorano tutti e due e che noi nonni viviamo lontano. Però mi ha detto che hanno aperto un nido dall'altro lato del parco e il problema è risolto.	Lei mi spiegò che l'idea di avere un figlio, anche due, le era sempre piaciuta, ma c'era il problema del nido, visto che lavoravano tutti e due e noi nonni vivevamo lontano. Però poi mi disse che avevano aperto un nido dall'altro lato del parco e il problema era risolto.
Mamma È bellissimo, Francesca. **Francesca** Sì è bellissimo, mi sento in pace con il mio corpo e con il mondo!	Poi ha commentato che essere incinta è bellissimo e che si sente in pace con il suo corpo e con il mondo.	Poi commentò che essere incinta era bellissimo e che si sentiva in pace con il suo corpo e con il mondo.

2 Raccontare una telefonata.

a. Nell'**ES. 1** copri le colonne al centro e a destra, per resistere al desiderio di leggerle, e racconta al tuo compagno la telefonata incominciando così: *Oggi pomeriggio mi ha telefonato Francesca, era tutta eccitata, le ho chiesto...* Poi il tuo compagno la racconta a te.

b. Adesso leggete insieme la colonna centrale: ci sono certamente delle differenze rispetto al vostro racconto, ma sono importanti? Sottolineate le differenze tra i tempi verbali usati nel dialogo e nel racconto.
Per ora non lavorate sulla colonna a destra, su cui torneremo nel **P8**.

3 Vediamo come cambiano queste frasi di Francesca dal dialogo al racconto.

a. Prova a ricordarlo tu.

- Aspetto un bambino! → ....
- Lavoriamo tutti e due → ....
- Mi sento in pace → ....

Queste azioni che sono "in corso" nel momento del dialogo e che continuano a essere "in corso" anche nel momento del racconto:

○ conservano lo stesso tempo verbale ○ cambiano il tempo verbale;
○ conservano lo stesso soggetto ○ cambiano il soggetto.

b. Con i riferimenti al passato, nel dialogo e nel racconto il tempo verbale non cambia.

- Era da tanto che lo cercavamo... → ....
- Ma c'era il problema del nido... → ....
- Hanno aperto un nido → ....

4 Facciamo lo stesso percorso con l'AUDIO 9.

a. Ascolta la telefonata tra Giulia e sua madre senza leggere la trascrizione a sinistra, poi trova queste informazioni.

- Al piccolo Luca piace molto andare all'..................
- A Giulia, quando era piccola, piaceva andare all'asilo? ....
- All'asilo i bambini imparano molte cose, anche l'..................

b. Adesso ascoltate di nuovo l'audio seguendo la trascrizione nella colonna a sinistra; poi uno di voi racconta la telefonata all'altro.
Infine, completate le parti mancanti del racconto nella colonna centrale.

Giulia Mamma, ciao.
Mamma Ciao Giulia, come va? Il piccolo Luca è contento di andare all'asilo?
Giulia Contento? *Vuole* andarci! Al mattino quando gli dico che andiamo all'asilo si agita tutto, canta, non vede l'ora di arrivare; e quando vado a prenderlo, il pomeriggio, non vuole venire via.

Mamma Tu e tuo fratello non volevate andare all'asilo. Facevate delle scenate terribili!
Giulia Per quello che ricordo, l'asilo era molto noioso. Adesso invece l'asilo è proprio una scuola: molto gioco, molte canzoni, ma imparano anche tante cose, quindi Luca non si annoia. E poi sta imparando anche l'inglese!

Mi ha chiamata Giulia e io le ho chiesto se il piccolo Luca è contento di andare all'asilo. Lei mi ha detto che *vuole* andarci: al mattino quando lei gli dice che .... all'asilo si agita tutto, canta, non vede l'ora di arrivare; e quando lei .... a prenderlo, il pomeriggio, non vuole andare via.

Io le ho ricordato che lei e suo fratello non .... andare all'asilo, ... delle scenate terribili! Lei mi ha risposto che ai suoi tempi l'asilo era molto noioso, ma che adesso è proprio una scuola: giocano, cantano, ma imparano anche tante cose, quindi Luca non si annoia. E poi sta imparando anche l'inglese...

Ricordo quando mi chiamò Giulia e io le chiesi se il piccolo Luca fosse contento di andare all'asilo. Lei mi disse che *voleva* andarci: al mattino quando lei gli diceva che stavano per andare all'asilo si agitava tutto, cantava, non vedeva l'ora di arrivare; e quando lei andava a prenderlo, il pomeriggio, non voleva andare via.

Io le ricordai che lei e suo fratello non volevano andare all'asilo, facevano delle scenate terribili! Lei mi rispose che ai suoi tempi l'asilo era molto noioso, ma che ai tempi di Luca era proprio una scuola: giocavano, cantavano, ma imparavano anche tante cose, quindi Luca non si annoiava. E poi stava imparando anche l'inglese...

Mamma L'inglese!? Ma è così... così piccolo, non sarà troppo difficile? **Giulia** Nooo, giocano, cantano, e intanto l'inglese entra in quella testolina bellissima.	Io mi sono chiesta se l'inglese non è troppo difficile per un bambino così piccolo, ma lei ha detto che giocano, cantano, e intanto l'inglese entra in quella testolina bellissima.	Io mi chiesi se l'inglese non fosse troppo difficile per un bambino così piccolo, ma lei disse che giocavano, cantavano, e intanto l'inglese entrava in quella testolina bellissima.

c. Ricorda che in un racconto cambia il punto di vista, quindi cambia il soggetto, come in queste frasi del dialogo.

- Quando gli dico che andiamo all'asilo → ……
- Quando vado a prenderlo → ……
- Tu e tuo fratello non volevate andare all'asilo → ……
- Facevate delle scenate terribili! → ……

5 Ascolta un'ultima telefonata nell'AUDIO 10.

Ascolta la telefonata tra Carla e Silvia senza leggere la trascrizione nella colonna a sinistra, poi riascoltala leggendo; uno dei due compagni (quello che non l'ha fatto nell'ES. 4) racconta all'altro la telefonata; infine completate le parti mancanti del racconto nella colonna centrale.

Al primo ascolto trovate queste informazioni su Alvise e Filippo.

- Che tipo di scuola frequentano? ……
- Quando torna da scuola, Alvise è …….
- Il corso di nuoto è ◯ obbligatorio ◯ opzionale (cioè "a scelta").
- La sera Alvise ◯ vuole ◯ non vuole andare a letto.
- Tra una settimana è il compleanno di …….

Carla Pronto, Silvia? Sono Carla, la mamma di Alvise, il compagno di classe di Filippo. **Silvia** Certo! Ci sono problemi?	Ho telefonato a Silvia, la mamma di ……, un compagno di classe di ……. Mi ha subito chiesto se c'erano problemi.	Telefonai a Silvia, la mamma di Filippo, un compagno di classe di Alvise. Mi chiese subito se ci fossero problemi.
Carla Mah, non saprei... Quando torna a casa da scuola Alvise è sfinito, stanco... **Silvia** Anche Filippo. Quando andavo io alle elementari si giocava molto, non c'era stress, ma adesso... mi pare che fanno troppe cose. È vero che alcune sono opzionali, come il nuoto, ma... Comunque Filippo torna a casa distrutto. **Carla** Anche Alvise. La sera, quando gli dico che è ora di andare a letto, è talmente stanco che dice subito di sì...	Allora le ho spiegato che quando Alvise torna a casa da scuola è sfinito, stanco... Lei mi ha detto che anche Filippo è così, e ha ricordato che quando andava …… alle elementari si giocava molto, non c'era stress, e ha aggiunto che le pare che nella scuola dei nostri figli fanno troppe cose, anche se alcune sono opzionali, come il nuoto. Le ho raccontato che la sera, quando dico ad Alvise che è ora di andare a letto, …… è talmente stanco che dice subito di sì...	Allora le spiegai che quando Alvise tornava a casa da scuola era sfinito, stanco... Lei mi disse che anche Filippo era così, e ricordò che quando andava lei alle elementari si giocava molto, non c'era stress, e aggiunse che le pareva che nella scuola dei nostri figli facessero troppe cose, anche se alcune erano opzionali, come il nuoto. Le raccontai che la sera, quando dicevo ad Alvise che era ora di andare a letto, lui era talmente stanco che diceva subito di sì...
Silvia Che ne dici se sentiamo anche le altre mamme? Io oggi non ho tempo, ma domani possiamo vederci. Anzi... tra una settimana è il compleanno di Filippo: faccio una festina qui da me, così possiamo parlarne meglio. **Carla** Grande idea. A domani, allora.	Allora Silvia mi ha chiesto che cosa ne pensavo di sentire anche le altre mamme: oggi lei non ha tempo, ma domani possiamo vederci... Poi ha avuto un'idea: tra una settimana è il compleanno di Filippo, lei organizzerà una festina a casa ……, così potremo parlarne meglio. Le ho detto che è una grande idea.	Allora Silvia mi chiese che cosa ne pensassi di sentire anche le altre mamme: quel giorno lei non aveva tempo, ma il giorno dopo avremmo potuto vederci. Poi ebbe un'idea: la settimana dopo sarebbe stato il compleanno di Filippo, lei avrebbe organizzato una festina a casa sua, così avremmo potuto parlarne meglio. Le dissi che era una grande idea.

6 **Osserva come cambia il punto di vista quando racconti una conversazione.**

a. La telefonata comincia con: «Pronto, Silvia? Sono Carla, la mamma di Alvise, il compagno di classe di Filippo». Mentre Carla racconta la telefonata a suo marito, nella colonna centrale, deve presentargli se stessa o Silvia? Naturalmente gli spiega chi è Silvia: ....
Parlando con Silvia, Carla dice che Alvise è «il ....», ma parlando con suo marito, spiega che Filippo è «un ....».

b. C'è un altro cambiamento interessante. Nel racconto al marito, che avviene lo stesso giorno della telefonata, la frase «domani possiamo vederci. Anzi... tra una settimana è il compleanno di Filippo» non cambia: *domani* è lo stesso giorno sia nel dialogo sia nel racconto, e lo stesso vale per *tra una settimana*.
Ma se racconti una cosa di tanto tempo fa? Nell'ultima parte della colonna a destra (su cui lavoreremo nel P8) *domani* e *tra una settimana* sono già passati, quindi devi cambiare la frase: «il giorno .... avremmo potuto vederci. Poi ebbe un'idea: la settimana .... sarebbe stato il compleanno di Filippo».

c. Ultimo cambio di punto di vista: Silvia dice «faccio una festina qui da me», ma siccome chi racconta non è Silvia, *qui da me* diventa «..».

7 **Che verbi usi per indicare che stai raccontando qualcosa?**

Mamma di Francesca: Oggi pomeriggio mi ha telefonato Francesca, era tutta eccitata, le ho .... che cosa era successo e lei mi ha .... che aspetta un bambino / mi ha .... che l'idea di avere un figlio, anche due, le è sempre piaciuta / ha .... che essere incinta è bellissimo e che si sente in pace con il suo corpo e con il mondo.

Mamma di Giulia: Io le ho .... che lei e suo fratello non volevano andare all'asilo / Lei mi ha .... che ai suoi tempi l'asilo era molto noioso.

Mamma di Alvise: Mi ha subito .... se c'erano problemi. Allora le ho .... che quando Alvise torna a casa da scuola è sfinito, stanco... Lei mi ha .... che anche Filippo è così, e ha .... che quando andava lei alle elementari si giocava molto, non c'era stress, e ha .... che le pare che nella scuola dei nostri figli fanno troppe cose.

Produzione

8 **Che cosa pensa la tua classe dei bambini?**

a. Insieme a due compagni, prepara 5 domande da fare per scoprire che cosa pensa la tua classe dell'idea e della possibilità di avere dei figli. Poi ciascuno di voi fa 2 interviste ai compagni, prendendo nota delle risposte alle 5 domande.

b. Adesso ogni gruppo si unisce a un altro gruppo: quindi siete 6 (o meno se la classe è piccola...), con una dozzina di interviste. Guardatele insieme e poi scrivete un testo che comincia così: *Abbiamo svolto un'indagine sull'idea di avere figli e questi sono i risultati*.
Finito il lavoro, presentatelo a tutti i compagni e discutete i risultati con una mini-conferenza.

Se un tuo compagno mostra una foto simile della sua famiglia... è inutile intervistarlo!

I figli nei modi di dire

Abbina i modi di dire ai significati corrispondenti, come nell'esempio.

Figlio d'arte	È uguale a suo padre, nel bene e nel male.
Figlio del suo tempo	È una persona di cui non bisogna fidarsi, una persona non leale.
Figlio della colpa →	Un ragazzo viziato dalla mamma, che gli dà sempre ragione.
Figlio della serva / di nessuno	Ha una famiglia forte dietro le spalle, che lo aiuta.
Figlio di papà	Non ha una famiglia che lo aiuti, quindi nessuno lo considera.
Figlio di mammà	→ Figlio "illegittimo", che non sa chi sia suo padre.
Figlio di suo padre	Fa lo stesso mestiere del padre o della madre.
Figlio di puttana / di mignotta / di buona donna	I suoi valori e i suoi gusti sono quelli degli anni in cui vive.

OTTAVO PASSO

P8 / Otto | Gli italiani sono... ragazzini

Scuola media

È la *scuola secondaria di primo grado*, ma per tutti è la "scuola media" o "le medie". Dura 3 anni, dai 12 ai 14 anni: alle elementari ci sono i maestri, qui ci sono i professori, che insegnano "lettere" (italiano, storia, geografia), inglese e un'altra lingua straniera, matematica, scienze, educazione artistica, musicale, motoria (questa è la parola ufficiale, ma tutti dicono "ginnastica"). L'insegnamento della religione è a scelta dello studente. Uno studente delle medie (che sono obbligatorie: si deve andare a scuola fino a 16 anni) può anche essere bocciato, cioè deve ripetere l'anno se ha dei problemi.

Superiori

La *scuola secondaria di secondo grado* ("le superiori") dura 5 anni ed è divisa in un "biennio" e un "triennio". Nel biennio, dai 15 ai 16 anni, gli studenti entrano nell'adolescenza: è un'età difficile - per loro, per gli insegnanti, per i genitori! Il nome per definirli è ancora "ragazzini", ma se glielo dite si arrabbiano, perché vogliono sentirsi grandi.
I bienni sono diversi a seconda del tipo di scuola superiore: se ci si rende conto di aver sbagliato la scelta si può ancora passare da un tipo di scuola a un altro, con un esame.

Comprensione & produzione

1 Come eri, *tu*, da ragazzino?

Che paure e che speranze avevi? Come immaginavi il tuo futuro? Come vivevi il fatto che tu ti sentivi grande e gli adulti (genitori, insegnanti, capi scout ecc.) ti davano ordini?

A casa, prima della lezione di questo *Passo*, scrivi al computer e stampa su un foglio (in modo che nessuno riconosca la tua scrittura) un testo di mezza pagina su questo tema: usa *io* ma non scrivere il tuo nome per non farti riconoscere.
A scuola l'insegnante raccoglie i fogli, li mescola e li distribuisce a gruppetti di 3-4 (se ti capita il tuo foglio o quello di un amico che riconosci, **fai finta di niente**!).
Ciascuno, nel gruppetto, legge uno dei racconti, traducendolo subito dalla prima persona alla terza persona: *lui / lei dice che, racconta che, aggiunge, crede...* (puoi scoprire il sesso dell'autore / autrice facendo attenzione agli aggettivi e ai participi passati, che si accordano con il soggetto).
Insieme, commentate i racconti e dite se vi riconoscete nelle sensazioni e nei ricordi degli altri.

fai finta di niente
Non mostrare alcuna emozione, come se la cosa non ti riguardasse.

2 **Il ragazzino "tipo".**

Il "tipo" è un modello e, come tutti i modelli, non esiste, ma serve per poter discutere su quel "tipo" di persona, automobile, cantante ecc.
Scrivete un testo che riassuma i racconti svolti nell'ES. 1: *Abbiamo lavorato su 3 (o 4, 5...) profili. Gli autori dicono..., pensano..., sostengono..., aggiungono..., raccontano..., commentano che...* .
L'insegnante farà poi leggere qualcuno di questi "tipi" e voi potrete discutere su quali sono gli elementi in cui vi riconoscete e quali invece no.

3 **Leggi le sensazioni di questi ragazzini e scrivi il numero della foto corrispondente (→ ES. 1).**

◯ Quando ci sono ospiti dicono che sono un figlio modello, bello, bravo... ma quando finisce lo show del "bambino perfetto", appena faccio qualcosa a modo mio - cioè qualcosa di *strano*, secondo loro - mi sgridano: «Mi vergogno di te!», «Impara a stare al mondo!». Oggi mio padre mi ha detto che sono uno stronzo. Non lo perdonerò mai.

◯ Non mi interessa essere come loro, non voglio una vita come la loro, mi fa schifo, sempre la stessa, giorno dopo giorno. Non vogliono capire che io non sono nato per fare sempre le stesse cose: tra dieci anni vedranno chi sono davvero, che cosa so fare!

◯ Ma possibile che non capiscano che ormai sono grande? Un anno fa ero un bambino, va bene - ma adesso sono cresciuto, sono capace di decidere da solo! Ma loro mi vedono come un bambino, come ero fino a un anno fa. Il mese prossimo compio 15 anni e scappo via. Questa casa mi fa schifo, non mi vogliono più adesso che sono grande. Qui non voglio più starci!

◯ Loro sono cresciuti in un mondo diverso, non capiscono che questo mondo dove vivo io è differente dal loro: non posso vivere nel mondo del web come loro vivevano quando non c'erano neanche i cellulari. Dieci anni fa Facebook non esisteva, tra dieci anni chissà che cosa ci sarà - tutto cambia, le loro regole no. Questa casa è una prigione.

4 **Ascolta nell'AUDIO 11 come questi ragazzini, da grandi, raccontano la loro adolescenza.**

Mentre ascolti, segui con gli occhi i testi dell'ES. 3.

Dopo l'ascolto raccontate tra compagni le quattro dichiarazioni dei ragazzini, usando il passato come nell'audio. Ci saranno dei punti in cui avrete dubbi o difficoltà: è normale. Individuate questi punti e poi, riascoltando per la seconda volta l'audio, verificate come sono stati risolti.
Trovi la trascrizione dell'audio negli esercizi supplementari online, per un ulteriore controllo a casa.

Riflessione sulla lingua

5 **Facciamo un *Passo* indietro. Lavoriamo sulle colonne a destra degli ES. 1, 4 e 5 del P7.**

I dialoghi sono raccontati come in un romanzo, quindi con il passato ◯ prossimo ◯ remoto.

a. Lavoriamo sull'ES. 1 del P7.

- Sottolinea i passati remoti, nella colonna a destra, poi confrontali con i verbi corrispondenti nella colonna centrale, cioè nel racconto che avviene poco dopo la telefonata: che tempo viene usato nella colonna centrale? ....
- Nella colonna centrale, quella con il *passato prossimo*, cioè "vicino", ci sono dei verbi al presente («aspetta un bambino»; «lavorano tutti e due» ecc.): poche ore dopo la telefonata, Francesca è ancora incinta, lei e il marito lavorano ancora, quindi rimane il presente; ma quando si passa al racconto "lontano", con il *passato remoto*, il presente non ha più senso, quindi questi verbi vanno all'..
- «Ho chiesto che cosa era successo» → «Chiesi che cosa .... successo». Con il verbo *chiedere*, che indica che non si sa qualcosa, ci vorrebbe il congiuntivo: ma il racconto "prossimo" è informale, quindi come spesso succede il congiuntivo lascia il posto all'indicativo (imperfetto, in questo caso), mentre il racconto "remoto" è sempre più formale, quindi si usa il congiuntivo (imperfetto anche in questo caso).

b. Lavoriamo sull'ES. 4 del P7.
- Sottolinea i passati remoti nella colonna a destra e confrontali con i verbi che trovi nella colonna centrale.
- Anche in questi racconti trovi *chiedere + indicativo* nella versione informale, ma *chiedere + congiuntivo* nel racconto più formale: sottolinea le due frasi.

c. Lavoriamo sull'ES. 5 del P7.
- Sottolinea i passati remoti nella colonna a destra e confrontali con i verbi che trovi nella colonna centrale.
- Anche qui i verbi *chiedere* e *parere*, che indicano incertezza e opinione, sono seguiti ◯ dal congiuntivo imperfetto ◯ dall'indicativo presente o imperfetto nella colonna al centro ◯ dal congiuntivo imperfetto ◯ dall'indicativo presente o imperfetto nella colonna a destra. Sottolinea i quattro casi.
- Nelle ultime righe trovi: «Oggi lei non ha tempo, ma domani possiamo vederci» → «.................... lei non aveva tempo, ma .... avremmo potuto vederci». In questa frase c'è il futuro nel passato: «domani .... vederci» → «il giorno dopo .... vederci»: ricorda che si fa con il modo .... passato.
- Trovi un altro caso di futuro nel passato subito dopo: «tra una settimana lei organizzerà una festina a casa sua, così potremo parlarne meglio». Come lo diresti, in un racconto al passato remoto? Prova tu, prima di controllare nella colonna a destra.

La mamma di Filippo è incerta... perché gli italiani sono incerti! Nell'italiano informale, parlando tra amici, puoi anche usare l'indicativo; invece nelle situazioni formali (e quando scrivi) devi usare il congiuntivo.

6 Adesso tocca a te.

a. Ascolta nell'AUDIO 12 questo dialogo tra un'insegnante e un ragazzino arrabbiato con gli adulti.

Insegnante Riccardo, da un po' di tempo ti vedo molto insoddisfatto, sembri sempre triste...

Riccardo Non sopporto più i miei: appena faccio qualcosa a modo mio – cioè qualcosa di *strano*, secondo loro – mi sgridano, mi dicono che si vergognano di me...

Insegnante Non credo che lo pensino davvero. Quando gli parlo mi sembrano contenti di te.

Riccardo Quando ci sono ospiti o quando parlano con altri dicono che sono un figlio modello, bello, bravo... ma appena siamo da soli... Oggi mio padre mi ha detto che sono uno stronzo. Non lo perdonerò mai.

Insegnante Sai, i genitori sono sempre preoccupati per i loro figli, hanno paura che tu faccia qualcosa di sbagliato...

Riccardo Ma possibile che non capiscano che ormai sono grande? Un anno fa ero un bambino, va bene – ma adesso sono cresciuto, sono capace di decidere da solo! Il mese prossimo compio 15 anni. Se continuano così, scapperò, andrò per la mia strada! Tra dieci anni vedranno chi sono davvero, che cosa so fare.

Insegnante Non credi di poter dimostrare chi sei davvero anche restando in pace con i tuoi, continuando la scuola?

Riccardo Non è questo il problema... è che non voglio diventare come loro e... mi scusi, prof, neanche come lei. Non voglio una vita come la vostra, sempre la stessa, giorno dopo giorno. Voi siete cresciuti in un mondo diverso, forse eravate contenti, non so...

Insegnante No, non eravamo contenti quando avevamo la tua età. Anche a me casa mia sembrava una prigione. Anch'io mi sentivo grande, a 15 anni... Ma non è così, Riccardo: certo, devi provare a vivere da grande, a prenderti le responsabilità di quello che fai... ma questo è possibile solo se hai un posto sicuro dove ritornare, con persone pronte ad aiutarti se ne hai davvero bisogno...

Riccardo Questa è poesia, è letteratura. Le favole mi andavano bene dieci anni fa. I miei mi vedono come un bambino, come ero fino a un anno fa, e adesso che sono grande non mi vogliono più! Scusi, ma devo andare in bagno.

Insegnante Va bene, Riccardo. Pensaci. Avere un posto dove tornare quando il mondo ti prende a sberle non è una cattiva idea.

Riccardo Ci penserò. Adesso vado in bagno.

b. Recitate il dialogo tra compagni per memorizzarlo meglio. Poi tu racconti al tuo compagno la prima parte del dialogo e lui racconta a te la seconda parte; usate la terza persona: *L'insegnante ha chiesto...*, *Riccardo ha aggiunto che...*, e così via.

c. Adesso ascolta nell'AUDIO 13 il racconto dal punto di vista dell'insegnante, vari anni dopo questo colloquio. Mentre ascolti, puoi seguire il dialogo alla pagina precedente. Trovi la trascrizione dell'audio negli esercizi supplementari online.

7 Le espressioni di tempo nei racconti.

Nel P7 hai già visto questo tipo di cambiamenti, ma è utile ripassare. Completa queste frasi dei dialoghi con *domani*, *fa*, *oggi*, *tra*.

- P7 ES. 5 Io .... non ho tempo, ma .... possiamo vederci → [Disse che] *quel giorno* lei non aveva tempo, ma *il giorno dopo / seguente / successivo* avremmo potuto vederci.
- P7 ES. 5 .... *una settimana* è il compleanno di Filippo → *La settimana dopo / seguente / successiva* sarebbe stato il compleanno di Filippo.
- P8 ES. 3 Come ero fino a *un anno* .... → Come ero stato fino a *un anno prima*.

Come cambiano le espressioni di tempo nei racconti dal presente al passato

oggi, questa mattina	→	quel giorno, quella mattina
adesso, ora	→	allora, in quel momento
fra un'ora, domani, fra un giorno ecc.	→	l'ora dopo, il giorno dopo / seguente / successivo
ieri, un'ora fa, un anno fa, l'anno scorso	→	un giorno / un'ora / un anno prima

La rabbia nei modi di dire

Gli adolescenti passano il tempo a rodersi il fegato.

Il *fegato* è la ghiandola che produce la bile, un liquido che secondo gli antichi produceva la tristezza. La bile (*cholè*, in greco) è nera (*mèlas*, e da qui viene la parola *melanconia* che hai visto nel P2). *Rodere* significa "mordere", "staccare pezzetto dopo pezzetto". *Rodersi il fegato* quindi significa "continuare a pensare alla propria malinconia, tristezza, tragedia, amarezza", proprio come fanno gli adolescenti e gli innamorati infelici.

Un altro modo di dire che potrebbe confonderti è **Quel ragazzo ha del fegato!**: *avere fegato* significa "avere coraggio".

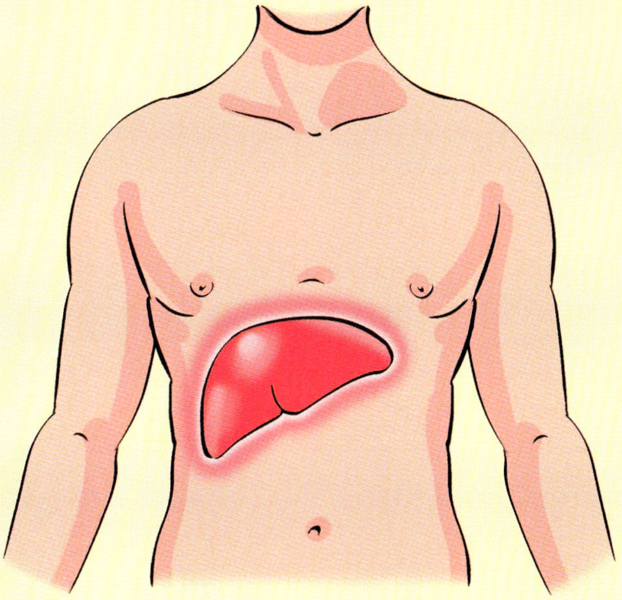

P9 Nove | Gli italiani sono... giovani

Triennio delle superiori

Le superiori sono divise in tre tipi: i licei (classico, scientifico, linguistico, artistico, musicale), gli istituti tecnici (informatico, meccanico, economico ecc.) e gli istituti professionali, che si concludono a 16-17 anni perché durano solo 3 anni e insegnano un mestiere.
Al triennio si chiede ai *ragazzi* (questo è il termine per definirli) di diventare sempre più autonomi nello studio delle materie, che sono in parte comuni ai vari tipi di scuola (italiano, storia, inglese, matematica ecc.) e in parte specialistiche, a seconda dell'indirizzo. Nel 5° anno una materia viene insegnata in una lingua straniera.
Alla fine del triennio c'è l'*esame di stato*, che tutti chiamano "esame di maturità" oppure "la matura".

Università

Nel 1997 l'Accordo di Bologna ha uniformato tutti i sistemi universitari dell'UE: c'è una laurea di primo livello, triennale, e poi una laurea di secondo livello, magistrale. Alcuni possono seguire il dottorato di ricerca, che dura 3 anni. Questi livelli corrispondono ai BA, MA e PhD del sistema anglosassone.
In Italia i *giovani* che frequentano l'università in una città diversa da quella della famiglia sono pochi: raramente si va in un'altra città se nella propria c'è la facoltà desiderata. Durante l'università si può andare all'estero con un finanziamento Erasmus, il più noto dei progetti europei per i giovani.
Alla fine della triennale, della magistrale e del dottorato si fa una tesi. Il titolo finale è sempre *dottore*.

Comprensione & produzione

1 Nell'immagine che ci dà la televisione, i giovani sono sempre allegri. Ma non è sempre così...

Fate un'indagine alla lavagna: ciascuno scrive una ragione per cui i giovani possono avere giornate tristi, anche molto tristi (non si può ripetere una causa già detta da altri!).
Poi provate a usare quello che avete scritto alla lavagna.

a. A coppie, scegliete una situazione (una festa di compleanno, un viaggio in macchina, l'intervallo tra due lezioni ecc.).
b. Lo studente A nota che lo studente B è triste, così A lo spinge a parlare.
c. B racconta perché è triste, scegliendo una o più cause tra quelle scritte alla lavagna.
d. L'insegnante chiama uno studente A e si fa raccontare che cosa gli ha detto il suo compagno B.
e. B deve confermare se il racconto è corretto.
f. L'insegnante chiama altre coppie a raccontare la propria infelicità...

Siate creativi, non raccontate storie della vostra vita: troppa emozione, si perdono le parole...!

2 Leggete questa storia.

Erano compagni di corso (tranne Maurizio, che era il moroso di Gianna) e la sera mangiavano spesso la pizza insieme. Ma quella sera c'era **qualcosa che non andava**.
Ci fu un silenzio più lungo del solito e Maurizio disse: «Ieri sera sono tornato a casa tardi; stanotte voglio andare a letto presto».
«Anch'io ieri ho voluto fare l'eroe», aggiunse Fabio, «forse **sarebbe bene** che andassi a letto presto anch'io».
Ma nessuno dei due si alzò. L'unico movimento fu quello di Gianna, che guardò Maurizio con aria interrogativa. Poi sorrise e cercò di fare una battuta: «Il giorno in cui andrai a letto presto **mi farò suora**».
«E così tu rimarrai senza donna», disse Elisa guardando Maurizio con un sorriso. Ma nessuno rispose. Allora Elisa continuò: «Be', se dovete andare, andatevene, no? Stasera paghiamo io e Fabio. Domani pagate voi. OK?».
Ci fu un certo imbarazzo.
«Ehi, non preoccupatevi, succede a tutti di **avere le palle girate**... Tra una settimana nessuno se ne ricorderà più, dài! Ciao, a domani, stesso posto, stessa pizza!»
E invece se la sarebbero ricordata per anni, quella serata maledetta.
La sera dopo Elisa e Fabio erano nella solita pizzeria e Gianna arrivò un po' in ritardo, senza Maurizio.
«Scusate il ritardo.»
I due amici le chiesero se stesse bene.
«No, non sto bene; sto malissimo, cavolo! Maurizio... Maurizio... oggi pomeriggio mi ha detto che gli ultimi esami non li aveva fatti.»
«Ma come, li avevamo festeggiati insieme...», disse Fabio con voce incerta.
«Aveva mentito.»
«E... e adesso? Che cosa succede, adesso?»
«Non vuole più andare avanti con l'università. Ha fatto le valigie, mi ha guardata, si è voltato ed è andato via.»
Elisa e Fabio si guardarono in silenzio, senza sapere che cosa dire.
Fu Gianna a **rompere il ghiaccio**: «Quando sarò uscita da questo casino, mi aiuterete a trovare un moroso normale!?».

qualcosa che non andava
Qualcosa che non funzionava bene.

Sarebbe bene
Sarebbe la cosa giusta da fare.
Si può usare in due modi:
- **Sarebbe bene** *andare a letto.*
- **Sarebbe bene** *che io andassi a letto.*

mi farò suora
È un modo di dire che indica che una cosa è impossibile, non succederà mai.

avere le palle girate
Essere di cattivo umore.
Le *palle* sono un parte del sesso maschile e sono spesso associate al cattivo umore:
- *rompere le* ***palle*** vuol dire "dare fastidio";
- *che* ***palle****!, è una* ***palla*** *terribile!* sono espressioni usate per dire che una cosa è noiosa.

rompere il ghiaccio
Dire qualcosa per uscire da una situazione difficile, quando il silenzio diventa eccessivo.

a. Lavorando tra compagni, raccontate questa storia senza usare i dialoghi, cioè il "discorso diretto", ma usando solo il "discorso indiretto". È una cosa difficile, quindi farete degli errori: ma non preoccupatevi, si sbaglia e poi si impara!

b. Adesso ascoltate l'AUDIO 14, dove il dialogo viene raccontato: prima l'audio con pause, perché ripetendo quel che sentite è più facile ragionare sul passaggio dal dialogo al racconto; poi la versione senza pause. Trovate la trascrizione dell'audio negli esercizi supplementari online.

Riflessione sulla lingua

3 Ragioniamo su quello che abbiamo sentito nell' AUDIO 14.

a. «Ieri sera sono tornato a casa tardi; stanotte voglio andare a letto presto.» → .... disse che .... era tornato a casa tardi e che .... notte .... andare a letto presto.
Qui abbiamo aggiunto il soggetto e messo i verbi al passato, come succede anche negli esempi successivi.

b. «Anch'io ieri ho voluto fare l'eroe», aggiunse Fabio, «forse sarebbe bene che andassi a letto presto anch'io». → Fabio aggiunse che anche lui .... aveva voluto fare l'eroe e che .... bene che .... a letto presto anche ....
Qui abbiamo spostato il soggetto all'inizio, per chiarire chi sta parlando; il condizionale presente *sarebbe* è diventato condizionale passato: ....

c. «Il giorno in cui andrai a letto presto mi farò suora.» → Disse che il giorno in cui Maurizio .... a letto presto si .... suora.
Anche qui abbiamo dovuto riprendere il soggetto, *Maurizio*; i due verbi al futuro semplice sono diventati due futuri nel passato, con il condizionale passato.

d. Allora Elisa continuò: «Be', se dovete andare, andatevene, no?» → Allora Elisa continuò dicendo che se dovevano andare, se ne ....
L'imperativo al passato non esiste, quindi la frase diventa *se ne andassero*, con il congiuntivo imperfetto; eccoti un esempio al singolare: *Gli disse: «**Stai** zitto».* → *Gli disse che **stesse** zitto.*

e. «No, non sto bene; sto malissimo, cavolo!» → Lei disse di no, che non stava bene, anzi stava malissimo.
Qui è necessario inserire una parola che dia il senso dell'irritazione, dell'emozione. Nel dialogo c'è *cavolo!*, che però non si può usare in un racconto: quindi abbiamo inserito *anzi*, che comunica che Gianna è contrariata, arrabbiata.

f. «Ma come, li avevamo festeggiati insieme...», disse Fabio, con voce incerta. «Aveva mentito.» → Fabio, con voce incerta, ricordò che li avevano festeggiati insieme, quegli esami, e Gianna spiegò che Maurizio aveva mentito.
Quando si racconta non si può usare sempre "disse..., disse..., disse...", bisogna variare un po': siccome Fabio ricorda qualcosa del passato abbiamo usato il verbo ...., e le parole di Gianna sono introdotte dal verbo .... Nota che abbiamo dovuto aggiungere i soggetti di *spiegare* e di *mentire*, altrimenti quello che è chiaro nel dialogo non si capirebbe nel racconto.

g. «E... e adesso? Che cosa succede, adesso?» → Fabio le chiese che cosa sarebbe successo, a quel punto.
Al posto di *adesso* abbiamo usato ....

h. «Quando sarò uscita da questo casino, mi aiuterete a trovare un moroso normale!?». → Fu Gianna a rompere il ghiaccio chiedendo se, quando fosse uscita da quella situazione, i due amici l'avrebbero aiutata a trovare un moroso normale.
Questa trasformazione è davvero difficile. Nel dialogo ci sono due futuri: .... e .... *Uscire dal casino* è un'azione anteriore ad *aiutare*, quindi si usa il futuro anteriore: *sarò uscita*.
Nel racconto c'è il verbo *chiedere*, che dà sempre il senso di incertezza, quindi serve il congiuntivo – che per dare l'idea di un'ipotesi futura usa il passato, *fosse uscita*.
Abbiamo inserito questa forma solo perché tu sappia riconoscerla se la dovessi trovare. Se invece devi raccontare tu delle cose al passato, puoi seguire la strategia che trovi alla pagina accanto, molto utile quando hai problemi con il congiuntivo e con il condizionale (come molti italiani).

casino, casinò

Con l'accento sulla *ò* indica un luogo dove si giocano soldi alla roulette, ai dadi ecc.; in molte lingue si scrive senza accento... Ma in italiano *casino* significa "confusione", "caos". Il vero significato però è "bordello", luogo dove lavorano le prostitute.

UNA STRATEGIA FONDAMENTALE: GIRARE INTORNO AI PROBLEMI

Puoi affrontare i problemi direttamente, come abbiamo visto, oppure puoi girare intorno ai problemi, cercando soluzioni più facili e più semplici. È una **strategia fondamentale** per chi deve parlare o scrivere in una lingua straniera.

Nell'attività *h* dell'**ES. 3** il problema è dato dal fatto che ci sono due frasi legate tra loro: c'è una frase principale con il futuro semplice (*aiuterete*), e una frase secondaria (introdotta da *quando*) con il futuro anteriore (*sarò uscita*).
"Girare intorno al problema" significa spezzare le due frasi:

«Quando sarò uscita da questo casino, → *Era sicura che **sarebbe uscita** da quel casino.*

mi aiuterete a trovare un moroso normale!?» → *Chiese agli amici se l'**avrebbero aiutata** a trovare un moroso normale.*

In questo modo usi due normali futuri nel passato, con il condizionale passato.
Oppure puoi evitare del tutto il problema, come questo ragazzo.

Facciamo il punto su come funzionano i verbi quando raccontiamo un dialogo che si è svolto nel passato.

DIALOGO	RACCONTO
indicativo presente ***Voglio** andare a casa presto.*	**indicativo imperfetto** *Disse che **voleva** andare a casa presto.*
indicativo passato prossimo *Un mese fa **sono andato** a Napoli.* **indicativo passato remoto** *Da bambino **andai** a Napoli.*	**indicativo trapassato prossimo** *Disse che un mese fa / da bambino **era andato** a Napoli.*
indicativo futuro semplice *Mi **farò** suora.*	**condizionale passato** *Disse che si **sarebbe fatta** suora.*
imperativo ***Andate** via!*	**congiuntivo imperfetto** *Gli disse che **andassero** via.*

Con i verbi *chiedere*, *pensare*, *non sapere se*, *avere paura* lo schema è lo stesso, ma si usa il congiuntivo (tranne nel futuro nel passato, dove si usa il condizionale passato).

DIALOGO	RACCONTO
indicativo presente ***Vuoi** andare a casa presto?*	**congiuntivo imperfetto** *Chiese se **volesse** andare a casa presto.*
indicativo passato prossimo *Un mese fa **è andato** a Napoli?* **indicativo passato remoto** *Da bambino **andò** a Napoli?*	**congiuntivo trapassato** *Non sapeva se un mese fa / da bambino **fosse andato** a Napoli.*
indicativo futuro semplice *Mi **aiuterete** a trovare un moroso normale?*	**condizionale passato** *Chiese se l'**avrebbero aiutata** a trovare un moroso normale.*

La *donzelletta* e il *garzoncello scherzoso*

La maggior parte degli italiani riconosce questi due personaggi come protagonisti di una poesia: molti ti diranno che è di Giacomo Leopardi, pochi si ricorderanno il titolo, perché tutti ricordano questa poesia con il nome di uno dei due personaggi:

- la *donzelletta* è una ragazza; *donzella* è una parola antica, del mondo eroico, con i cavalieri che combattono per un suo sorriso;
- il *garzoncello* è un adolescente, un *garçon*, come dicono i francesi: anche questa parola non è più usata, e se la trovi è accoppiata a *scherzoso*, *allegro*, *desideroso di fare scherzi*.

Charles Edward Perugini, *Il sabato del villaggio*, XIX secolo

La *donzelletta* come simbolo della semplicità

La donzelletta viene dalla campagna con l'erba per gli animali di casa e un piccolo mazzo di rose e viole da mettere tra i capelli: è una contadina (o *contadinella*, come avrebbero detto i Romantici), che nell'Ottocento era il simbolo della semplicità, della purezza e della bellezza naturale.
Qui vedi tre quadri della seconda parte dell'Ottocento. Il primo ha lo stesso titolo della poesia di Leopardi ed è dipinto da Perugini, un italiano nato a Napoli nel 1839 ma vissuto sempre in Inghilterra, dove fu un ritrattista famosissimo (morì a Londra nel 1918): questo quadro è proprio dedicato alla nostra donzelletta.
Gli altri due sono quadri di artisti macchiaioli fiorentini: uno è di Fattori (1825-1908) e l'altro di Signorini (1835-1901).

Giovanni Fattori, *Contadina nel bosco*, XIX secolo

Perché questa poesia è così famosa?

Perché tutti i ragazzi italiani la leggono alla scuola media, poi al biennio delle superiori, e ancora preparando l'esame di maturità, dove Leopardi è sempre un argomento fondamentale.
La poesia, intitolata *Il sabato del villaggio*, descrive il sabato sera, quando tutti pensano al giorno di riposo e di festa che verrà, o si ricordano, come la *vecchierella*, dei sabati della propria giovinezza, quando si ballava e si cantava.
Il sabato è pieno di speranza, guarda al domani, alla domenica di festa... è l'adolescenza, la prima giovinezza. Secondo te, secondo la tua classe, la domenica sarà come la immaginano la *donzelletta* e il *garzoncello*?

Leggiamo insieme la poesia

- La **prima** e la **seconda** parte sono due "quadri" con due personaggi: da un lato la ragazza, dall'altro la vecchia - che Leopardi descrive con dolcezza: *la* .... *vien dalla campagna, e siede (...) a filar la* ....
- La **terza** parte è un "quadro" con la piazza di un villaggio, con tanti colori e tanti suoni.
- Dopo tutta questa pace, mentre il sole tramonta e la luna nasce nella pace del paesino, arriva la **quarta** parte , con i 5 versi crudeli di Leopardi; duri in sé, ma duri anche perché vengono dopo i tre "quadri" pieni di felicità e illusioni: il sabato *di sette è il più gradito giorno*, ma *diman*, domani, domenica...
- La **quinta** parte si rivolge al *garzoncello scherzoso*, che ha voglia e fretta di crescere, che sta male perché la giovinezza non arriva subito: secondo te, Leopardi dice che la felicità è nell'*attesa* o nell'*arrivo*?

Telemaco Signorini, *Contadina con gerla e cane*, XIX secolo

IL SABATO DEL VILLAGGIO
Giacomo Leopardi, 1829

La donzelletta vien dalla campagna,	
In sul calar del sole,	al tramonto
Col suo **fascio dell'erba**; e **reca** in mano	un bel po' di erba; porta
Un mazzolin di rose e di viole,	
Onde, siccome suole,	con le quali, come è solita fare,
Ornare ella si appresta	si prepara ad adornare, abbellire
Dimani, al dì di festa, il petto e il **crine**.	capelli
Siede con le vicine	
Su la scala a **filar** la vecchierella,	trasformare i fiocchi di lana o cotone in fili
Incontro là dove si perde il giorno;	rivolta verso il tramonto
E **novellando vien del suo buon tempo**,	racconta della sua giovinezza
Quando ai dì della festa ella **si ornava**,	si faceva bella
Ed ancor sana e **snella**	sottile, magra
Solea danzar la sera **intra di quei**	era solita insieme a quelli
Ch'ebbe compagni dell'età più bella.	
Già tutta l'aria **imbruna**,	diventa scura, bruna
Torna azzurro il sereno, e tornan l'ombre	
Giù da' **colli** e da' tetti,	colline
Al biancheggiar della **recente** luna.	nuova, appena salita
Or la **squilla** dà segno	campana
Della festa che viene;	
Ed a quel suon diresti	
Che **il cor si riconforta**.	il cuore trova conforto
I **fanciulli** gridando	bambini
Su la piazzuola in **frotta**,	gruppo
E qua e là saltando,	
Fanno un lieto romore:	
E intanto **riede alla sua parca mensa**,	torna alla tavola della sua semplice cena
Fischiando, il **zappatore**,	contadino che usa la zappa
E **seco pensa al dì del suo riposo**. [...]	tra sé e sé pensa al giorno del suo riposo
Questo di sette è il più **gradito** giorno,	apprezzato, amato
Pien di **speme** e di gioia:	speranza
Diman tristezza e noia	domani le ore porteranno tristezza e noia
Recheran l'ore, ed al **travaglio usato**	lavoro di ogni giorno
Ciascuno **in suo pensier** farà ritorno.	col proprio pensiero
Garzoncello scherzoso,	
Cotesta età fiorita	questa
È come un giorno d'allegrezza pieno,	
Giorno chiaro, sereno,	
Che precorre alla festa di tua vita.	
Godi, fanciullo mio; **stato soave,**	vivi in allegria, ragazzo mio questa è una
Stagion lieta è cotesta.	stagione felice, una situazione dolce
Altro dirti non **vo'**; **ma la tua festa**	voglio ma non addolorarti se la tua
Ch'anco tardi a venir non ti sia grave.	festa, la giovinezza, tarda ad arrivare

1 **Ascolta l'AUDIO 15, poi ascolta l'audio con pause e ripeti la poesia gustando il suono, il ritmo e la musica della lingua di Leopardi. Cerca una traduzione di questa poesia nella tua lingua madre: ti soddisfa? Se ci sono altri compagni della tua lingua madre, commenta e discutine con loro; poi raccontate alla classe quello che pensate.**

P10 / Dieci | Gli italiani sono... adulti

Comprensione & produzione

1 L'italiano deriva dal latino?

Sì, in gran parte è vero. Ma ci sono molte parole che derivano da altre lingue, perché l'Italia è sempre stata aperta alle influenze esterne.
In queste pagine trovi cinque parole con le loro spiegazioni. In esse c'è anche l'*etimologia*, cioè la storia di queste parole.
Hanno tutte origine latina tranne una: quale? .... Da quale lingua viene? ....

2 Chiariamo bene i termini e riprendiamo in mano il dizionario!

Stiamo lavorando sulle varie età, ma come hai visto nelle schede sul sistema scolastico (→ P8-P9) le parole sono spesso incerte: che differenza c'è tra un *ragazzino* e un *ragazzo*? Fino a quando si è ragazzi? In Italia puoi sentire frasi come "un ragazzo di 35 anni": ha senso? In statistica i "giovani" sono tra i 20 e i 35 anni, ma alcuni a 30 anni hanno già figli: sono ragazzi, giovani o adulti? E i "ragazzi" che a 20 anni iniziano con una *startup* e a 30 anni hanno un'azienda sono ancora ragazzi? Queste parole sono ambigue perché danno due informazioni insieme: l'età anagrafica (l'anagrafe è l'ufficio del Comune dove si registrano le nascite e le morti) e l'età sociale, il ruolo sociale.

Eccoti delle definizioni di queste parole adattate dal vocabolario. Per ora guarda solo i significati, segnalati dai numeri.

a. Sulla base delle definizioni, indica quanti anni hanno (più o meno):
- un ragazzo ....
- un giovane ....
- un adulto ....
- un anziano ....
- un vecchio ....

Sei d'accordo con la scelta delle foto? Confronta le tue risposte con la classe.

b. Tu in quale gruppo ti metti (puoi anche essere in due gruppi vicini)? Perché? L'insegnante formerà diversi gruppi di età *percepita*, cioè l'età che uno *percepisce*, sente di avere: è la vostra *percezione* di voi stessi. Ogni gruppo cercherà di spiegare il perché della propria scelta.

c. L'insegnante a quale gruppo di età appartiene? Discutine con un compagno... ma non dite all'insegnante che cosa avete pensato: si sentirà certamente più giovane di quello che avete detto voi!

Per ora non preoccuparti delle varie spiegazioni grammaticali che trovi nei dizionari: ci torneremo dopo.

ragazzo s.m. (f. *-a*) [dall'arabo *raqqāṣ*, fattorino, ragazzo che porta in giro cose, informazioni ecc.]. **1.** Chi è nell'età dell'adolescenza o della giovinezza; *da ragazzo*: nell'età in cui si è ragazzi. **2.** Fidanzato, il giovane con cui si ha un particolare interesse affettivo: *avere il r.* **3.** Al plur., figli: *come stanno i r.?*; al f., *ragazza madre*, madre sola, non sposata o unita civilmente con il padre.
◆ Dim. **ragazzétto, ragazzino**; accr. **ragazzóne**, si usa anche per un adulto, ingenuo o allegro; pegg. **ragazzàccio**.

giovane agg. e s. m. e f. [lat. *iŭvĕnis*] **1.** Chi è nell'età della giovinezza. **2.** Chi non ha ancora l'età o l'esperienza necessaria per fare qualcosa (*è ancora g. per votare*). **3.** Uso fig.: giovanile: *ha un viso g. e fresco*; freschezza alla vivacità dei sentimenti: *essere g. di spirito, di mente, di cuore*; vino non ancora invecchiato: *è un vinello g.*; una cosa che esiste da poco tempo: *un'industria ancora g.*
◆ Dim. **giovinétto**; **giovincèllo**, in tono scherzoso; accr. **giovanòtto**, ormai usato come dim.; pegg. **giovinastro**.

adulto agg. e s.m. (f. *-a*) [dal lat. *adultus*, part. pass. di *adolescĕre* «crescere»]. **1.** Cresciuto; si dice di persona che ha raggiunto il completo sviluppo fisico e psichico; piante e animali capaci di riprodursi.

anziano agg. e s.m. (f. *-a*) [prob. dal fr. *ancien*, e questo dal lat. *antea* «prima», da cui **anteanus*]. **1.** Di età avanzata. **2.** Che ha una certa anzianità in un ufficio. ◆ Tra dim. e accr. **anzianòtto**, piuttosto anziano.

vècchio agg. e s.m. (f. *-a*) [lat. tardo e pop. dal lat. class. *vĕtŭlus*, dim. di *vetus* «vecchio», diventato poi *vĕclus*]. **1.** Persona molto avanti negli anni; estens.: che ha aspetto o abitudini da vecchio: *un viso v.* **2.** Cosa costruita da molto tempo, o che è accaduta da molto tempo. Nei prodotti del suolo, indica per lo più quelli del raccolto precedente: *l'olio v.*; *il grano v.*; ma *vino v.*, che ha qualche anno di invecchiamento. ◆ Dim. **vecchino**, **vecchiétto**, **vecchierèllo**. L'accr. **vecchiòtto** è usato come dim.; pegg. **vecchiàccio**, vecchio antipatico, cattivo.

3 **La fase culminante della vita, quella più lunga e produttiva, è l'età adulta.**

Concordi con il titolo di questo esercizio? Se non sei d'accordo, spiega alla classe il perché. Lavora sul concetto di *adulto*, cercando di descriverne le caratteristiche insieme alla classe.

Dividete un foglio in quattro colonne. Nella seconda colonna, come titolo in alto, scrivete *percezione di sé*, nella terza *vita privata*, nell'ultima *vita sociale*.
Nella prima colonna invece elencate vari aspetti dell'esistenza: *affetti*, *sessualità*, *lavoro*, *divertimenti* ecc. Fate un primo elenco, poi l'insegnante scrive alla lavagna gli aspetti che avete indicato e, insieme, scegliete i più importanti.
A questo punto, lavorando in piccoli gruppi, prendete appunti sul modo in cui un adulto considera per esempio il *lavoro* (prima colonna) nella *percezione di se stesso*, nella *vita privata*, nella *vita sociale*.
In questo modo arriverete a definire l'idea di chi è *adulto*, almeno secondo voi.

Tu sei completamente d'accordo o no? Perché?
Tu *sei adesso* / *sei stato anni fa* / *vorrai essere* un adulto di questo tipo? Se c'è qualche differenza, spiegane la ragione al tuo compagno. Alcuni di voi possono essere chiamati a spiegarlo all'intera classe.

4 **L'attività dell'ES. 3 è molto personale e non rispetta certo la tua privacy...**

Sei d'accordo con attività di questo tipo svolte in classe, di fronte ai compagni e all'insegnante? Discutine con la classe.

Riflessione sulla lingua

dizionario, vocabolario

Tutti e due indicano la raccolta delle parole di una lingua, di solito in ordine alfabetico; *vocabolario* indica anche la ricchezza lessicale di una persona, l'uso delle parole di uno scrittore. Il *dizionario* è di carta o informatico; il *vocabolario* è anche umano.

5 Saper usare il dizionario.

Nei *lemmi* alle pagine precedenti ci sono molte informazioni: cerchiamo di capirle.
I testi su cui stiamo lavorando sono delle sintesi dei *lemmi*, cioè delle definizioni delle parole di un vocabolario: cerca in un vocabolario online *giovane* e vedrai quante altre cose ci sono!
Ma lavoriamo su queste sintesi, cercando di capirle.

a. Iniziamo dalle **abbreviazioni che seguono la parola**.

ragazzo s. m. (f. *-a*) **giovane** agg. e s. m. e f. **adulto** agg. e s. m. (f. *-a*)

- Certamente ricordi che le parole possono essere **nomi** (detti anche *sostantivi*), **aggettivi**, **verbi**, **pronomi** ecc.
La prima cosa che il dizionario ti dice è di che tipo di parola si tratta.
Nei tre esempi trovi due tipi di parole: *s.* = ... e *agg.* = ...
- Le parole hanno un **genere**, cioè sono *m.* = ... oppure *f.* = ... Alcune parole cambiano forma nei due generi, altre no.
Osserva come sono le tre parole degli esempi:
- due parole sono *m.* = ... e per fare il femminile cambiano, come indicato dalla parentesi *(f. -a)*;
- una parola (....................) è sia *m.* sia *f.*, come tutti gli aggettivi che finiscono in ....

Completa.
ragazzo s. m. (f. *-a*) → *sostantivo maschile (femminile in -a)*
giovane agg. e s. m. e f. → ....
adulto agg. e s. m. (f. *-a*) → ....

b. Altre **abbreviazioni**.

- *è ancora g. per votare* (→ **giovane**): la *g.* significa ....
In altre due definizioni hai trovato *r.* = ... e *v.* = ...
- uso fig. (→ **giovane**)
Significa che la parola è usata in modo *figurato*, cioè "non reale". Per esempio, *ha un viso g. e fresco* si può dire anche di una persona di 50 anni, che non è *giovane* ma ha il viso come quello di un giovane.
- dim. *vecchino, vecchiétto, vecchierèllo.* L'accr. *vecchiòtto* è usato come dim.; pegg. *vecchiàccio* (→ **vecchio**)
Dovresti sapere che *dim.* = ...
L'opposto di *diminutivo*, che indica "piccolo", è l'*accrescitivo* (*accr.*), che fa "crescere" la parola.
Poi c'è il *peggiorativo* (*pegg.*), che dà una connotazione negativa alla parola: in *vecchio* hai trovato ....; in *giovane* hai trovato ....

c. L'origine delle parole: l'**etimologia**.

- [prob. dal fr. *ancien*, e questo dal lat. *antea* «prima», da cui **anteanus*] (→ **anziano**)
- [lat. tardo e pop. dal lat. class. *vĕtŭlus*, dim. di *vetus* «vecchio», diventato poi *vĕclus*] (→ **vecchio**)

Prova a immaginare che cosa possono significare queste abbreviazioni e confronta le tue interpretazioni con la classe.

prob. = ... *lat.* = ... *class.* = ...
fr. = ... *pop.* = ...

Una cosa che non puoi sapere è il significato dell'asterisco davanti a **anteanus*: significa che quella parola dovrebbe essere esistita, ma non ne abbiamo le prove.

6 *Chi*.

a. Nella maggior parte dei casi *chi* viene usato per fare una domanda. Per ricordarlo bene, crea tre frasi che iniziano con il pronome interrogativo *chi*.

- ....
- ....
- ....

b. *Chi* si usa anche in un altro modo, come nelle definizioni riportate qui sotto. Che cosa puoi mettere al posto del pronome?

- .... è nell'età dell'adolescenza o della giovinezza (→ **ragazzo**)
- .... è nell'età della giovinezza. .... non ha ancora l'età o l'esperienza necessaria per fare qualcosa (→ **giovane**)

Molto probabilmente hai scritto *una persona che*, ma puoi anche usare un pronome doppio: *colui che* (*colei che* al femminile e *coloro che* al plurale).

7 «L'età in cui si è ragazzi»

Hai trovato questa frase nella definizione di *ragazzo*. È una frase impersonale, in cui cioè si parla di *tutti*, *la maggior parte*, *una grande parte*.

a. In italiano ci sono tre modi per fare una frase impersonale.

- *Quando **si è ragazzi** si pensa che sia possibile diventare **ricchi** e rimanere **onesti***: si usa *si* + verbo + nome o aggettivo (sempre al plurale perché riguarda tutti).
- *Quando **uno è un ragazzo**, pensa che sia possibile diventare **ricco** e rimanere **onesto***: si usa il pronome indefinito *uno*, che va bene per le frasi impersonali proprio perché non indica nessuno in particolare; il nome o l'aggettivo va al singolare perché si riferisce a *una* persona.
- *Quando **sei un ragazzo**, pensi che sia possibile diventare **ricco** e rimanere **onesto***: si usa il *tu* della seconda persona per rivolgersi a tutti, non a una persona in particolare.

In tutti questi casi gli aggettivi possono essere al femminile quando il discorso è riferito specificamente al mondo delle donne: *Quando **si è donne**, bisogna essere più **brave** degli uomini per avere successo*.

b. Riscrivi queste frasi usando le tre forme impersonali.

I giovani pensano che il tempo sia infinito.
→ *Quando si è* .... *che il tempo sia infinito.*
→ *Quando uno è* .... *che il tempo sia infinito.*
→ *Quando sei* .... *che il tempo sia infinito.*

1. Le donne laureate diventano più sicure di sé.
→ *Quando si è* .... *si diventa* ....
→ *Quando una è* ....
→ *Quando sei* ....

2. Gli anziani non lavorano più e sono pieni di idee per il loro tempo libero.
→ ....
→ ....
→ ....

Elena Cornaro Piscopia, veneziana, fu la prima donna laureata nella storia: si laureò in Filosofia a Padova nel 1678.

A

B

Giovani e vecchi nei modi di dire

a. Quale foto si riferisce a questi modi di dire?

- **È uno dei giovani leoni della mafia.** (A) (B)
- **È un giovane di belle speranze.** (A) (B)

b. Quale foto si riferisce a questi personaggi?

- Uno dei due vecchi è Mbah Gotho, indonesiano morto nel 2017 a 146 anni. (C) (D)
- L'altro è Pantalone, un vecchio furbo, molto furbo, personaggio di molte commedie tradizionali. (C) (D)

Scrivi i loro nomi in questi modi di dire:

- .... **era vecchio come il cucco / come Matusalemme.**
- .... **era una vecchia volpe.**

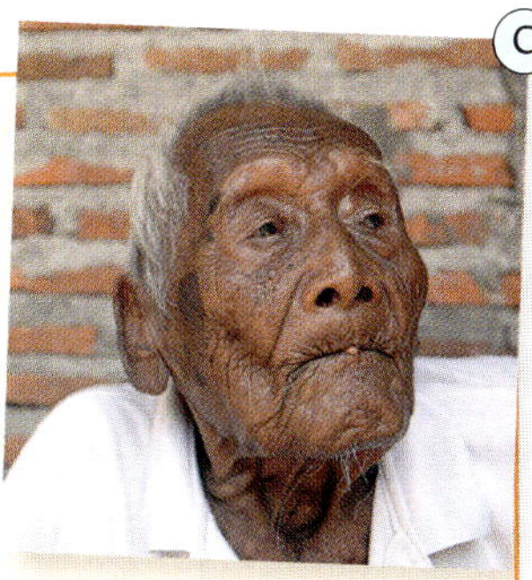

C

D

P11 / Undici | Gli italiani sono... pensionati

Comprensione & produzione

1 Siamo in un liceo, durante l'ultimo collegio docenti dell'anno, a giugno.

C'è stata una lunga discussione sui risultati dell'anno scolastico appena concluso e sulle novità per l'anno prossimo, poi ci sono state le votazioni e tutti pensano che il collegio sia finito. Ma il preside li ferma. Facciamo qualche ipotesi, prima di ascoltare l'AUDIO 16.

a. Se la parte ufficiale si è conclusa con le votazioni, le ragioni per fermare gli insegnanti che sono pronti ad andare a casa saranno positive o negative, piacevoli o tristi? Perché hai dato questa risposta?

b. Quali potrebbero essere le ragioni? Mettete insieme alla lavagna tutte le vostre ipotesi.

In questa Unità si parla delle varie fasi della vita: il titolo del *Passo* ti può aiutare a fare delle ipotesi.

Al primo ascolto non guardare né il testo né i *post-it*: cerca di capire quante più cose puoi. Il testo è interrotto da applausi: puoi approfittarne per scrivere qui il regalo che ricevono queste persone:

- Giovanna e Carlo: ....
- Fabio: ....
- Valeria: ....

collegio docenti

Collegio significa due cose:
- una scuola in cui gli studenti vivono, mangiano e dormono;
- un gruppo di persone che governa un'istituzione (in alcune istituzioni si chiama *collegio*, in altre *consiglio*).

Nelle scuole italiane c'è il *collegio (dei) docenti*, dove ci sono tutti gli insegnanti, e c'è il *consiglio di istituto*, composto da alcuni insegnanti, studenti, genitori e il *preside*, cioè il direttore della scuola. Il collegio approva la "politica" generale della scuola, il consiglio prende le decisioni operative.

2 Avete una buona memoria?

a. In quale giorno comincia la pensione?
○ 1° luglio ○ 1° agosto ○ 1° settembre

b. Secondo il preside, ha ragione chi ha paura della pensione oppure chi la desidera?

c. Giovanna e Carlo dovranno *catalogare* i nuovi libri della biblioteca. Sai intuire il significato di *catalogare*? In quale biblioteca fanno volontariato?

d. È vero che i pensionati che fanno volontariato spesso lavorano molto più di prima?

e. Ricordi in quale città si trova la scuola? Pensa che c'è l'Arena, un antico anfiteatro romano dove si rappresentano delle opere.

f. Fabio è appassionato di ○ Rossini ○ Verdi ○ Puccini.

g. Valeria ha ricevuto in regalo uno stage nel laboratorio del Gran Sasso, uno dei principali centri mondiali di ricerca di fisica, nel cuore di... di che cosa? Guarda la foto: è questo il Gran Sasso, nel centro Italia.

h. Dove è il buffet?
○ in cortile ○ in palestra ○ in sala riunioni

Ascolta di nuovo il discorso del preside per verificare se le tue risposte sono corrette.

il 1° del mese

Ricorda che il giorno 1 del mese si dice con l'ordinale, *primo*, e si scrive con il segno °.

3 Adesso ascolta l'AUDIO 16 leggendo la trascrizione.

Fermi, fermi, ancora un minuto. Non preoccupatevi - basta con i problemi, con l'organizzazione, con le nuove **nomine**, basta con il bilancio. Oggi c'è una cosa bella e triste insieme: quattro di noi, che conosciamo da anni, dal 1° settembre andranno in pensione, chi per **anzianità**, chi per **vecchiaia**, ma tutti comunque pieni di vita e di progetti: Giovanna, Fabio, Carlo e Valeria.

Per alcuni di noi la pensione è un progetto lontanissimo - **beati** voi, che siete giovani! Per altri di noi - e siamo la maggioranza - dopo decenni di insegnamento la pensione è insieme un sogno e un fantasma di cui avere paura. Chi ne ha paura ha ragione perché la pensione cambia la vita, ma ha ragione anche chi **non vede l'ora** di andare in pensione. Si ha paura della pensione come del vuoto - ma solo se nella vita non si è costruito niente di alternativo al lavoro, se non si hanno interessi, amici... e questo **non è certo il caso dei** nostri quattro vecchietti!

Giovanna e Carlo, come tutti sappiamo, sono molto impegnati nel volontariato, gestiscono la biblioteca del carcere, e tutti noi, insieme ai loro studenti, abbiamo raccolto quattro casse di libri da regalare alla biblioteca: così dovranno catalogarli e avranno qualcosa da fare per passare il tempo! **Scherzi a parte**, sapendo come vanno queste cose, finiranno per lavorare più da pensionati che da insegnanti.

Fabio dirige da vent'anni il coro della scuola: continuerà a farlo, ma creerà anche un coro di tutti i licei di Verona. Così ci ha chiesto di poter organizzare nella nostra scuola dei seminari preparatori alle opere che fanno all'Arena, aperti a tutti gli studenti della città. Per lui abbiamo scelto la collezione completa dei DVD di tutte le opere del suo amatissimo Giuseppe Verdi, così avrà qualcosa da fare adesso che va in pensione!

Valeria: 42 anni di matematica e fisica. Aveva informato gli studenti che si possono fare degli stage al centro di ricerca del Gran Sasso, restando quindici giorni come ospiti e osservatori: così gli studenti hanno pensato che questo potesse essere il regalo giusto per la nostra scienziata! Valeria, vai a preparare le valigie!

Adesso basta discorsi: in palestra c'è un buffet di pizzette, dolci, pasticcini, verdure... insieme a un mare di prosecco per riempire i nostri **pensionandi** di bollicine! Tutti in palestra!

anzianità, vecchiaia

Si può andare in pensione sulla base dell'età, tra i 65 e i 70 anni a seconda del lavoro (*pensione di vecchiaia*), o ci si può ritirare prima, dopo 42 anni di lavoro, con una pensione più bassa (*pensione di anzianità di servizio*).

nomina

Il preside contatta gli *abilitati* (laureati che hanno ottenuto l'*abilitazione* all'insegnamento) per decidere quali assumere, cioè quali *nominare* come insegnanti.

beato

Secondo i cristiani, un *beato* è quasi un Santo, che in Paradiso ha la fortuna di essere vicino a Dio. Significa anche "felice", "fortunato", e si usa spesso seguito dal pronome personale: *beato lui*, *beati noi*.

non vedere l'ora

Avere tanta voglia che quello che si desidera succeda subito.

non è il caso di

- *Caso* qui significa "situazione". Seguito da un nome, *non è certo il* **caso** *dei nostri quattro vecchietti*, significa che la situazione di cui si sta parlando non riguarda queste persone.
- Seguito da un verbo, *non è il* **caso** *di parlare*, significa che in quella situazione non bisogna fare l'azione indicata dal verbo.

scherzi a parte

È un segnale discorsivo: indica che si finisce di scherzare e si torna ai discorsi seri.

pensionando

Sembra un gerundio, ma non lo è. La desinenza è la stessa, ma unita a un nome indica "chi sta per fare qualcosa": un *pensionando* è una persona che sta per andare in pensione, un *laureando* è una persona che sta per laurearsi ecc.

Ricorda che, soprattutto a questo livello, è molto utile ascoltare e ripetere quando le frasi sono lunghe: una vera sfida alla tua comprensione e alla tua memoria!

4 **Un'intervista per la web radio della scuola.**

Molte scuole hanno una web radio gestita dagli studenti e legata al profilo Facebook della scuola. Sei uno studente che intervista il preside, durante il buffet in palestra: chiedigli di raccontare agli studenti e alle famiglie perché c'è il buffet, chi va in pensione, che cosa gli è stato regalato ecc. L'insegnante chiederà di ascoltare alcune delle interviste insieme a tutta la classe.

5 **Un breve articolo sulla pagina Facebook della scuola.**

Queste sono le foto dei quattro pensionandi: scrivi accanto a ogni foto qualche riga dicendo che cosa insegnavano (se non lo sai, inventa!) e che cosa faranno da pensionati.

f Home Profilo Amici Posta | Ricerca

Modifica il mio profilo

Giovanna Bianchi e Carlo Ferrari

Bacheca | Info | Foto | Luoghi | Mi Piace

f Home Profilo Amici Posta | Ricerca

Modifica il mio profilo

Fabio Fabi

Bacheca | Info | Foto | Luoghi | Mi Piace

f Home Profilo Amici Posta | Ricerca

Modifica il mio profilo

Valeria Tonini

Bacheca | Info | Foto | Luoghi | Mi Piace

Riflessione sulla lingua

6 ***Chi.***

L'ES. 6 del P10 è intitolato ***Chi***, come questo.
Là si dice che *chi*, oltre che **pronome interrogativo** usato per iniziare una domanda, può essere anche un **pronome *doppio***, cioè può significare ...., ... e al plurale ....

a. Nel discorso del preside hai trovato due frasi con *chi* ripetuto a distanza di poche parole:
   1. Quattro di noi dal 1° settembre andranno in pensione, chi per anzianità, chi per vecchiaia.
   2. Chi ne ha paura ha ragione perchè la pensione cambia la vita, ma ha ragione anche chi non vede l'ora di andare in pensione.

   Nella frase ◯ 1 ◯ 2 *chi* è un pronome doppio.
   Nella frase ◯ 1 ◯ 2 la ripetizione *chi... chi...* significa ◯ forse... certamente... ◯ alcuni... altri... ◯ certo... ma...

b. Riscrivi queste frasi usando il pronome *chi* ripetuto: stai attento al verbo, che con *chi* è sempre singolare.
   1. Tra gli insegnanti ci sono alcuni giovani e altri anziani, ma sono tutti bravi.
      Tra gli insegnanti c'è chi è .... e chi è ....
   2. Ci sono alcuni che vogliono andare in pensione e altri no.
      C'è chi ....
   3. In estate alcuni vanno in pensione, altri stanno a casa, ma tutti si riposano.
      In estate c'è chi ....

7 **Pensionandi, laureandi, maturandi, dottorandi.**

Sai già chi sono i *pensionandi* e i *laureandi*. I *maturandi* sono gli studenti che stanno per fare l'esame di .... alla fine delle superiori. Gli studenti di un dottorato di ricerca sono ....
Scrivi quattro frasi che spieghino lo stato d'animo di queste persone.

a. Un pensionato si sente ....

b. Un maturando si sente ....

c. Un laureando si sente ....

d. Un dottorando si sente ....

8 **Scrivi il significato di queste espressioni, poi verifica rileggendo i *post-it* alle pagine precedenti.**

a. Pensione *di anzianità*
....

b. Pensione *di vecchiaia*
....

c. *Scherzi a parte*
....

d. *Non vedo l'ora!*
....

e. *Non è il caso di* Giovanna e Carlo
....

f. *Beati loro*, che sono in vacanza!
....

g. Mi è arrivata la lettera con *la nomina*!
....

DODICESIMO PASSO

P12 / Dodici | Gli italiani sono... anziani

Comprensione

1 Il volto bello della vecchiaia.

Gli anziani sono spesso molto vitali: viaggiano, visitano le parti del mondo che hanno sempre desiderato vedere, molto spesso studiano in una delle tante *Università della Terza Età* o *Università Popolari* che ci sono in quasi tutte le città italiane: sono corsi gratuiti, tenuti da volontari, spesso insegnanti, avvocati, medici, studiosi in pensione.

PAROLE CHE POSSONO AIUTARTI

Per leggere questa scheda ti servono alcune parole chiave.

- **volta a**: forma antica per dire "che ha come scopo"
- **esigenze**: necessità, richieste
- **non persegue fini di lucro**: non ha come scopo il guadagno
- **apolitica, asindacale e aconfessionale**: il prefisso *a-* indica distacco, separazione: non ha natura politica, sindacale e confessionale, cioè religiosa (le *confessioni* sono le diverse religioni o varianti di una religione)
- **topografia antica**: la *topografia* è la geografia "umana", con le città, i loro nomi ecc.; questo corso riguarda il mondo antico

Uni.Te.Ve.

UNIVERSITÀ DELLA TERZA ETÀ

- L'Associazione, ispirandosi ai valori umanitari promossi dal Rotary, svolge attività di utilità sociale, volte all'arricchimento culturale degli adulti del centro storico di Venezia e delle isole della laguna.
- L'Associazione organizza conferenze, dibattiti, corsi teorici e pratici in varie discipline e altre attività al fine di rispondere alle esigenze culturali e di socializzazione degli adulti.
- L'Associazione non persegue fini di lucro, è apolitica, asindacale e aconfessionale e organizza la sua attività secondo principi di democraticità e uguaglianza dei diritti degli associati.
- L'Associazione è iscritta al Registro delle Associazioni di Promozione Sociale e all'Albo delle Associazioni del Comune di Venezia.

I CORSI SONO GRATUITI

- Archeologia • Arte • Disegno e Pittura • Laboratorio di disegno
- Fotografia • Storia del cinema
- Lingue: Inglese • Spagnolo
- Letterature: Greca • Inglese • Italiana • Latina • Poesia
- Scrittura Creativa • Laboratorio teatrale
- Filosofia • Psicologia
- Musica jazz • Musica lirica
- Storia Orientale • Storia di Venezia • Topografia antica
- Costituzione • Economia
- Astronomia • Informatica
- Medicina • Scienze dell'Alimentazione

CENTRO STORICO DI VENEZIA

www.uniteve.com

2 Il volto meno bello della vecchiaia.

Gli anziani hanno spesso bisogno di assistenza. Quando le famiglie erano numerose e si viveva tutti insieme o vicini, i vecchi venivano aiutati dai figli e dalle loro famiglie.
Dalla metà del Novecento il numero dei figli è molto diminuito, molti giovani hanno cambiato città e gli anziani sono rimasti soli; quando non sono più autosufficienti (cioè "sufficienti a se stessi", non riescono più a fare le cose da soli), bisogna cercare qualcuno che si prenda cura di loro, che li aiuti nella vita quotidiana: sono le *badanti*, dal verbo *badare* che significa "curarsi di un bambino o di un anziano".
Per trent'anni le badanti sono state straniere, quasi sempre dell'Est Europa: si trovavano con il passaparola (cioè parlando con amici, che ne parlavano con altri, fino a quando si trovava la persona giusta).
Adesso ci sono delle organizzazioni che si occupano di trovare e gestire le badanti, come vedi in questo inserto.

PAROLE CHE POSSONO AIUTARTI

Per leggere questa scheda ti servono alcune parole chiave.

- **attiva**: in funzione
- **badanti conviventi**: che vivono in casa dell'anziano, mangiano con lui, passano le giornate con lui
- **qualificate**: che hanno fatto un corso di formazione
- **assistenza domiciliare**: l'*assistenza* è il fatto di assistere, cioè aiutare qualcuno; il *domicilio* è il luogo in cui si vive
- **studio legale**: ufficio legale, con avvocati
- **retta mensile**: la quota che si paga ogni mese (può anche essere *settimanale*, *trimestrale*, *annuale*); *retta* si usa solo in questo contesto o parlando di un collegio o di una scuola privata
- **fatturato**: è il totale delle *fatture*, cioè delle richieste di pagamento, di un anno, di un trimestre o di un mese; esiste anche la parola *fatturazione*; *fatturare*, da cui il passivo *viene fatturato*, significa "mandare una fattura"
- **gestione delle sostituzioni**: organizzazione della sostituzione di una badante che si ammala o che deve andare via per qualche ragione
- **detrazione del 19% dal modello 730**: il *modello 730* è quello in cui si dichiarano i propri redditi allo Stato per calcolare le tasse; si può *detrarre*, cioè togliere, il 19% del costo della badante dalle tasse dell'anziano che viene aiutato, a cui si dà *assistenza*
- **vincolo**: obbligo
- **soggetta a IVA**: deve pagare l'IVA (una tassa); *soggetto a* si usa parlando di obblighi di legge, di tasse e cose simili

CERCHI UNA BADANTE?

Se la risposta è sì, sei nel posto giusto!
Attiva da oltre dieci anni su tutto il territorio nazionale, **Assistenza Amica**, nata a Piacenza nel 2002, offre il **primo servizio di Badanti conviventi qualificate** a domicilio.
Il Servizio non si limita alla sola assistenza domiciliare, ma le famiglie possono interfacciarsi con i consulenti di Assistenza Amica per supporto di qualsiasi natura.
Assistenza Amica offre alle famiglie la possibilità di usare come proprio studio legale quello dell'associazione: tutto già incluso nella retta mensile. Siamo la prima **realtà italiana**, con un fatturato ormai di dieci milioni di euro annui e oltre.
Trenta impiegati disponibili a rispondere alle vostre esigenze e a **garantire l'assistenza dei vostri cari**.
Con un'unica retta di **€ 1270,00** la famiglia avrà accesso a un servizio esclusivo.

Una retta mensile che comprende:

- Servizio di assistenza mensile (sei giorni alla settimana con sabato o domenica di riposo)
- Gestione contrattuale, burocratica e amministrativa
- Consulenza legale di qualsiasi natura per le famiglie, già compresa nella tariffa
- Gestione delle sostituzioni non lasciando mai un giorno scoperto
- Copriamo tutto il territorio nazionale in 48 ore
- Gestione fiscale con il nostro studio commercialistico
- Possibilità di detrazione del 19% dal modello 730 della persona assistita o dei figli
- Nessun vincolo di tempo: il Servizio inizia e finisce quando la famiglia lo desidera
- Nessun vincolo economico: viene fatturato solamente il giorno effettivamente lavorato
- Fatturazione mensile soggetta a IVA al 5%

www.assistenzamica.it

3 Fattura, fatturare, fatturato, fatturazione...

GANDOLFINI & ASSOCIATI

GANDOLFINI & ASSOCIATI
Via Giamba 34
10342 Ambiate (Torino)
Partita IVA 88800456385
CF BCGAL75T36I24L

FATTURA N.
210
DATA
27/11/19

DESTINATARIO
GANDOLFINI & ASSOCIATI Via Giamba 34, 10342 Ambiate (Torino) P.I. 88800456385 C.F. BCGAL75T36I24L

CODICE	DESCRIZIONE	Q.TÀ	LI.M	PREZZO	SCONTO %	IMPORTO	IVA
	Banner su iSpazio	1		130,00		130,00	22

Pagamento	Banca		
Bonifico Bancario	IBAN: 168TS893H4XXXXX		
Totale	**IVA**	**Totale da pagare**	**Data di scadenza**
130,00	28,60	158,60	26/01/20

Questa è una *fattura*, cioè una richiesta di pagamento per un servizio fornito o un oggetto venduto. La fattura è numerata e viene *emessa* in una data precisa: *emettere* è un verbo molto burocratico che si usa con le fatture, le sentenze dei tribunali, gli ordini del sindaco, e cose simili.
Chi emette una fattura ha una P.I., *Partita IVA*, cioè il codice per il pagamento dell'IVA, una tassa sulla produzione. Ha anche un C.F., *Codice Fiscale*, cioè il codice per il fisco, il sistema delle tasse sul reddito, cioè i guadagni di una persona.
Il pagamento deve essere fatto con un *bonifico*, cioè un ordine che viene dato alla banca di pagare chi ha emesso la fattura. Le banche identificano i clienti con un codice lunghissimo che si chiama IBAN: se hai un conto in banca, hai un IBAN.

a. *Emettere* una fattura (formula molto burocratica) si dice anche ....
b. Il participio passato di *fatturare* è .... e serve per formare i verbi composti: *Ieri **ho** .... 29 vendite: una giornata eccezionale!*
c. *Il fatturato*, con l'articolo, è un nome: indica il totale dei soldi che hai fatturato in un certo periodo: in un anno hai il fatturato *annuo / annuale*, in un mese quello ...., in una settimana quello ...., in un giorno quello *giornaliero*.
d. L'azione di mandare una fattura si forma con il suffisso *-zione*: ....

Lo scopo di questo esercizio non è farti diventare ragioniere (cioè contabile, amministratore), ma solo ricordarti come si formano le parole: quando conosci la parola base (*fattura*) tutto il resto viene da solo. Vediamo se ricordi queste cose.

4 ***Fatturare → fatturazione.***

Ci sono vari modi di formare i nomi partendo dai verbi; uno è nel titolo ed è molto comune.

a. Scrivi il nome che deriva dai verbi in corsivo.

- L'associazione svolge attività di utilità sociale, volte all'(*arricchire*) .... culturale.
- Il Servizio non si limita alla sola (*assistere*) .... domiciliare.
- C'è il corso di (*scrivere*) .... creativa.
- Garantisce l'(*uguagliare*) .... dei diritti degli associati.

b. Completa la tabella scrivendo i nomi che derivano dai verbi. In ogni colonna si usa un diverso suffisso.

associare	cucire	conoscere	cambiare	sperare
associazione				
sostituire	leggere*	potere	coordinare	somigliare
detrarre	pulire	esistere	pagare	dimenticare
alimentare	pungere	partire	muovere	distare
-zione	-tura	-enza	-mento	-anza

* Attenzione: da *leggere* deriva il nome *lettura*, che perde la *-gg-* centrale.

5 ***Badare → badante.***

Da un verbo può derivare anche il nome della persona o della cosa che compie l'azione indicata dal verbo. In ogni colonna si usa un diverso suffisso.

insegnare	ascoltare	ballare**	perdere
insegnante			
cantare	connettere	spazzare	credere
emigrare	dirigere*	imbiancare	potere
-ante	-tore	-ino	-ente

Anche qui ci sono alcune variazioni di suono, che purtroppo vanno imparate per ogni parola.
* *dirigere* cambia la seconda *i* in *e* (*direttore*, come anche *direzione*)
** *ballare* cambia la seconda *a* in *e* (*ballerino*)
Abbiamo inserito queste parole irregolari per ricordarti che le regole sono generali, ma soprattutto quando ascolti o leggi devi avere molta fantasia, perché non sempre le parole obbediscono alle regole...

Produzione

6 **Com'è la vita degli anziani nella tua città e nel tuo Paese?**

Ci sono iniziative per aiutarli a passare il tempo e a studiare ecc. se sono sani, o per assisterli se sono malati? Scrivi qualche appunto; poi racconta la situazione al tuo compagno, che ti racconterà la sua versione delle cose.

7 **Il Comune ha ereditato un grande prato e decide di dividerlo in tanti piccoli orti dove gli anziani possono coltivare verdura e fiori.**

In gruppi, scrivete l'annuncio per il sito internet del Comune, con l'illustrazione dell'iniziativa. Poi ogni gruppo presenta il suo annuncio alla classe.

Un proverbio dice: *Gallina vecchia fa buon brodo*. Significa che l'esperienza dei vecchi aiuta a fare le cose giuste... ma lei non sembra d'accordo!

La scuola e l'università parlano due "italiani" diversi: quello amministrativo e quello dell'uso comune. Per esempio, a capo di una scuola c'è un **dirigente scolastico** e la sua struttura è guidata dal **direttore dei servizi generali e amministrativi**, ma tutti - professori, studenti, famiglie - li chiamano **preside** e **segretario.**

Vediamo insieme la lingua della scuola e dell'università: in **rosso** la lingua ufficiale, in **verde** quella quotidiana. Quando si usa il **nero** significa che non ci sono varianti.

Così parla il Ministero dell'Istruzione, dell'Università e della Ricerca

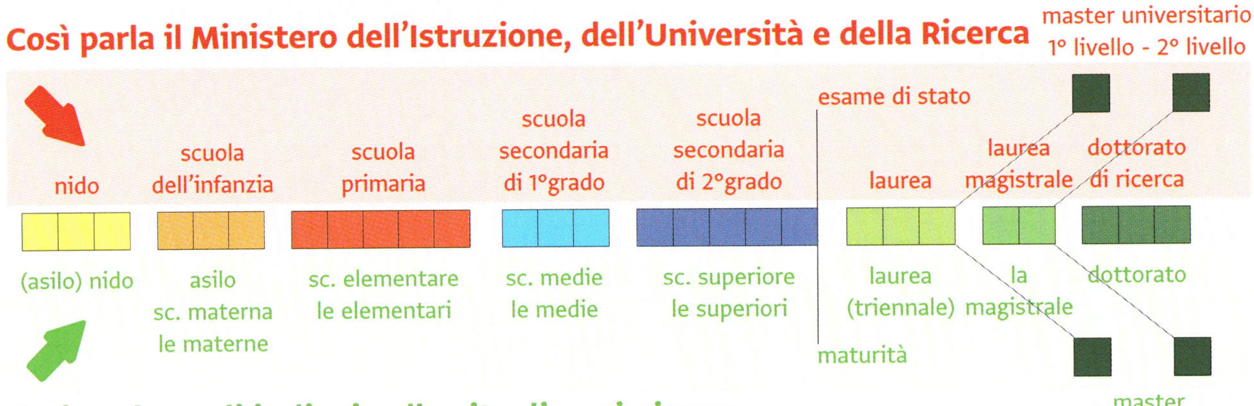

Così parlano gli italiani nella vita di ogni giorno

Scuole e Università: chi paga?

L'articolo 34 della Costituzione italiana è molto chiaro: l'istruzione *deve* essere *impartita* (cioè "offerta", "data") gratuitamente, è un *diritto* e allo stesso tempo è un *obbligo*: non si può non andare a scuola.
Lo Stato deve garantire il diritto allo studio dei più bravi *provvedendo* ("offrendo") *borse di studio* e *assegni* ("fondi", "aiuti in denaro") alle famiglie.
Fino alla scuola media l'istruzione statale è gratuita; circa il 10% della popolazione frequenta scuole private, che costano abbastanza anche se lo Stato dà dei contributi.

Art. 34
La scuola è aperta a tutti.
L'istruzione inferiore, impartita per almeno otto anni, è obbligatoria e gratuita.
I capaci e meritevoli, anche se privi di mezzi, hanno diritto di raggiungere i gradi più alti degli studi.
La Repubblica rende effettivo questo diritto con borse di studio, assegni alle famiglie e altre provvidenze, che devono essere attribuite per concorso.

L'università statale ha un costo molto basso (tra 2000 e 3000 euro l'anno) e ci sono borse di studio. Almeno il 50% dei dottorandi (studenti del dottorato di ricerca, il PhD internazionale) ha una borsa di studio di circa 1400 euro al mese; ci sono anche università private, molto più costose.
Le famiglie in realtà pagano un **contributo**, cioè contribuiscono a una parte dei costi, ma tutti dicono **tasse scolastiche.** All'università, per la laurea e per i master - corsi professionalizzanti che si possono seguire alla fine della laurea triennale (master di 1° livello) o di quella magistrale (master di 2° livello) - si parla di **tassa di iscrizione**.

Materie, discipline, educazioni ecc.

In italiano ufficiale ci sono le **discipline** scolastiche, ma tutti dicono **materie**, cioè italiano, lingue, matematica, storia ecc.
Un gruppo di materie ha il nome che inizia con **educazione** e vengono dette **le educazioni**: **educazione artistica** (ma lo studente dice **disegno**), **educazione musicale** (**musica**), **educazione motoria** (**ginnastica**).

Prove, verifiche, scrutini, promossi, bocciati ecc.

Nella scuola ci sono le **prove di verifica orale e scritta**, cioè la raccolta dei dati, e la **valutazione**, cioè un giudizio su quei dati; per gli studenti la **verifica** è un test scritto, che si chiama anche **compito in classe** o, nei casi in cui è un quiz, **test**. Le composizioni di italiano di chiamano **temi**.
Le prove di verifica orale sono le **interrogazioni**.
Gli studenti non usano la parola *valutazione*: di solito parlano di **voto** e, talvolta, di **giudizio** per indicare il commento dell'insegnante su un compito oppure gli aggettivi come *ottimo, buono, sufficiente, scarso* ecc.
I voti vanno dall'1 al 10, ma di solito si usano dal 3 all'8. Quando ne parla, lo studente italiano usa spesso l'articolo: *Ho preso un quattro*. Il 6 è il voto minimo per essere promossi e si dice che è la **sufficienza**; sotto il 6 si prende un'**insufficienza**.
In Italia si usano delle frazioni o sfumature del voto, per esempio:

- 6-, sei meno; 6= sei meno meno; 5½, cinque e mezzo; 5/6, dal 5 al 6 → indicano una sufficienza non piena;
- 6+, sei più; 6½, sei e mezzo; 6/7, dal 6 al 7 → indicano una sufficienza abbondante.

Quindi la serie delle sfumature tra due voti è: 6- → 6 → 6+ → 6½ → 6/7 → 7- → 7 → 7+.

Ogni 3 o 4 mesi, a seconda se la scuola è organizzata in trimestri o quadrimestri, il **Consiglio di classe**, cioè il gruppo dei professori, fa uno **scrutinio**: si dà un voto per ogni materia. I voti vengono scritti nella **pagella**, che è un documento elettronico visibile anche dalle famiglie.
A fine anno c'è lo scrutinio finale: se uno studente ha tutte sufficienze è **promosso**; se ci sono pochissime insufficienze c'è la **sospensione del giudizio**, ma lo studente dice che è stato **rimandato (a settembre)**, anche se in realtà le prove di verifica per questi studenti che hanno **debiti** (come li chiama la scuola) sono a fine agosto. Se ha troppe insufficienze lo studente è **respinto**, ma lui dice che è **bocciato**. Si parla anche di **promozione / bocciatura**.
All'esame di maturità la sufficienza è 60, il massimo è 100 e lode.

Lauree, corsi, esami, tesi ecc.

Nell'Università italiana non ci sono più le facoltà ma i dipartimenti; tuttavia gli studenti che frequentano un **corso di laurea** spesso dicono che frequentano la **facoltà di lingue**, la **facoltà di economia** ecc.
L'università è organizzata in due semestri, alla fine dei quali ci sono gli **esami** che sono in 4 o più **appelli**, cioè date in cui puoi iscriverti a un esame. Gli appelli sono nella **sessione primaverile**, **estiva**, **autunnale** e **invernale**.
I voti sono da 18 a 30 e lode, quindi la sufficienza è 18. Alcuni esami sono scritti, altri sono orali; molti richiedono un **elaborato**, detto **tesina**, cioè un saggio su un argomento concordato con il docente.
L'esame di laurea, dove si discute una **tesi**, ha come voto massimo 110 e lode.

Maestri, professori, docenti ecc.

Nelle scuole lavorano gli **insegnanti**: alle elementari sono detti **maestri**, dalle medie in poi sono detti **professori** ma il loro nome corretto è **docenti**. Ci possono anche essere dei **tecnici di laboratorio**.
All'università i **professori** sono solo quelli assunti dall'università, e sono di **prima fascia** (**ordinari**) e di **seconda fascia** (**associati**). Ci sono anche dei giovani che lavorano "in prova" qualche anno, i **ricercatori**, e anche loro possono tenere corsi. Professori, ricercatori e docenti a contratto (cioè esterni, non assunti stabilmente) sono tutti **docenti** di un corso.
Anche all'università ci sono **tecnici di laboratorio** e **Collaboratori Esperti di Lingua**, detti **CEL** (madrelingua che fanno esercitazioni linguistiche).

1 **Anche nel tuo Paese c'è tanta differenza tra la lingua ufficiale e quella quotidiana? Discutine con la classe.**

Lettera a una professoressa

Don **Lorenzo Milani** (Firenze, 1923-1967) era un sacerdote (un *prete*, come avrebbe detto lui nel suo italiano popolare), interessato a un cattolicesimo socialmente attivo, realmente impegnato a favore dei poveri e convinto del valore del rifiuto della violenza. Queste posizioni lo portarono a uno scontro con il vescovo di Firenze e Don Milani fu mandato come parroco a Barbiana, un paesino sperduto tra le montagne. Lì Don Milani organizzò una "scuola" molto particolare: senza voti, senza bocciature, senza materie separate, con i pochi libri che aveva: una scuola per i figli dei contadini e dei pastori, che nella scuola pubblica venivano regolarmente bocciati o che neppure potevano andare fino a Vicchio, il paese dove c'era una scuola media. L'esperienza durò alcuni anni, poi Don Milani si ammalò e otto dei suoi ragazzi scrissero *Lettera a una professoressa*, cioè la professoressa di italiano della scuola media (ma in realtà a tutti gli insegnanti e soprattutto, come scrivono i ragazzi, ai genitori) che li aveva bocciati. Il libro uscì nel 1967, poco dopo la morte di Don Milani.

La dedica

Cara signora, lei di me non ricorderà nemmeno il nome. Ne ha bocciati tanti. Io invece ho ripensato spesso a lei, ai suoi colleghi, a quella istituzione che chiamate scuola, ai ragazzi che "respingete".
Ci **respingete**[1] nei campi e nelle fabbriche e ci dimenticate.

1. **respingete**: *respingere* qui è usato in due sensi: il primo, tra virgolette perché è la lingua della burocrazia, significa "bocciare"; il secondo significa "rifiutare", "non accettare", "rimandare una persona al posto da cui viene".

Non ti sai esprimere.

Sandro[1] in poco tempo si appassionò a tutto. La mattina seguiva il **programma**[2] di terza. Intanto prendeva nota delle cose che non sapeva e la sera **frugava**[3] nei libri di seconda e prima. A giugno il **"cretino"**[4] **si presentò alla licenza e vi toccò passarlo**[5].
Gianni fu più difficile. Dalla vostra scuola era uscito **analfabeta**[6] e con l'odio per i libri.
Noi per lui **si fecero acrobazie**[7]. Si riusciva a fargli amare non dico tutto, ma almeno qualche materia. **Ci occorreva solo che lo riempiste di lodi e lo passaste in terza**[8]. Ci avremmo pensato noi in seguito a fargli amare anche il resto.
Ma agli esami una professoressa gli disse: «perché vai a una scuola privata? Lo vedi che non ti sai esprimere?». **(...)**[9].
Lo so anch'io che Gianni non si sa esprimere.
Battiamoci il petto[10] tutti quanti. Ma prima voi che l'avevate buttato fuori di scuola l'anno prima.
Bella cura la vostra.

1. **Sandro**: Sandro e Gianni (che troverai tra poco) sono due ragazzini bocciati dalla scuola statale, che Don Milani accoglie nel suo gruppo.
2. **programma**: il *programma* indica i contenuti di un corso, in questo caso la terza media.
3. **frugava**: *frugare* significa cercare senza sapere bene in che modo e dove; si usa di solito per indicare ricerche concrete: frugare in un cassetto, in un mucchio di oggetti vecchi.
4. **"cretino"**: la professoressa aveva definito Sandro *cretino*, cioè "stupido", "incapace".
5. **si presentò ... passarlo**: "(Sandro) si presentò all'esame di *licenza* media e foste obbligati (*vi toccò*) promuoverlo, fargli *passare* l'esame".
6. **analfabeta**: persona che non conosce l'alfabeto, che non sa leggere e scrivere.
7. **si fecero acrobazie**: in Toscana si usa spesso l'impersonale per la prima persona plurale *noi*: *si fecero* corrisponde a *facemmo*; le *acrobazie* sono difficili giochi con il corpo, e tra queste c'è il "salto mortale", cioè un salto in cui si fa un giro intero, per cui a un certo punto si hanno le gambe in alto e la testa in basso: per dire che si fa una cosa faticosissima si dice che è come "fare i salti mortali", che qui diventano "acrobazie".
8. **Ci occorreva ... terza**: bastava solo che apprezzaste, che lodaste il suo miglioramento e lo promuoveste.
9. **(...)**: questa parentesi è nel libro e c'è una nota che spiega: «A questo punto volevamo mettere la parola che ci venne in mente quel giorno. Ma l'editore non la vuole stampare».
10. **Battiamoci il petto**: quando i cristiani ammettono una colpa, si picchiano (*battono*) simbolicamente il *petto* con un pugno, come per punirsi.

Per la scuola e la società italiana *Lettera a una professoressa* fu un testo fondamentale: denunciò i metodi didattici, come era facile fare, ma soprattutto mise sotto gli occhi di tutti i veri valori su cui doveva poggiare la scuola, che era «un ospedale che cura i sani e respinge i malati», cioè un luogo in cui andavano avanti quelli che avevano una base culturale di famiglia, mentre venivano respinti i ragazzi delle famiglie povere.
La filosofia di Don Milani era espressa con un motto che poi è stato usato da molti, compreso Barack Obama nella sua campagna elettorale: *I care*, "mi interessa", "me ne prendo cura". Era l'opposto del motto fascista *Me ne frego*, "non mi interessa".
Lettere a una professoressa ispirò la grande rivoluzione scolastica del 1968, e ancora oggi ci sono molte scuole che si chiamano "Don Milani".
Nei riquadri ti proponiamo alcune parti del testo, che ha anche una forza emotiva enorme, al di là del valore politico ed educativo. Vedrai che spesso questi ragazzi parlano come se fossero insegnanti; in realtà, la scuola di Barbiana era proprio organizzata così: tutti erano insieme studenti e insegnanti, ognuno insegnava agli altri quello che sapeva, i grandi aiutavano i piccoli a studiare.

Senza distinzione di lingua.

Del resto bisognerebbe intendersi su cosa sia lingua corretta. Le lingue le creano i poveri e poi **seguitano a rinnovarle**[1] all'infinito. I ricchi le cristallizzano per poter **sfottere**[2] chi non parla come loro. O per bocciarlo.
Voi dite che **Pierino del dottore**[3] scrive bene. Per forza, parla come voi. **Appartiene alla ditta**[4].
Invece la lingua che parla e scrive Gianni è quella del suo **babbo**[5]. Quando Gianni era **piccino**[6] chiamava la radio "lalla" e il babbo serio: «Non si dice lalla si dice **aradio**[7]».
Ora, se possibile, è bene che Gianni impari a dire anche radio. La vostra lingua potrebbe **fargli comodo**[8]. Ma intanto non potete **cacciarlo**[9] dalla scuola.
"Tutti i cittadini sono uguali senza distinzione di lingua". L'ha detto la Costituzione pensando a lui.

1. **seguitano a rinnovarle**: continuano a modificarle, a farle sempre nuove.
2. **sfottere**: prendere in giro, umiliare.
3. **Pierino del dottore**: Pierino, figlio del dottore, in tutto il libro è "il bravo studente".
4. **Appartiene alla ditta**: *appartenere alla ditta*, cioè all'azienda, significa "fare parte del sistema dominante".
5. **babbo**: padre, in toscano.
6. **piccino**: piccolo, in toscano.
7. **aradio**: tipico errore di chi conosce poco l'italiano e crede che *la radio* sia *l'aradio*.
8. **fargli comodo**: essergli utile.
9. **cacciarlo**: mandarlo via con durezza.

1 La lingua dei toscani.

a. I ragazzi di Barbiana hanno la chiarezza tipica dei toscani. Completa queste frasi, in modo da notarne la semplicità, che è piena di forza.
- Ci respingete nei campi e nelle fabbriche e ....
- A giugno il "cretino" si presentò alla licenza e ....
- Ma prima voi che l'avevate .... l'anno prima. Bella ....
- Voi dite che Pierino del dottore scrive bene. ...., parla come voi. Appartiene ....
- L'ha detto la Costituzione ....

b. Ma i toscani hanno anche delle forme particolari.
- Noi per lui .... acrobazie.
- Le lingue le creano i poveri e poi .... a rinnovarle.
- Invece la lingua che parla e scrive Gianni è quella del suo ....
- Quando Gianni era .... chiamava la radio "lalla".

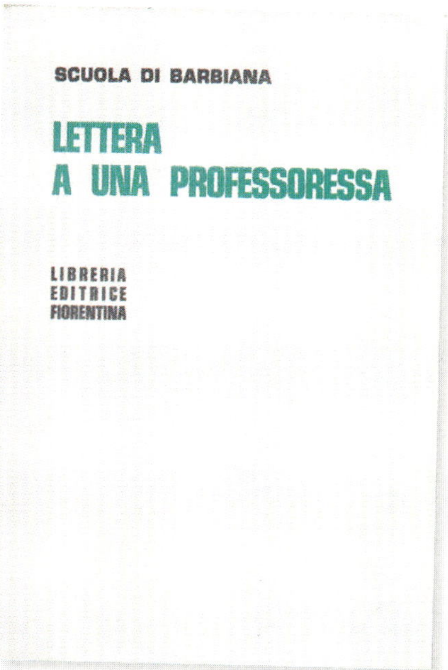

1. **Trasforma queste battute in un racconto al passato.**

   a. «Domani torno a casa.» → *Disse che il giorno dopo sarebbe tornata a casa.*
   b. «L'ho visto ieri.» → *Disse che* ....
   c. «Ci siamo visti a casa mia.» → ....
   d. «L'ho visto un'ora fa.» → ....
   e. «Ci vedremo il mese prossimo.» → ....
   f. «Non riesco a capire questa lettera.» → ....

2. **Leggi questa pagina del copione (cioè lo *script*) di un film, poi immagina di essere uno dei personaggi e racconta a un'altra persona quello che vi siete detti.**

Lui Io non sono d'accordo che Lucia vada in discoteca. Ha 16 anni ed è ancora troppo giovane!

Lei Tu *vuoi* pensare che nostra figlia sia ancora una bambina... ma è una donna, ormai.

Lui Ma tu, alla sua età, andavi in discoteca?

Lei I miei non volevano, ma alcune volte, con la scusa di studiare dalle amiche e poi di fermarmi a dormire da loro, ci sono andata... e ho dovuto mentire ai miei. Non voglio che Lucia ci dica bugie.

Lui Ma tu ci sei andata alcune volte.
Se noi le diciamo di sì oggi, poi dobbiamo dirle di sì anche la settimana prossima, e quella dopo, e quella dopo ancora...

Lei Forse sarà così. Ma possiamo lasciarla andare, e poi parlare con lei dell'esperienza che ha fatto, e criticarla con intelligenza se è necessario: non vale la pena fare drammi per una serata in discoteca...

Lui Ma se intanto il dramma succede a lei? Droga, alcol, qualche ragazzo che potrebbe... no!

Lei Amore mio, pensaci: droga e alcol ci sono anche a scuola, al parco, dagli amici. Dobbiamo fidarci di quello che le abbiamo insegnato in questi anni. Ma... secondo me la tua paura è quella che hai appena detto: «potrebbe trovare qualche ragazzo che...».

Lui Vuoi dire che sono geloso di mia figlia!?

Lei Amore mio... sì. Temo che sia proprio così...

3. **Adesso il tuo compagno racconta questa storia (alla prima o alla terza persona, come preferisce) che è avvenuta tanti anni fa.**

4. **Linguistica comparativa.**

Lo sai che cosa è? È lo studio di come funzionano due lingue, mettendo a confronto i vari meccanismi.
A casa scrivi il racconto dell'**ES. 3**; poi scrivi il racconto della stessa storia nella tua lingua madre. Infine, confronta se le varie modifiche che devi fare per passare dal dialogo al racconto sono uguali, simili o diverse. Nella lezione successiva, di' alla classe quello che hai trovato; altri studenti faranno lo stesso.

5 **A quale parte del sistema scolastico si riferiscono queste caratteristiche?**

- Insegna a leggere, scrivere e a far di conto.
- Ci sono licei, istituti tecnici e professionali.
- In questi anni gli studenti devono diventare autonomi.
- Si conclude con l'esame di maturità.
- Ci vanno i ragazzini che vivono l'adolescenza.
- Le frequenta un ragazzino di 12 anni.
- È la secondaria di secondo grado.
- C'è prima un biennio e poi un triennio.
- Alcuni lo considerano un parcheggio per bambini, ma sbagliano.
- È la secondaria di primo grado.
- È regolata dall'Accordo di Bologna.
- Alla fine si diventa dottore.
- Sebbene basata sul gioco, è una vera scuola.

Nido
Asilo
Elementari
Medie
Superiori
Università

6 **Scrivi a quali definizioni si legano queste parole: *ragazzo*, *giovane*, *adulto*, *anziano*, *vecchio*.**

a. *vecchio*......: persona molto avanti negli anni.
b. ....: persona che ha lavorato molti anni in un ufficio.
c. ....: persona che ha raggiunto il completo sviluppo fisico e psichico.
d. ....: persona che non ha ancora l'età o l'esperienza necessaria per fare qualcosa.
e. ....: persona che è nell'età dell'adolescenza o della giovinezza.
f. ....: persona che è nell'età della giovinezza.
g. ....: fidanzato, persona per cui si ha un particolare interesse affettivo.

7 **Un prefisso che significa "non è...".**

a. Lo hai trovato nella pagina web dell'Università della Terza Età (→ P12): lo ricordi?
- L'associazione non è politica → *è apolitica*...............
- L'associazione non è sindacale → *è*...............
- L'associazione non è confessionale → *è*...............

b. Quindi una persona che:
- accetta tutto senza obiezioni, che non è critica → *è*...............
- non ama stare in compagnia, non è sociale → *è*...............
- non è normale → *è*...............
- non si interessa della morale → *è*...............

c. Se l'aggettivo comincia per *a-* c'è un problema.
- Nel secondo brano di Don Milani (→ **Lettera a una professoressa**) hai letto «Dalla vostra scuola era uscito ....».
- Quindi una bevanda *non alcolica* è ....

d. Spesso questo prefisso viene usato con parole scientifiche o filosofiche di origine greca.
- *Cefalo* significa "testa", quindi una statua *acefala* è una statua ....
- *Sessuato* è un animale o una pianta che ha due sessi, quindi un organismo *asessuato* ....
- *Teo* significa "dio", quindi un *ateo* è una persona ....
- *Septis*, da cui l'italiano *setti* (parola che può essere usata solo con un prefisso o un suffisso che la completi), significa *infetto*, *infezione*, quindi una sala operatoria *asettica* è ....
- *Archia* è una radice che significa "potere", quindi l'*anarchia* è una situazione in cui ....
- *Polis* è la città-stato dei Greci, la patria, quindi una persona *apolide* è ....

8 Cruciverba per una professoressa.

Alcune delle parole del testo della Scuola di Barbiana (→ **Lettera a una professoressa**) sono sparite da qui ma le ritrovi nel cruciverba.

Cara signora, lei di me non ricorderà *14 vert.* il nome. Ne ha *13 orizz.* tanti. Io invece ho ripensato spesso a lei, ai suoi colleghi, a quella *7 vert.* che chiamate *15 orizz.*, ai ragazzi che "*21 orizz.*".
Sandro in poco tempo si appassionò a tutto. La mattina seguiva il *9 vert.* di terza. Intanto prendeva nota delle cose che non sapeva e la sera frugava nei *4 vert.* di *2 orizz.* e *8 orizz.*.
Gianni fu più difficile. Dalla vostra scuola era uscito *16 orizz.* e con l'*5 orizz.* per i *6 orizz.*.
Noi per lui si fecero acrobazie. Si riusciva a fargli amare non dico tutto, ma almeno qualche *12 orizz.*. [...]
Ma agli *23 orizz.* una professoressa gli disse: «perché vai a una scuola privata? Lo vedi che non ti sai esprimere?». [...]
Del resto bisognerebbe intendersi su cosa *18 vert.* lingua *3 vert.*. Le lingue le creano i poveri e *22 vert.* seguitano a rinnovarle all'infinito. [...]
Voi dite che Pierino del dottore scrive *24 orizz.*. Per forza, parla come voi. Appartiene alla ditta. Invece la *17 vert.* che *10 vert.* e scrive Gianni è quella del suo babbo. Quando Gianni era piccino chiamava la radio "lalla" e il babbo serio: «Non si dice lalla si dice aradio». Ora, se possibile, è *19 vert.* che Gianni impari a dire anche radio. La vostra lingua potrebbe fargli comodo. Ma intanto non potete cacciarlo dalla scuola.
"*11 orizz.* i cittadini sono uguali senza distinzione di *20 orizz.*". L'ha detto la *1 vert.* pensando a lui.

Gli anni e le età nei modi di dire

- **Anni verdi**
- **Il fiore degli anni**
- **Avere gli anni di Matusalemme**
- **Essere in là con gli anni**
- **Entrare negli "anta"**
- **Avere l'età della ragione**
- **Minore / Maggiore età**
- **Tenera età**

Hai 15 secondi per creare una frase con uno di questi modi di dire; il tuo compagno ne ha 15 per fare una seconda frase con un altro modo di dire ecc.
Se alla fine siete 4 a 4, si ricomincia fino a quando uno dei due vince perché l'altro tace, cioè non è più capace di costruire in fretta la sua frase.
Qualche suggerimento: la *tenera età* è l'infanzia; gli *anni verdi* e il *fiore degli anni* sono quelli dell'adolescenza; quando si arriva all'*età della ragione* e si passa dalla *minore* alla *maggiore età*, non si è più minorenni e si diventa maggiorenni; chi compie 40 anni entra negli *-anta*, cioè 40, 50, 60 ecc.; secondo la Bibbia, *Matusalemme* morì a 969 anni, quindi era *in là con gli anni*.

A Capodanno, o nel giorno del compleanno, si fanno promesse per l'anno che sta per cominciare: anno nuovo, vita nuova!

Trovi altri esercizi in **www.bonaccieditore.it**

3

Lavoratori, disoccupati, precari e part-time, poveri, benestanti, ricchi

Questa è la terza - e ultima - Unità didattica basata sugli aggettivi, tutti relativi alle classi sociali e al mondo del lavoro. Alla fine dell'Unità trovi anche una sezione sull'italiano del lavoro, che ti può essere utile non solo per parlare con gli italiani ma anche se vieni in Italia e pensi di restarci per qualche tempo. Conoscere le classi sociali e il mondo del lavoro è utile per capire i valori, le idee e la struttura sociale profonda dell'Italia - e per confrontare queste cose con quelle del tuo Paese.

Imparo l'italiano per:

- parlare delle condizioni economiche
- fare patti, porre condizioni, trarre conclusioni
- capire testi giuridici e relativi al lavoro
- raccontare quello che ho ascoltato
- definire qualcosa con precisione

Ricorda che il libro continua online

So come funzionano:

- le parole che connettono, che uniscono le frasi
- l'unione tra un verbo e alcune preposizioni

Conosco alcune cose dell'Italia:

- le classi sociali, dai poveri e disoccupati ai benestanti
- il *lavoro* nella Costituzione, nell'arte, nella società

P13 / Tredici | Gli italiani sono... lavoratori

Comprensione & produzione

Art. 1 L'Italia è una Repubblica democratica, fondata sul lavoro.

Art. 4 La Repubblica riconosce a tutti i cittadini il diritto al lavoro e promuove le condizioni che rendano effettivo questo diritto. Ogni cittadino ha il dovere di svolgere, secondo le proprie possibilità e la propria scelta, un'attività o una funzione che concorra al progresso materiale o spirituale della società.

Art. 35 La Repubblica tutela il lavoro in tutte le sue forme ed applicazioni. Cura la formazione e l'elevazione professionale dei lavoratori.

Art. 36 Il lavoratore ha diritto ad una retribuzione proporzionata alla quantità e qualità del suo lavoro e in ogni caso sufficiente ad assicurare a sé e alla famiglia un'esistenza libera e dignitosa. La durata massima della giornata lavorativa è stabilita dalla legge. Il lavoratore ha diritto al riposo settimanale e a ferie annuali retribuite, e non può rinunziarvi.

Art. 37 La donna lavoratrice ha gli stessi diritti e, a parità di lavoro, le stesse retribuzioni che spettano al lavoratore. Le condizioni di lavoro devono consentire l'adempimento della sua essenziale funzione familiare e assicurare alla madre e al bambino una speciale adeguata protezione. La legge stabilisce il limite minimo di età per il lavoro salariato.

Art. 38 I lavoratori hanno diritto che siano preveduti ed assicurati mezzi adeguati alle loro esigenze di vita in caso di infortunio, malattia, invalidità e vecchiaia, disoccupazione involontaria.

1 **Art. 1: «L'Italia è una Repubblica democratica, fondata sul lavoro».**

Questo è il primo articolo della Costituzione italiana del 1948. Cerchiamo di capire questo articolo.

a. Sai bene che cosa è una *repubblica*. Scrivi il nome di tre Stati che non sono repubbliche:

....

b. Sai anche che cosa significa *democratico*. Cerca di darne una spiegazione insieme ai compagni e scrivila qui:

....

c. Che cosa vuol dire *fondata sul lavoro*? Chiaramente non è un'indicazione giuridica. Questa espressione può avere vari significati: quali, secondo te, tra questi? Puoi scegliere anche varie ipotesi.

- Chi non lavora non ha diritto al voto, alla sanità ecc. ○ vero ○ falso
- Chi non lavora deve accettare il lavoro che gli offre lo Stato. ○ vero ○ falso
- Il lavoratore deve essere tutelato come ogni altro cittadino. ○ vero ○ falso
- I lavoratori hanno più diritti dei ricchi che non lavorano. ○ vero ○ falso
- È un richiamo politico: indica un orientamento di sinistra. ○ vero ○ falso
- È un richiamo filosofico: indica un valore fondante della vita. ○ vero ○ falso

Altre idee? ....

Discuti le tue risposte con la classe. Poi leggete il testo che riporta, adattandole, le parole di Gustavo Zagrebelsky, uno dei più grandi *costituzionalisti* ("studiosi della Costituzione") italiani.

In breve, il “lavoro” che compare nella formula della Costituzione è il “lavoro in tutte le sue forme e applicazioni” (art. 35) e non è dunque quello della “classe lavoratrice”.
Sono lavoratori e lavoratrici gli operai, gli impiegati, i dirigenti, gli imprenditori, i liberi professionisti, le casalinghe, i giornalisti: secondo l'espressione che si usava allora, tutti i lavoratori “del braccio e della mente”.
Il lavoro in tutte le sue manifestazioni è, dunque, titolo d'appartenenza alla comunità nazionale, alla cittadinanza. È un elemento d'unità e d'inclusione: il lavoro è un diritto di tutti i cittadini e si potrebbe aggiungere che tutti i lavoratori, anche quelli che vengono dall'estero, se hanno un lavoro stabile e sono leali verso la Costituzione hanno diritto alla cittadinanza.

2 Il *lavoro* e i *lavoratori* nella Costituzione italiana: leggiamo gli altri articoli.

- **Art. 4** Alcune parole chiave: **promuove**: sostiene, garantisce • **rendano effettivo**: facciano diventare reale • **concorra al progresso materiale**: dia un contributo al miglioramento delle condizioni di vita
  Comprensione: La Repubblica riconosce a tutti i cittadini il diritto *a* .... e il dovere *di* ....
- **Art. 35** Alcune parole chiave: **tutela**: protegge • **elevazione**: miglioramento qualitativo
  Comprensione: C'è una forma di lavoro che la Repubblica considera più importante di altre?
- **Art. 36** Alcune parole chiave: **retribuzione proporzionata**: un compenso, uno stipendio che sia in proporzione, in relazione a... • **esistenza**: vita • **dignitosa**: che rispetti la dignità, cioè la rispettabilità di una persona • **ferie annuali retribuite**: giorni di vacanza pagati • **rinunziarvi**: rinunciare alle vacanze (*vi* è la forma antica di *ci*)
  Comprensione: La *retribuzione*, cioè il *compenso*, è uguale per tutti? Esiste un limite massimo di ore giornaliere di lavoro? Si può rinunciare ai giorni di vacanza pagati?
- **Art. 37** Alcune parole chiave: **che spettano a**: alle quali ha diritto il • **adeguata**: giusta, adatta, sufficiente • **salariato**: pagato con un *salario*, cioè con uno stipendio, un compenso
  Comprensione: La Costituzione è del 1948, e in questo articolo ci sono due elementi “rivoluzionari” per quegli anni: quali?
- **Art. 38** Alcune parole chiave: **preveduti ed assicurati**: previsti e garantiti • **esigenze**: necessità • **infortunio**: incidente sul lavoro • **invalidità**: impossibilità di lavorare a causa di un infortunio
  Comprensione: Se c'è un incidente o se si rimane disoccupati si viene abbandonati?

3 Ascolta nell'AUDIO 17 una lezione sul lavoro basata sulla Costituzione italiana.

Siccome il testo è lungo, mentre ascolti l'audio segui il testo della Costituzione. Trovi la trascrizione dell'audio tra gli esercizi supplementari online. Se serve, puoi ascoltare più volte questa lezione.

4 Il *lavoro* e i *lavoratori* nella Costituzione del tuo Paese.

Discuti con la classe le somiglianze e le differenze tra l'Italia e il tuo Paese.
A casa, trova in rete il testo della tua Costituzione e confrontala con quella italiana, per quanto riguarda il lavoro. Scrivi un testo sul tema e invialo all'insegnante.

Riflessione sulla lingua

I connettori
I connettori (o *connettivi*, come li chiamano alcune grammatiche) servono a connettere le parti di una frase oppure le frasi tra di loro.
In questa Unità focalizzeremo la nostra attenzione su queste parole, che sono fondamentali per comprendere e parlare una lingua: si tratta di **preposizioni** (*di, a, da* ecc.), **congiunzioni** (*e, o, ma, perché, però* ecc.), **avverbi** (*allora, dopo* ecc.), espressioni di varia natura (*d'altra parte, in altre parole* ecc.) che in gran parte conosci già, ma su cui cercheremo di ragionare sistematicamente per fare una sintesi.

5 Quale preposizione si usa dopo un verbo?

a. Vediamo alcuni verbi che hai trovato in queste pagine. Inserisci le preposizioni.

- L'Italia è una Repubblica democratica, fondata .... lavoro. (→ Art. 1)
- La Repubblica riconosce .... tutti i cittadini il diritto al lavoro. (→ Art. 4)
- Cerchiamo .... capire questo articolo. (→ ES. 1)
- Discuti le tue risposte .... la classe. (→ ES. 1)
- ...dia un contributo .... miglioramento delle condizioni di vita. (→ ES. 2, Art. 4)
- ...riconosce .... tutti i cittadini... (→ ES. 2, Art. 4)
- ...rinunciare .... vacanze... (→ ES. 2, Art. 36)
- ...confrontala .... quella italiana. (→ ES. 4)

Alcuni verbi usano quasi sempre una sola preposizione, per esempio *essere fondato* + ..., *confrontare* + ...

b. Altri verbi usano una preposizione a seconda del contesto.

- Trovi .... rete il testo della tua Costituzione (→ ES. 4)
- Trovi la trascrizione dell'audio .... gli esercizi supplementari online (→ ES. 3)

6 Una strategia di memorizzazione.

Quando trovi un verbo, cerca di memorizzarlo con la sua preposizione preferita: scrivila. Per facilitare il compito, pensa a un verbo da inserire dopo la preposizione, per esempio *dormire*, *parlare*, *riposare* ecc.

- ho bisogno *di*
- devi abituarti ....
- cerchiamo ....
- insegnami ....
- finisci ....
- proviamo ....
- ha paura ....
- vai ....
- chiedono ....
- devi imparare ....
- smetti ....
- devi riuscire ....
- ho voglia ....
- aiutami ....
- mi ha detto ....
- prepariamoci ....
- sto tentando ....
- tornare ....

7 Come hai visto nell'ES. 6, ci sono verbi che vogliono *di* e verbi che vogliono *a*. Come scegliere la preposizione giusta?

Non esiste una regola precisa: devi imparare il suono del *verbo + preposizione*.

a. Negli ES. 1 e 2 della **Palestra di italiano** trovi i principali verbi che usano *di* e *a*: per ciascun verbo inventa una frase e poi chiedi al tuo compagno di rileggerle per un controllo, mentre tu leggi le sue.

b. Ci sono alcuni verbi che possono essere seguiti da *di* + *infinito* solo se il soggetto dei due verbi è lo stesso:

- *Penso di essere capace.* chi pensa? .... chi è capace? ....
- *Penso che tu sia capace.* chi pensa? .... chi è capace? ....

Con la stessa logica si possono costruire altri verbi importanti, che trovi nell'ES. 3 della **Palestra di italiano**; adesso facciamo qualche prova:

- *Credo di essere in ritardo.* chi crede? .... chi è in ritardo? ....
  Credo che siano in ritardo. chi crede? .... chi è in ritardo? ....
- *Ricordati di parlare in inglese.* chi deve ricordarsi? .... chi parla inglese? ....
  Ricordati che parlo inglese. chi deve ricordarsi? .... chi parla inglese? ....
- *Dice di essere stanco.* chi lo dice? .... chi è stanco? ....
  Dice che sono stanchi. chi lo dice? .... chi è stanco? ....

8 *Mentre, dunque, ma.*

I connettori hanno dei significati precisi, sono link logici che ci aiutano a costruire un discorso.
Leggi le vignette nella pagina accanto: ci sono tre connettori. Individuali e scrivi che cosa indicano:

a. stesso tempo per le due azioni: .... nella vignetta ○ 1 ○ 2 ○ 3
b. conseguenza logica tra un'azione e l'altra: .... nella vignetta ○ 1 ○ 2 ○ 3
c. opposizione tra due azioni o idee: .... nella vignetta ○ 1 ○ 2 ○ 3

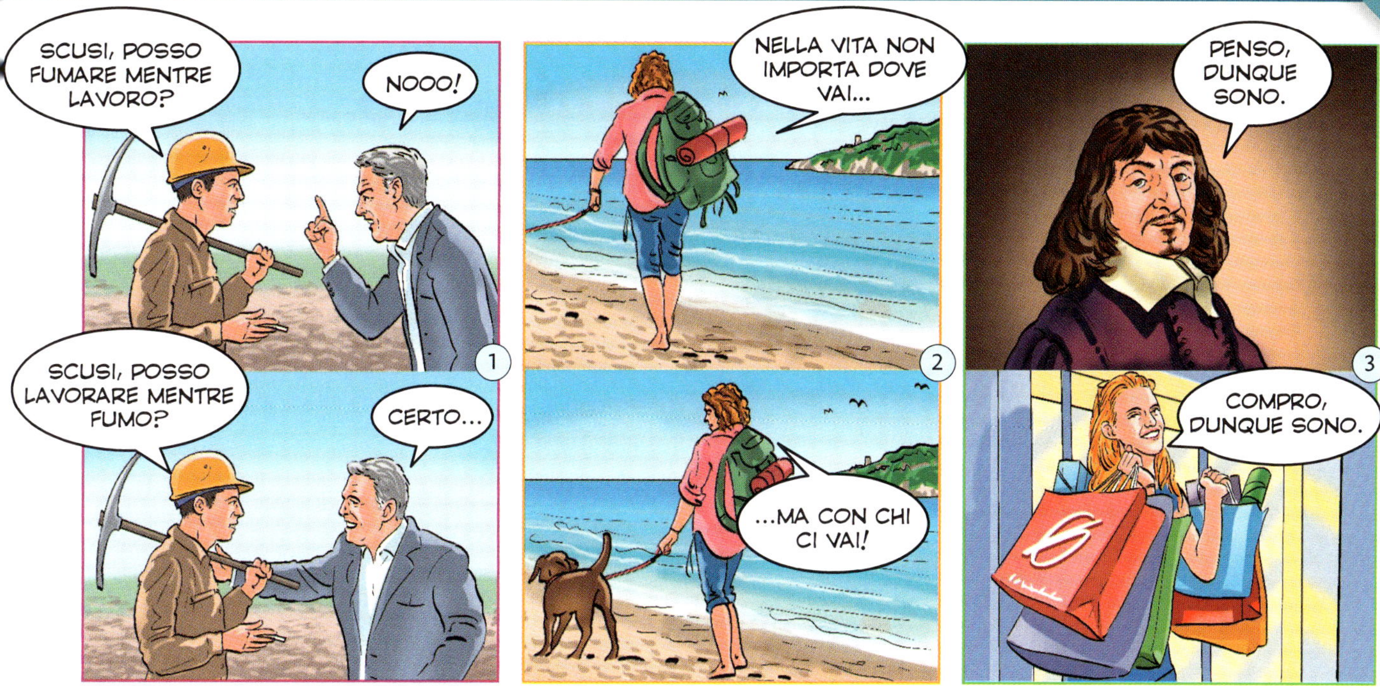

9 **I connettori *temporali* possono indicare che un'azione avviene prima, durante o dopo un'altra.**

Nella vignetta (1) .... indica contemporaneità. Ripensa alla domanda dell'operaio usando questi connettori:
- *ora che, adesso che + stare +* gerundio
- *intanto che*
- *nel momento in cui*

10 **I connettori che indicano una *conseguenza logica* cambiano a seconda che la causa preceda l'effetto o viceversa.**

a. Nella vignetta (3) hai trovato ...., che si usa per introdurre ○ l'effetto ○ la causa.
Ricordi altri connettori di questo tipo? Fai un elenco insieme alla classe.

....

b. Se Cartesio avesse detto «Esisto perché penso» il connettore avrebbe introdotto ○ l'effetto ○ la causa.
Ricordi altri connettori di questo tipo? Fai un elenco insieme alla classe.

....

Connettori "effetto": *quindi, dunque, pertanto, perciò, ne consegue che, di conseguenza, così che* ecc.
Connettori "causa": *poiché, perché, dato che, siccome, dal momento che* ecc.

11 **I connettori per mettere in *opposizione* due azioni o idee.**

a. Nella vignetta (2) c'è .... Questo è il connettore più usato. Ce ne sono altri, che si usano per fare delle opposizioni (con *ma*, come hai visto nella vignetta, non è necessario ripetere il verbo):
Nella vita non importa dove vai, ***ma*** */* ***invece*** */* ***mentre*** */* ***al contrario*** */* ***però*** */* ***tuttavia*** *importa con chi ci vai.*

b. Come hai certamente notato, *mentre* è un connettore sia *temporale* sia di *opposizione*. Crea due frasi con *mentre*:
- temporale, contemporaneità: ....
- contrasto, opposizione: ....

c. C'è un altro tipo di opposizione: un'azione non era immaginabile, ma si realizza.
Malgrado */* ***Nonostante*** *non avessi mai voluto andare in giro con un cane, adesso sono contento.*
Non avevo mai voluto andare in giro con un cane, ***tuttavia*** */* ***eppure*** */* ***malgrado ciò*** */* ***ciononostante*** *adesso sono contento.*

Crea due frasi, una con *malgrado* e una con *malgrado ciò*, ricordando che *malgrado* (come *nonostante*) vuole il congiuntivo.
- *malgrado*: ....
- *malgrado ciò*: ....

QUATTORDICESIMO PASSO

P14 / Quattordici | Gli italiani sono... anche disoccupati

Comprensione & produzione

1 Che cosa vuol dire *disoccupato*?

Se vai sul sito dell'Istituto di Statistica dell'Unione Europea (ec.europa.eu/eurostat) trovi i dati aggiornati sulla disoccupazione in Europa, e vedi che l'Italia ha un *tasso* (una percentuale) di disoccupazione molto alto. Ma che cosa vuol dire *disoccupato*? Nell'intervista dell'AUDIO 18 cercheremo di capirlo.

Dopo aver ascoltato l'audio, verifica la tua comprensione.

a. Un *disoccupato* è chi non ha un lavoro
◯ e non lo cerca ◯ ma lo cerca.

b. Un *inattivo* è chi non ha un lavoro ◯ e non lo cerca ◯ ma lo cerca.

c. Se la percentuale dei disoccupati cresce e cresce anche quella degli occupati è
◯ bene, perché... ◯ male, perché...

PAROLE CHE POSSONO AIUTARTI

- **inattivo**: è il contrario di *attivo*, cioè una persona che si impegna a fare qualcosa, che la fa *attivamente*
- **lavoretti**: sono dei lavori non sistematici, tipici dei ragazzi che vogliono guadagnare qualche soldo
- **in nero**: non dichiarato al fisco, cioè all'Agenzia delle tasse
- **ufficio di collocamento**: è una struttura statale che cerca di *collocare*, cioè di "inserire" un lavoratore in un'azienda

2 Ascolta l'AUDIO 18 con pause, non solo per verificare le tue risposte ma anche per ripetere i segmenti lunghi.

Il testo dell'intervista è nell'ES. 3: per resistere alla tentazione di leggerlo puoi chiudere il libro o coprire il testo con un quaderno. L'insegnante ti spiegherà che cosa è una *tentazione*, così capirai anche la frase di Oscar Wilde qui a fianco.

3 Leggi il testo dell'intervista e inserisci le parole che mancano.

Giornalista Gentili ascoltatori, buona sera. Abbiamo appena ascoltato due notizie che ci sembrano in contrasto: l'occupazione è aumentata, ma .... la disoccupazione è aumentata. Come è possibile? Lo chiediamo al professor Caone, che insegna Sociologia del ....

Caone Buona sera.

Giornalista Professore, come è possibile che aumentino .... gli *occupati* .... i *disoccupati*?

Caone È possibile, e tra l'altro sono due .... notizie.

Giornalista Ma come! L'aumento dei disoccupati è una .... notizia?

Caone Certo, se sappiamo che cosa significano le parole *occupato*, *disoccupato* e *inattivo*. ...., un chiarimento: queste tre categorie sono state definite da un ente internazionale che si chiama ILO, *International Labour Organization*. In .... luogo: sul concetto di *occupato* potremmo discutere a lungo, ma non è utile in questo momento - .... gli occupati sono cresciuti, e tutti capiscono che questo è un bene.

Giornalista Chiarissimo.

Caone Il problema è la definizione di .... Nell'italiano di ogni giorno un .... è una persona che non ha lavoro. Ma in .... le persone che non lavorano si dividono in due categorie: .... non cercano un lavoro e si chiamano *inattivi*, ... "non attivi", che non cercano attivamente un lavoro; .... invece il lavoro lo cercano: se, da un ...., hanno cercato attivamente un lavoro almeno una volta nelle ultime quattro settimane e se, dall'...................., sono pronti a incominciare a lavorare entro le due settimane seguenti, queste persone smettono di essere .... e diventano .... E l'aumento dei *disoccupati* è un bene.

Giornalista Non capisco, davvero...

Caone In un periodo di crisi profonda, economica e sociale, gli .... non cercano un lavoro perché non hanno speranza di trovarlo: fanno qualche lavoretto in nero, aiutano in casa... Ma se un .... vede che un suo amico trova lavoro, o sente in TV che l'.................... cresce, allora ricomincia a sperare, va all'ufficio di collocamento, manda il suo curriculum alle aziende, parla con chi può dargli un lavoro: passa da .... a ....

Giornalista Capisco: in altre .... il vero problema sono gli inattivi.

Caone Se sono persone senza speranza, che hanno smesso di cercare, sono un problema prima umano che sociale. Ma ci sono inattivi che non sono un problema: per .... quelli che non lavorano perché studiano; una casalinga con tre figli e il vecchio nonno malato è inattiva, ma solo per la statistica; sono inattivi, sempre per le statistiche, le persone che aiutano nell'azienda familiare senza avere uno stipendio ufficiale; sono inattivi i malati e gli anziani...

Giornalista Ringraziamo il professor Caone che ci ha spiegato, in ...., che se sono cresciute .... l'occupazione .... la disoccupazione, cioè il numero di coloro che stanno cercando attivamente un lavoro, significa che sta tornando la convinzione che sia possibile trovare un lavoro. .... non ci resta che salutare il professore e tutti i nostri ascoltatori.

Caone Buona sera.

4 **Cerchiamo di capire il significato delle parole.**

L'insegnante chiede a uno di voi di spiegare che cosa è un *inattivo*, a un altro che cosa è un *disoccupato*, a un altro ancora perché un aumento della disoccupazione statistica non è sempre un male ecc.
Altri saranno chiamati a spiegare come è la situazione dell'occupazione nei loro Paesi.

5 **Ascolta nell' AUDIO 19 questi brevi spezzoni di interviste in un servizio televisivo sulla disoccupazione.**

a. Scrivi il numero della foto che corrisponde a ognuna delle interviste dell'audio.

INTERVISTA 1 foto ◯

INTERVISTA 2 foto ◯

INTERVISTA 3 foto ◯

2

1

3

b. Che cosa ricordi delle tre interviste?

INTERVISTA 1 Secondo l'imbianchino, il fatto che lui sia uno dei 3 milioni di lavoratori in nero che non pagano le tasse non è un problema suo ma dello ....
Sa che non avrà la pensione, ma a lui va .... così. Può permettersi di lavorare quando ne ha voglia per due ragioni: sua moglie ha lo ...., e lavoretti da fare nelle case ce ne sono ....

INTERVISTA 2 Il ragioniere che faceva il contabile è disoccupato perché la fabbrica dove lavorava è fallita, cioè .... Al momento tiene la contabilità per alcuni commercianti lavorando in ...., ma spera di trovare un posto, anche se a 56 anni viene considerato troppo ....

INTERVISTA 3 Il ragazzo non sa che cosa significhi la sigla inglese **NEET**, ma lui ne è un buon esempio: non frequenta la .... e neppure un corso di ...., e non ha un posto di .... Vive a casa, aiuta con la spesa e poi naviga in ....

NEET

Spesso si usa la sigla inglese NEET per indicare che una persona non è né impegnata in *education*, né *employed* ("occupata"), né in *training* ("formazione professionale"): quindi un neet è un ○ disoccupato ○ inattivo.

c. Adesso riascolta le interviste per verificare la tua comprensione. A casa puoi ascoltare le interviste seguendo le trascrizioni che trovi tra gli esercizi supplementari online.

6 A coppie, create delle interviste su queste tracce.

Chi fa l'intervistatore nel primo dialogo diventa l'intervistato nel secondo.

a. Intervista a un signore di 55 anni che ha perso il lavoro, è in difficoltà, resta a casa mentre la moglie lavora. L'ufficio di collocamento lo ha iscritto a un corso di formazione.

b. Intervista a un ragazzo che passa le sue giornate al computer e si definisce un vero *nerd*, uno di quei ragazzi che vivono online, con pochissimi amici reali, preferendo una vita virtuale. L'intervistatore fa una battuta: dice che oltre a essere un *nerd* lui è anche *neet*, ma il ragazzo non sa che cosa significhi questa sigla e bisogna spiegarglielo. Dice che ha frequentato un corso di formazione, ma di computer ne sapeva più lui del formatore.

Riflessione sulla lingua

7 Proseguiamo nel nostro viaggio di ripasso dei connettori. *Anzitutto*, vediamo dei connettori che connettono le idee e non le frasi. Sono connettori che indicano la successione delle idee, dei concetti.

Il professor Caone dice:

- ...., un chiarimento: queste tre categorie sono state definite da un ente internazionale che si chiama ILO, *International Labour Organization*. In .... luogo: sul concetto di *occupato* potremmo discutere a lungo, ma non è utile in questo momento – .... gli occupati sono cresciuti, e tutti capiscono che questo è un bene.

Il giornalista, alla fine dell'intervista, chiude dicendo:

- .... non ci resta che salutare il professore e tutti i nostri ascoltatori.

Caone ha messo ordine nel suo discorso connettendo le informazioni in ordine di importanza.
Il giornalista ha fatto una serie di domande, ha avuto le risposte, ha fatto una sintesi e dice *infine* per linkare il saluto finale alla sintesi, informando che l'intervista è finita.
Osserva le parole in rosso negli ES. 7, 8, 9, 10: connettono esercizi diversi all'interno di un unico tema, i connettori.

Crea insieme al tuo compagno un breve discorso sulla disoccupazione nel vostro Paese:

- inizia con *anzitutto / innanzitutto / prima di tutto / in primo luogo*;
- continua con un secondo argomento, introdotto da *poi / in secondo luogo*;
- aggiungi qualcosa introdotto da *inoltre / oltre a questo / oltre a ciò*;
- chiudi con *infine / in sintesi / in conclusione / insomma*.

8 ***In secondo luogo*, ci sono connettori che connettono una parola e una spiegazione: nell'intervista al professor Caone (→ ES. 3) ne hai trovati vari.**

- Alcuni non cercano un lavoro e si chiamano *inattivi*, ... "non attivi", che non cercano attivamente un lavoro (→ Caone)
- Capisco: .... il vero problema sono gli inattivi (→ Giornalista)
- Ma ci sono inattivi che non sono un problema: .... quelli che non lavorano perché studiano (→ Caone)
- È possibile, e .... sono due buone notizie (→ Caone)

Il più comune di questi connettori è *cioè*, ma anche *per / ad esempio* è molto frequente.

9 ***Inoltre*, ci sono connettori che mettono in equilibrio una cosa con il suo corrispondente.**

- se sono cresciute .... l'occupazione .... la disoccupazione significa che... (→ Caone)
- se, ..., hanno cercato attivamente un lavoro e se, ..., sono pronti a incominciare a lavorare... (→ Caone)
- .... non cercano un lavoro; .... invece il lavoro lo cercano (→ Caone)
  (questi sono due pronomi indefiniti, ma usati in coppia in questo modo connettono due frasi)
- Spesso si usa la sigla inglese NEET per indicare che una persona non è .... impegnata in *education*, ... *employed*, ... in *training*. (→ post-it ES. 5)
- Ascolta l'audio 18 con pause, ... per verificare le tue risposte .... per ripetere i segmenti lunghi. (→ ES. 2)
- .... ne ho voglia, dico di sì, ... non ne ho voglia, dico di no. (→ AUDIO 19, intervista 1)

Altri connettori di questo tipo sono *così... come...* e *o... o...* Al posto di *sia... sia...* si può usare la congiunzione *e* oppure *anche* (e, al Sud, *pure*):

*Se sono cresciute **e** l'occupazione **e** la disoccupazione significa che...*

*Se è cresciuta l'occupazione ed è cresciuta **anche** la disoccupazione significa che...*

Nella connessione negativa, al posto di *né... né...* per legare una frase negativa (con il *non*) a un'altra si può usare *neanche* (il negativo di *anche*), *neppure* o *nemmeno*. Ma attenzione: se *neanche*, *neppure* e *nemmeno* vengono prima del verbo, non serve *non* e sono usati da soli.

*Non è cresciuta la disoccupazione e **neanche** / **neppure** / **nemmeno** l'occupazione.*

***Neanche** / **Nemmeno** / **Neppure** l'occupazione è cresciuta.*

10 ***Infine*, ci sono le preposizioni + infinito.**

a. Nell'AUDIO 19 intervista 1 hai sentito queste battute. Completa.

- Lavoretti .... fare nelle case ce ne sono sempre.
- Mi scusi, ma ho .... pitturare tutto questo garage entro stasera...

Da + infinito indica un senso di necessità, di dovere, di bisogno. Ricorda che in italiano *avere da + infinito* significa "dovere", così come in inglese *to have to* corrisponde a *must*. Riscrivi le frasi sopra usando *che bisogna*, *devo*.

b. *Da + infinito* ha anche un secondo significato: "che fa", come in questa frase:

- È una cosa .... impazzire. (→ AUDIO 19, intervista 3)

c. Trasforma queste frasi usando *dovere*, *che fa*, *che bisogna* al posto di *da + infinito*.

- Ha un sorriso *da innamorasi* subito. *che fa innamorare*
- Ci sono sempre cose *da mettere* in ordine. ....
- *Ho da fare* molte cose stamattina. ....

P15 / Quindici | Gli italiani sono... anche precari e part-time

Comprensione & produzione

1 **Quanti di voi hanno fatto lavori *precari, temporanei, interinali, part-time*?**

PAROLE CHE POSSONO AIUTARTI

- **precario**: in italiano significa "incerto", "temporaneo", "non sicuro"; l'uovo della foto è in equilibrio precario
- **temporaneo**: è un lavoro a tempo *determinato*, cioè fissato fin dall'inizio: per esempio i lavoratori stagionali vengono assunti per 3 mesi (90 giorni: sono detti "novantisti"); l'opposto è un lavoro a tempo *indeterminato*: teoricamente il posto è fisso fino alla pensione
- **interinale**: in latino "temporaneo", "provvisorio" si dice *interim*, da cui deriva *interinale*. Ci sono agenzie che offrono lavoratori temporanei, per qualche giorno o settimana, a un'azienda che ne ha bisogno all'improvviso o solo per un breve periodo. Il lavoratore è un dipendente dell'agenzia, la quale si occupa delle sue tasse, dei suoi contributi per la pensione, per la sanità ecc.: l'azienda che usa il lavoratore paga l'agenzia e questa dà una parte dei soldi al lavoratore
- **part-time**: l'orario settimanale in Italia è tra le 36 e le 40 ore: un lavoro part-time significa che si lavora la metà dell'orario e si guadagna la metà dello stipendio

Quanti di voi hanno o hanno avuto o pensano che avranno esperienze di lavoro di questo tipo? Sono molto diffuse nel vostro Paese? Si fanno lavori temporanei perché questa è la tradizione o perché c'è poco lavoro? Li fanno soprattutto i giovani o è una cosa abbastanza diffusa?
Parlane con la classe.

2 **«Vedi, nonno, a me il lavoro precario mi va benissimo.»**

Graziano sta parlando con il nonno: due mondi diversi che cercano di capirsi. Ma quando Graziano dice la frase ripresa nel titolo, i due mondi si scontrano: perché, secondo te?
Lavora con il tuo compagno e scrivete nella tabella gli argomenti che si possono presentare ***pro e contro*** la scelta di avere un lavoro precario, temporaneo. Poi, alla lavagna, create una lista comune della classe utilizzando, per la discussione, una logica di contrasto: *Secondo Graziano l'aspetto "x" del lavoro precario è positivo perché..., mentre per il nonno è negativo perché...*
Ascolta l'**AUDIO 20** e controlla quali dei vostri *pro* e *contro* compaiono.

a me mi
Come sai *mi = a me*, quindi basta uno dei due pronomi. Nell'italiano parlato si usano spesso insieme, soprattutto se vuoi accentuare i tuoi gusti, le tue decisioni.

pro e contro
Ragioni a favore e ragioni contrarie a qualcosa.

gli argomenti del nonno	gli argomenti di Graziano

3 Insieme a un compagno, crea sul quaderno un dialogo tra Graziano e il nonno seguendo questa traccia.

Parte 1 Il nonno chiede a Graziano se deve chiamarlo *dottore* e Graziano conferma, dicendo che è ridicolo avere il titolo di *dottore* dopo la laurea triennale: bisognerebbe almeno aver finito la magistrale. Il nonno gli chiede se la laurea magistrale è quella di due anni. Graziano conferma.

Parte 2 Graziano dice che si prenderà un anno sabbatico, e il nonno si preoccupa perché ha paura che sia una perdita di tempo, di ritmo di studio. Graziano spiega che prima di iscriversi alla magistrale vuole lavorare un po' qua e un po' là: benché molti pensino che il lavoro temporaneo sia terribile, a lui piace l'idea di cambiare lavoro ogni mese.
Il nonno risponde che così non si costruisce niente, che il tempo non è eterno, anche se ai giovani sembra che lo sia. Se uno è ricco può seguire l'idea romantica di una vita che si improvvisa giorno per giorno, ma altrimenti un anno perso è un anno che non ritorna.

Parte 3 Il nonno introduce il tema della famiglia: bisogna pensarci presto; ma Graziano dice che a 22 anni non sa se avrà mai voglia di farsi una famiglia. Vuole esplorare il mondo, prima di decidere la sua vita. Anche ammettendo che sia una perdita di tempo, è comunque solo un anno.

Parte 4 Il nonno torna sul lavoro precario, che non aiuta a costruire relazioni umane e professionali, e Graziano risponde che a lui va benissimo, che l'idea del posto fisso gli pare la morte... Il nonno gli ricorda che lui ha lavorato in banca per 42 anni e non è morto, ma in quel modo ha potuto tirar su dei figli che hanno trovato la loro strada e che hanno scelto un lavoro fisso che ha permesso ai suoi nipoti, come Graziano, di avere una casa e un'istruzione... E questa non è la morte, come invece ha detto Graziano.

Parte 5 Graziano capisce che il nonno si è sentito messo in discussione, allora lo rassicura dicendo che non vuole buttare via l'esperienza del nonno, dei suoi genitori, ma che prima vuole vedere che cosa offre il mondo del lavoro, della formazione... Anche perché oggi non si lavora più solo dentro un palazzo, si lavora anche sul web, si può lavorare con gente di Pechino stando seduti a casa... Ma il nonno ha paura della globalizzazione: per esempio potrebbe esserci un altro che si offre a quelli di Pechino per meno soldi di Graziano. E allora Graziano come farebbe a tirar su i suoi figli? Dovrebbe pensare a loro. Graziano fa presente che adesso non ha neanche la ragazza, ma il nonno gli fa notare che non resterà tutta la vita senza una ragazza, che non può rinunciare ai figli perché gli piace il lavoro precario da cambiare quando vuole, come se fosse un paio di mutande... e poi esprime la sua paura che il web prima o poi possa saltare, che tutti i dati possano scomparire.

Parte 6 Graziano porta il nonno a riflettere sul fatto che lui è nato subito dopo una guerra mondiale: se i suoi genitori avessero pensato alla precarietà del mondo brutto e cattivo non avrebbero avuto figli. Hanno avuto fiducia nel futuro, e anche lui a 22 anni ha fiducia nel futuro. E per esplorare il futuro deve guadagnare, fare qualche lavoro precario, restando aperto a tutto, vivo. Il nonno ammette che forse Graziano ha ragione, ma per lui è difficile capirlo, perché sono cambiate troppe cose da quando aveva 20 anni. Ma anche se avesse 20 anni, sceglierebbe ancora il posto fisso in banca!

Riascolta l'**AUDIO 20** seguendo l'ipotesi di dialogo che hai scritto insieme al tuo compagno. Torvi la trascrizione tra gli esercizi supplementari online.

PAROLE CHE POSSONO AIUTARTI

- **sabbatico**: periodo di tempo in cui non si lavora ma si studia, si gira il mondo ecc.
- **iscriversi**: ci si iscrive a una scuola, a un concorso, a un corso universitario: si dà il proprio nome, si pagano le tasse di iscrizione, si compilano i moduli ecc.
- **non sa se avrà mai voglia**: con *non sapere se*, l'avverbio *mai* significa "prima o poi", "in futuro"; non c'entra con il significato normale, "in nessun tempo"
- **ammettendo che**: significa "anche se", "ammesso che", "accettando l'idea che"; è un connettore realizzato con un gerundio
- **tirar su**: "far crescere"; si usa parlando di figli, di allievi
- **far presente**: "far notare", attirare l'attenzione su un dettaglio, su un'informazione
- **saltare**: il significato primario è quello di *fare un salto*, come nella foto; *saltare in aria* si usa per parlare di esplosioni, bombe; da qui deriva, senza *in aria*, il significato di "essere distrutto, finito, scomparso": *è saltata la corrente* = la corrente elettrica è scomparsa; *è saltato il governo* = il governo non c'è più, ha perso; *mi è saltato il computer* = si è rotto

4 Il mondo di Graziano è affascinante, pieno di prospettive, di curiosità... ma anche il nonno ha le sue ragioni.

Quali sono i punti di forza del ragionamento di Graziano? E quelli del ragionamento del nonno?
Non dire quello che pensi tu, ma trova onestamente i *pro* e i *contro* di entrambi, e vedi se c'è una sintesi possibile.
Scoperti gli argomenti, fate una discussione in classe non più su Graziano e il nonno, ma sulla vostra vita, su come e dove trovare la sintesi tra una vita di esplorazione e il rischio di sprecare il proprio tempo, e una vita troppo concentrata sulla professione e sulla famiglia.

Riflessione sulla lingua

5 Una sottile differenza... ma il congiuntivo ci vuole comunque!

Completa queste frasi che hai sentito nell'AUDIO 20 usando i verbi tra parentesi.

a. **Benché** molti (*pensare*) .... che il lavoro temporaneo sia una cosa terribile, a me piace l'idea di cambiare lavoro ogni mese...
b. **Malgrado** l'idea romantica che la vita si (*potere*) .... improvvisare giorno dopo giorno, la realtà è che puoi farlo solo se sei ricco.
c. **Ammettendo che** (*essere*) .... una perdita di tempo, è comunque un anno, solo un anno.
d. **Se** i tuoi genitori ci (*avere*) .... pensato, (**allora**) avrebbero deciso che era troppo rischioso.
e. **Se** (*essere*) .... così, io non vorrei vedere come va a finire.
f. **Se** (*essere*) .... in te, sceglierei presto tra fare il precario e lavorare pensando ai tuoi figli...
g. **Anche se** (*avere*) .... 20 anni oggi, tornerei al mio posto fisso in banca!

Malgrado una struttura simile, la natura di queste frasi è diversa. I colori ti aiutano a distinguere due gruppi: prima di leggere i prossimi esercizi, con i compagni prova a capire che differenza c'è tra le frasi con i connettori rossi e le frasi con i connettori verdi (è molto sottile, se non ci riuscite non è un problema).

6 Le frasi con connettori rossi: "forse è vero che..., ma..."

a. Chi parla ammette che ci sono altre opinioni, che la realtà è problematica ecc., ma preferisce dire la sua opinione, fare in modo diverso ecc. Usa connettori che indicano un contrasto:

benché, malgrado, ammettendo che, ammesso che, sebbene, nonostante ecc. + congiuntivo
è la frase secondaria: ammette che ci sono altre opinioni, problemi, difficoltà ecc.

→

comunque, tuttavia ecc. + indicativo
è la frase principale: indica l'opinione, la decisione di chi sta parlando

Attenzione a questa frase del nonno:
Anche se a te (*sembrare*) .... che il tempo sia eterno, in realtà passa in fretta.
Anche se è l'unico connettore *concessivo* che si costruisce con l'*indicativo*.

b. Completa queste frasi giocando con la fantasia.
1. Benché io sia stanco dei connettori, ...
2. ...., continuerò comunque a studiare italiano.
3. Anche se ...., tuttavia imparerò a esprimere idee in contrasto.

7 Le frasi con connettori verdi: "se..., allora..."

Sono delle ipotesi e si costruiscono in modo diverso a seconda che l'ipotesi sia certa (usi l'indicativo, il modo delle azioni reali) oppure improbabile o impossibile (usi il congiuntivo nella frase ipotetica e il condizionale in quella principale).
Il principale connettore *ipotetico* è *se*; altri connettori ipotetici sono *anche se, nel caso in cui, nell'ipotesi in cui, se è vero che, poniamo il caso che*. All'inizio della frase principale si può usare *allora*, ma non è obbligatorio:
***Se** fossi in te, (**allora**) sceglierei...*

a. Le ipotesi si costruiscono con due frasi:

se, anche se, nel caso in cui, nell'ipotesi in cui, se è vero che, poniamo il caso che ecc.
è la frase secondaria: spiega l'ipotesi

→

(allora)
è la frase principale: indica la conseguenza

b. Ma non tutte le ipotesi sono uguali, quindi ci sono tre tipi di "periodo ipotetico".

Ipotesi possibile, realistica

Come tutte le cose reali, si esprime con l'**indicativo** (presente o futuro) e talvolta con indicativo + imperativo: *Se **vedi** un autostoppista, **fermati**!*

Ipotesi possibile, ma molto improbabile

Si usa il **congiuntivo imperfetto** nell'ipotesi e il **condizionale presente** nella conseguenza.

Ipotesi impossibile: non si torna indietro nel tempo!

Si usa il **congiuntivo trapassato** (*fossi* / *avessi* + participio passato) nell'ipotesi e il **condizionale presente** o **passato** (*sarei* / *avrei* + participio passato) nella conseguenza.

c. Completa questi periodi ipotetici giocando con la fantasia e poi confrontati con la classe.

1. Se pioveranno soldi dal cielo ....
2. Se tu sapessi nuotare ....
3. Se io avessi avuto le ali ....
4. .... lo sposo subito.
5. .... mi metterò a correre.
6. .... tornerei da mia madre.

8 Memorizza i verbi con le loro preposizioni preferite.

a. Completa queste frasi che hai sentito nell'audio.

- .... che cosa ti iscrivi?
- .... me piace l'idea di cambiare lavoro ogni mese.
- .... te sembra che il tempo sia eterno.
- Rinuncerai .... avere figli perché ti piace il lavoro precario?
- Hanno avuto fiducia .... futuro.

Questi verbi sono quasi sempre accompagnati dalle preposizioni che hai scritto.

b. In altri casi, la scelta della preposizione dipende dal significato della frase.

- Una volta si lavorava .... un posto, ... un luogo.
- Che futuro offri ai tuoi figli lavorando .... gente di Pechino?
- Se poi trovano uno più giovane di te che lavora .... meno soldi?

c. Ci sono poi dei casi in cui la preposizione cambia il significato del verbo:

- Se non cominci a pensare .... farti una famiglia.

d. Infine, ci sono dei verbi che completano il loro significato con la preposizione (anche se il campione mondiale di questi verbi è l'inglese *get*!).

- Ho potuto tirar .... i miei figli.

Tirar su significa "far crescere"; ma *tirare* si usa anche con altre preposizioni o avverbi. Completa queste frasi.

- È un ragazzo molto in gamba e voglio tirarlo ○ dentro ○ fuori la squadra.
- È un ragazzo molto nervoso e dovrò tirarlo ○ dentro ○ fuori dalla squadra.
- La valigia è sull'armadio, io non ci arrivo; per favore me la tiri ....!?

- *Pensare* è sempre seguito da *a* + *persona* / *cosa* / *idea*, e questo crea qualche interferenza con chi sa l'inglese e ricorda *to think of* e chi sa lo spagnolo e ricorda *pensar en*.
  Devo pensare .... *mia famiglia.*
- Ma se è seguito da un infinito, *pensare a* significa "fare attenzione a qualcosa", "sforzarsi di fare qualcosa", mentre *pensare di* significa "progettare di fare qualcosa".
  Pensa .... *lavorare bene.*
  Sto pensando .... *farmi una famiglia.*

Il lavoro nell'arte

Giuseppe Pellizza da Volpedo, *Il quarto Stato*, 1901

Di solito questa sezione è dedicata al piacere dell'italiano e quindi trovi dei testi letterari.
Oggi no: guarda questi capolavori e ascolta l'AUDIO 21, come se stessi visitando un museo e stessi usando un'audio-guida, cioè uno di quei piccoli registratori portatili che ti spiegano le varie opere.
Qui sopra c'è il quadro italiano più famoso tra i molti dedicati al lavoro, è *Il quarto stato* di Giuseppe Pellizza da Volpedo (1901): è una vera icona, per gli italiani. Nella pagina a fronte in alto trovi un'altra icona, conosciuta in tutto il mondo: la foto degli operai che mangiano sospesi su una trave durante la costruzione del Rockefeller Center a New York nel 1932. Forse tra quelli fotografati c'era anche qualche emigrante italiano...

Ecco due bassorilievi (cioè sculture su una lastra di marmo, in cui le figure non sono staccate dalla lastra, come nella scultura normale "a tutto tondo") romanici, cioè medievali: uno viene dal Duomo di Modena e l'altro dal Duomo di Cremona: sono due città vicine al Po, che nei secoli XII e XIII erano Comuni importanti e ricchi. Questi Comuni erano così ricchi da poter costruire enormi cattedrali decorate con bassorilievi che, come in questi casi, raccontavano storie bibliche (il bassorilievo a sinistra) oppure il "ciclo dei mesi", cioè il lavoro dei contadini mese dopo mese (il bassorilievo a destra).
Se vuoi avere un'idea degli stili architettonici, vai al dizionario per immagini, che trovi tra i materiali online.

Cattedrale di San Geminiano, Modena, XII secolo

Ciclo dei mesi, Duomo di Cremona, primo decennio del XIII secolo

Nell'Ottocento i pittori italiani dedicarono molta attenzione ai lavoratori, e qui trovi due quadri famosi del XIX secolo. Uno è di Telemaco Signorini e si intitola *L'alzaia* (1864): nell'immagine vedi degli uomini che tirano una barca da trasporto (che Signorini lascia fuori dal quadro, perché vuole solo che la immaginiamo) lungo l'Arno, il fiume di Firenze; camminano sull'argine (*alzaia* in fiorentino), cioè sul terrapieno alto che corre ai due lati del fiume. Questi uomini sono trasformati in bestie, in animali, mentre il signore ricco, a sinistra, neppure li guarda. L'altro quadro è di Angelo Morbelli, si intitola *Per ottanta centesimi* (1896) e ti mostra le *mondine*, donne che passavano tutto il giorno nelle risaie, i campi pieni d'acqua dove cresce il riso, per *mondare*, cioè pulire, togliere l'erba e lasciare solo le piantine più forti di riso.
Era un lavoro massacrante, che coinvolgeva centinaia di migliaia di donne della Pianura Padana.

Telemaco Signorini, *L'alzaia*, 1864

Angelo Morbelli, *Per ottanta centesimi*, 1896

Ecco infine due opere del Neorealismo italiano.
Il Neorealismo interessò l'arte, la letteratura, la musica e il cinema italiano dopo la Seconda guerra mondiale, tra il 1945 e il 1960: mostrava la povera gente che cercava di ricostruire la propria vita e il proprio Paese dopo le distruzioni della guerra.
Il quadro di Renato Guttuso, *Contadini al lavoro* (1951), è uno dei tanti che il pittore siciliano dedicò ai contadini, ai minatori e a chi lavorava nei mercati. I colori forti e le immagini semplici da capire dicevano che anche i lavoratori stanchi, sudati, sporchi erano degni di essere dipinti: erano gli effetti della «repubblica democratica fondata sul lavoro» che abbiamo visto nel **P13**.
L'immagine qui a sinistra è tratta dal film *Riso amaro* (1949) del regista neorealista Giuseppe De Santis: anche quest'opera è ambientata nel mondo delle mondine, mentre molti altri film neorealisti di De Sica, Rossellini, Visconti e Fellini sono ambientati quasi sempre nelle città, viste come un inferno.

Renato Guttuso, *Contadini al lavoro*, 1951

Fotogramma tratto dal film *Riso amaro*, diretto nel 1949 da Giuseppe de Santis e interpretato da Silvana Mangano, Doris Dowling, Vittorio Gassman e Raf Vallone.

1 **Riscolta l'AUDIO 21: trovi la trascrizione tra gli esercizi supplementari online.**

2 **Quale di queste opere preferisci? Perché? Discutine con la classe.**

P16 / Sedici | Gli italiani sono... poveri

LE PAROLE

Povertà assoluta
Difficoltà ad acquistare beni essenziali: cibo, vestiario, abitazione. L'Istat (l'Istituto Nazionale di Statistica) calcola in circa 950-1000 euro al mese la *soglia* (il livello minimo) sotto il quale una famiglia è in povertà assoluta.

Povertà relativa
È la povertà di una persona o di una famiglia in relazione (da qui *relativa*) al livello di reddito dell'ambiente in cui vive. Con lo stesso reddito si è poveri a Venezia, la città più cara, e molto meno poveri in Sicilia o Sardegna, dove il costo della vita è inferiore.

Povertà soggettiva o percepita
È la povertà che la persona (il *soggetto*, da cui *soggettiva*) sente, percepisce, sia rispetto a chi gli sta intorno, sia in relazione al suo titolo di studio, alle ore di lavoro ecc.

Comprensione & produzione

1 Le parole della povertà.

a. Prima di leggere le tre definizioni qui sopra, cerca, con la classe, di definire i tre tipi di povertà che gli studi di sociologia e di statistica prendono in considerazione. Ragiona sugli aggettivi:
- *assoluto* significa ....
- *relativo* significa ....
- *soggettivo* significa ....

b. Leggi insieme alla classe le tre definizioni: le vostre ipotesi erano corrette?

c. Adesso guarda le vignette e leggi i fumetti: ci sono tre situazioni molto chiare. Ne hai conosciute di simili? Come è la situazione nel tuo Paese? Parlane con il tuo compagno e poi con la classe.
Come si dicono i tre tipi di povertà nella tua lingua madre?

....

I DATI

Povertà in Italia

Ci sono circa 4 milioni e mezzo di persone che, dopo la crisi iniziata nel 2008, vivono sotto la soglia di povertà assoluta; circa 10 milioni vivono in povertà relativa. In totale quindi in Italia i "poveri" sono circa ¼ della popolazione, e includono soprattutto i cittadini stranieri, che sono circa 5 milioni.

Disuguaglianza in Italia

È il modo in cui il reddito è distribuito tra la popolazione. Secondo l'Ocse, il 20% più ricco possiede il 61% della ricchezza italiana, mentre il 20% più povero ha lo 0,4%. Secondo i redditi dichiarati, il 5% più ricco ha il 22,7% dell'intera ricchezza; il 90% dichiara un reddito annuo sotto i 36.000 euro.

Povertà reale e povertà statistica

La statistica si basa sulla spesa media di una persona, le tasse si basano sulle dichiarazioni dei redditi. Ma c'è un'economia *sommersa* (cioè "sotto l'acqua") - acquisti e lavori in nero, redditi non dichiarati - pari al 17-21% del reddito nazionale, che non entra nel calcolo della media e delle tasse...
Quindi una parte dei poveri è meno povera nella realtà che nella statistica, e nella classe media c'è più ricchezza di quella dichiarata al fisco.

2 I dati della povertà.

La crisi internazionale del 2008 ha colpito l'Italia intorno al 2011, costringendo a un governo di unità nazionale (cioè sostenuto dalla Destra e dalla Sinistra), che ha fatto una politica di austerità (cioè tagli di personale, riduzioni di spesa, aumento dell'età delle pensioni ecc.). La crisi è durata tre anni, poi dal 2014-15 è cominciata una lenta ripresa. Ma i dati sono ancora negativi. Qui sopra trovi dei dati generali, se vuoi dati aggiornati vai su www.istat.it.

a. Leggi i dati e completa.

- La povertà: riguarda circa .... della popolazione, e soprattutto gli ....
- La disuguaglianza (*uguale → uguagli+anza → dis+uguaglianza*): il 5% della popolazione ha il .... della ricchezza nazionale, del "prodotto interno lordo" (PIL); il 20% della popolazione ha il .... della ricchezza.
- I dati reali sono un po' migliori di quelli ufficiali perché ....

La *dis*uguaglianza (o *diseguaglianza*) sociale è simile, maggiore o minore nel tuo Paese? Anche lì la crisi ha fatto diventare più ricchi i ricchi e più poveri i poveri?

b. Guarda e leggi le vignette.

- Sei d'accordo sull'affermazione secondo cui una volta che gli immigrati sono arrivati si può solo cercare di aiutarli? Ci sono immigrati nel tuo Paese? Come vengono trattati e sistemati?
- Sei d'accordo sul fatto che in questi anni si è buttata via una grande quantità di energia, di vitalità soprattutto delle generazioni più giovani? Come sono andate le cose nel tuo Paese?
- Riguardo l'ultima vignetta, sei d'accordo con lui o con lei? Perché?

Condividi le tue riflessioni con la classe.

3 Le vignette vengono da conversazioni un po' più lunghe: ascoltale nell' AUDIO 22.

Devi solo ascoltare, senza rispondere a domande. Ascolta due volte, per memorizzare meglio.
Dopo l'ascolto, l'insegnante chiederà ad alcuni di voi di raccontare, con le vostre parole, quello che hanno detto le persone che avete ascoltato. Le trascrizioni delle conversazioni sono tra gli esericizi supplementari online.

4 La povertà nel tuo Paese.

A casa scrivi una breve composizione sulla povertà nel tuo Paese e inviala all'insegnante.

Riflessione sulla lingua

5 Sì, va bene, ma a condizione che...

Quante volte hai detto una frase come quella del titolo? Certamente molte volte, perché fare patti, porre condizioni, cercare un accordo che vada bene a tutti è una delle cose fondamentali che facciamo parlando.

a. Nelle vignette hai trovato queste frasi. Completa.

- Lo farei, ... tornasse la pace, laggiù!
- Io sono disposto a dichiarare tutti i miei redditi .... lo fanno tutti.
- E io sono disposta ad ascoltarti .... tu non basi la tua morale su quello che fanno gli altri!

Nella prima e nella terza frase c'è il modo ...., mentre nella seconda frase, con il *se*, c'è il modo ....

b. Completa queste frasi come preferisci.

- Sono disposto ad andare con te al mare ***a condizione che*** ....
- E io sono disposta a lasciarti venire con me ***a patto che*** ....
- D'accordo, accetto, ***purché*** ....

6 Indicare il tempo che lega due azioni - una prima, durante o dopo l'altra - è una cosa molto frequente quando si parla.

a. Per creare i legami tra le azioni si usano i connettori di tempo. Molti li conosci: ***quando***, ***mentre***, ***poi*** ecc. Ma alcuni sono meno semplici. Completa le frasi che hai trovato nelle vignette.

- .... è cominciata la crisi ho sentito che dovevo emigrare.
  L'azione di *cominciare* è ○ precedente ○ seguente all'azione di *emigrare*.
- Ma .... non trovo un lavoro, non posso neanche comprare il biglietto...
  L'azione di *trovare* è ○ precedente ○ seguente all'azione di *comprare* il biglietto.

Al posto di ***da quando*** puoi usare ***dal momento in cui***, ***dal giorno in cui*** ecc. Al posto di ***finché*** puoi usare ***fino a che***, ***fino a quando***.

b. Questa frase che hai trovato nelle vignette, può invece trarre in inganno.

- Ma .... qualcosa cambierà, e sono certa che cambierà, scapperò da qui!

Appena e ***non appena*** hanno lo stesso significato, cioè ***nel momento in cui***.

c. Completa queste due battute relative alle informazioni agli immigrati.

- Bisognerebbe informare gli stranieri sulle condizioni del lavoro qui in Italia .... ci vengano.
- .... sono venuti possiamo solo aiutarli in qualche modo...

I due connettori sono simmetrici, *prima* e *dopo*, ma si comportano in maniera differente:
Prima che ....: con il verbo al congiuntivo. ***Dopo che*** ....: con il verbo all'indicativo.

Se usi *prima di* e *dopo* + infinito, ricorda che c'è una differenza:
- ***prima di*** *andare*: con il verbo all'infinito presente;
- ***dopo*** *essere andato*: con il verbo all'infinito passato (*essere / avere* + participio passato) perché quando la racconti l'azione è già finita.

d. Un'ultima cosa: completa queste frasi dalla scheda e dalla vignetta sulla disuguaglianza:
- Il 20% più ricco possiede il 61% della ricchezza italiana, ... il 20% più povero ha lo 0,4%.
- E così devono fare lavoretti, ... i loro anni migliori scappano via.

Nella .... frase ***mentre*** indica due azioni contemporanee, nella .... frase indica contrasto: è infatti un connettore che ha due significati.

e. Completa la tabella. I connettori di tempo possono indicare che:

un'azione precede l'altra	le azioni sono contemporanee	un'azione segue l'altra

7 ***Tirare le conclusioni*, invece, è facilissimo!**

Nel **P15** hai trovato molte espressioni con *tirare*. Eccone un'altra: *tirare le conclusioni*, cioè fare una sintesi.

Nell'**AUDIO 22**, parlando dei ragazzi che pagano la crisi più degli altri, Alvise dice:
- Le pensioni e gli stipendi degli statali non sono calati, ... la crisi l'hanno pagata i giovani.

Si possono usare anche altri connettori, che trovi in queste frasi da completare a tuo piacere.

a. Oggi c'è più stabilità, le banche sono più solide, ***pertanto*** ....

b. Le diseguaglianze sono eccessive, in Italia e nel mondo, ***perciò*** ....

c. Ormai sono pensionato, la casa in cui abito è mia, ***quindi*** ....

8 **Un ultimo passo: vedrai che ce la fai!**

a. Nel **P13** abbiamo visto:
- *Penso di essere capace.* chi pensa? .... chi è capace? ....
- *Penso che tu sia capace.* chi pensa? .... chi è capace? ....

Nei fumetti hai trovato altri verbi di opinione, di sensazione: *aver paura*, *credere*, *essere sicuro*, *avere la sensazione*, e ce sono altri dello stesso tipo, come *temere*, *aver voglia*, *sentire* ecc.
In tutti i casi il funzionamento è lo stesso:
stesso soggetto → *verbo di opinione* + infinito;
soggetti diversi → *verbo di opinione* + *che* + congiuntivo.

b. C'è solo un problemino. Completa queste battute della vignetta sulla povertà percepita:
- Sento di .... povero, di non essere valutato per il mio valore.
- Penso che .... una stupidaggine. E penso che tu .... stupido, non povero.

Come certamente ricordi, le tre persone singolari del congiuntivo presente sono uguali: *che io sia*, *che tu sia*, *che lui sia*. Per non confondere la 2ª con la 3ª persona, nella 2ª devi mettere *tu*, nella 3ª puoi decidere se metterla oppure no.

Completiamo il quadro.
- *Penso di essere capace.* chi pensa? .... chi è capace? ....
- *Penso che tu sia capace.* chi pensa? .... chi è capace? ....
- *Penso che (lui / lei) sia capace.* chi pensa? .... chi è capace? ....

P17 / Diciassette | Gli italiani sono... benestanti

Comprensione & produzione

1 Siccome ti sei stancato con i connettori, in questo *Passo* l'input da leggere e da ascoltare non te lo diamo noi, ma lo crei tu!

Cominciamo dal titolo del *Passo*: «Gli italiani sono benestanti». Chi è un *benestante*? Un suggerimento ti viene dal tema del P16, i poveri, e del P18, i ricchi.
Il *benestante* è a metà tra ricco e povero: è la classe ○ bassa ○ media ○ alta.

Ma puoi anche analizzare la parola, che è composta di due parti: .... + ...
La prima parte è un avverbio e ha un significato chiaro. La seconda parte è un participio presente: ricordi questo tempo verbale? *cantare* → *cantante*, *comandare* → *comandante*, quindi .... → *stante*.
In altre parole, la classe sociale *benestante* è una classe che ....
Negli Stati del mondo occidentale la *classe media* costituisce il nucleo della società; in italiano oggi i *benestanti* sono la parte alta della classe media.

Quali sono i termini della tua lingua che indicano la scala sociale?

poveri	→	classe medio-bassa	→	classe media	→	classe medio-alta	→	ricchi
....	→	....	→	....	→	....	→	....

2 Quali sono le caratteristiche di una famiglia benestante?

Prova a immaginare le caratteristiche di una famiglia benestante, anche indicando più idee per ogni voce (cioè per ogni *item*).

a. Quali sono le professioni di lui e di lei? ....
b. In che tipo di casa vivono? ....
c. Hanno una seconda casa? Di che tipo? ....
d. Quante automobili hanno? Di che tipo? ....
e. Di giorno lavorano: di sera che cosa fanno? ....

Confronta le tue risposte con quelle del tuo compagno e arricchite le vostre idee.
Infine, raccogliendo i suggerimenti di tutta la classe, scrivete alla lavagna il profilo tipo di una famiglia benestante.
Guardate le foto in alto e verificate se rappresentano la famiglia benestante che avete immaginato.

3 Siete sicuri che sia una famiglia benestante italiana?

Riguardiamo insieme le foto. Che cosa ti dicono? Che cosa puoi immaginare?

La donna è un'insegnante di Chimica, quindi lavora in una scuola superiore o all'università e ha uno stipendio dignitoso.
L'uomo è un ingegnere o un architetto, si occupa di costruzioni, quindi probabilmente ha uno stipendio alto.

Questa famiglia abita in un bell'appartamento in città (ma non in centro), con ampi spazi e un arredamento molto moderno.
Altre famiglie benestanti, soprattutto avvocati, notai, docenti universitari, preferiscono invece appartamenti in palazzi del centro città, con arredamento di gusto più antico.

Quasi sempre una famiglia italiana di questo tipo ha due automobili: una grande per andare, per esempio, nella casa di campagna, e una più piccola da usare in città.
La "seconda casa" è uno *status symbol* e insieme una comodità importante per una famiglia benestante.

Sono persone che lavorano molto, ma non rinunciano ai piaceri della vita: una serata al ristorante, con qualche amico o con i figli ormai grandi, l'abbonamento (cioè un biglietto per tutta la stagione) al teatro ecc.

Questa è una famiglia *molto* benestante, anche se non ricca. Una famiglia con un reddito inferiore può avere una casa un po' più piccola; come seconda casa può avere un appartamentino al mare o in montagna, e piuttosto che a teatro va al cinema.

4 Quali sono le caratteristiche di una famiglia benestante del tuo Paese?

A casa cerca in rete "immagini di case di campagna", "immagini di arredamenti" ecc. Per fare la ricerca, usa la tua madrelingua così trovi foto del tuo Paese. Poi scrivi in italiano un breve testo sulla famiglia benestante medio-alta del tuo Paese. Segui questa scaletta, divisa in quattro sezioni.

1. lui, lei e le loro professioni
2. la loro casa, fuori e dentro
3. l'auto, la seconda casa
4. le serate, il divertimento, il tempo libero

Infine, manda la tua descrizione ai compagni e all'insegnante e il giorno dopo discutetene insieme.

5 Per capire che cosa è una classe benestante dobbiamo capire che cosa è una classe sociale.

Puoi fare questo lavoro da solo, con il tuo compagno o insieme a tutta la classe se in aula avete una connessione internet.

a. In rete cerca in italiano "stratificazione sociale". Gli *strati* sono i vari livelli di una data cosa: per esempio in una torta ci sono uno strato di pasta, uno di panna, uno di crema ecc. Se immagini la società come una torta, essa è composta di tanti strati, per esempio i cinque di cui hai scritto il nome in fondo all'**ES. 1**.

b. Come per esempio spiega Wikipedia, ci sono varie teorie sulla natura della stratificazione sociale:

- la teoria *funzionalista* vede la stratificazione come "funzionale", utile; in sintesi dice che ....
....
....
- la teoria *reputazionale* trae il suo nome dalla *reputazione* di una persona, cioè dalla considerazione in cui è tenuta dagli altri, dal modo in cui una persona o una classe viene vista; in sintesi dice che ....
....
....

c. Sempre Wikipedia dedica una voce alle classi sociali moderne. «La distribuzione dei .... è il fattore principale per cui le classi esistono tuttora, solo se tale .... fosse eguale, non vi sarebbero classi». Sei d'accordo con questa visione? O credi che vada integrata con la teoria *reputazionale* e con quella *funzionalista*?

d. Scrivi una tua definizione di "classe sociale", poi insieme alla classe cercate di giungere a una definizione comune, scrivendola alla lavagna.

6 Come è la classe sociale *benestante*, cioè la media borghesia?

a. Cerca *benestante* sul vocabolario Treccani online e sintetizza qui la definizione: ....
....
....

b. In rete ci sono moltissimi dizionari, per esempio quelli legati al "Corriere della Sera" o a "la Repubblica", i due principali quotidiani italiani. Cerca *benestante* e scrivi:

- qualche informazione in più: ....
....;
- sinonimi: ....
....;
- contrari: ....
....

c. Cerca *borghesia* nel vocabolario Treccani online e leggi il quadro storico di questa classe sociale. Oggi dividiamo la borghesia in *piccola borghesia*, *media borghesia*, *alta borghesia*. Secondo te, la famiglia benestante che abbiamo visto alle pagine precedenti è *piccola*, *media* o *alta* borghesia? Discutine con la classe.

Fotografia di una famiglia dell'alta borghesia nell'Ottocento

7 **Leggi questo articolo: accanto al titolo c'è il quadro che hai visto nel Piacere dell'italiano 3.**

Radio 19 METEO ANNUNCI REGISTRATI ACCEDI oppure collegati con LA STAMPA

MONDO
IL SECOLO XIX

LEGGI ABBONATI REGALA

Cerca...

HOME GENOVA LEVANTE SAVONA IMPERIA LA SPEZIA BASSO PIEMONTE ITALIA MONDO SPORT

Economia Cultura&Spettacoli Tech Gossip Salute Passioni Motori Foto Video TheMediTelegraph animal house

MONDO | 03 aprile 2013

Le classi sociali? Nel XXI secolo diventano sette

COMMENTI (1) 14 Tweet LinkedIn 0 Pinterest

Un tempo c'erano **la classe alta, la classe media e la classe lavoratrice.** Oggi, nel XXI secolo, cambia tutto: e le classi sociali diventano sette. Lo sostiene uno studio britannico, che delinea un nuovo modello sulla base di una società più articolata.
Un tempo (nemmeno troppo lontano) la posizione sociale veniva determinata dal tipo di impiego o professione. Dal lavoro discendeva lo *status*. Oggi non è più così, e a fare la differenza – secondo gli studiosi – sono altri tipi di "capitale": accanto a quello **economico**, infatti, gli esperti hanno preso in esame il capitale **culturale** e quello **sociale.** E si fa largo con prepotenza la variabile scaturita dall'utilizzo di tecnologia e social network, parte ormai rilevante nella vita quotidiana e nelle abitudini di ognuno, che diventa fondamentale nel caratterizzare quella che viene adesso definita la "classe media tecnica", una delle novità della ricerca.
Ed ecco, quindi, le sette nuove classi sociali:
1) l'**élite**, il gruppo più privilegiato che è al più alto livello in tutte e tre le dimensioni;
2) la **borghesia** consolidata [*sicura delle proprie condizioni economiche e di buona cultura*];
3) la **classe media tecnica**, un nuovo gruppo che possiede una ricchezza economica ma una limitata dimensione sociale o culturale;
4) i **lavoratori benestanti**, persone giovani, in ascesa, attive sia sul fronte sociale che culturale;
5) la **classe lavoratrice tradizionale**, che tende a essere più avanti con l'età, con un punteggio basso in tutte e tre le dimensioni;
6) i **lavoratori emergenti nel settore dei servizi**, un nuovo gruppo urbano con poche risorse economiche ma un elevato livello sociale e culturale;
7) infine il **precariato**, o proletariato precario, che rappresenta circa il 15% della popolazione, vive nelle peggiori condizioni ed è in fondo alla classifica in tutti e tre i parametri.

(www.ilsecoloxix.it)

In questo studio inglese la parola *benestante* viene usata per descrivere una famiglia come quella che abbiamo visto alle pagine precedenti?
In quale categoria metteresti la famiglia che abbiamo descritto alle pagine precedenti?

Riflessione sulla lingua

8 I tipi di testo.

Abbiamo promesso che non avremmo parlato di connettori. E manteniamo la promessa.
Vediamo un altro aspetto della lingua a un livello più complesso, il testo.
I testi sono di tanti tipi: *narrativi* (che narrano, raccontano qualcosa), *argomentativi* (che discutono, "argomentano" su qualcosa), *referenziali* (che "riferiscono" su qualcosa, la descrivono, la spiegano), *regolativi* (che "regolano", "danno regole", come per esempio una legge, un regolamento, le istruzioni per l'uso, le regole di un gioco...).

I testi che hai trovato in questo *Passo* sono di tipo referenziale: "riferiscono" su una classe sociale.
Che caratteristiche hanno, secondo te, i testi referenziali? Che stile devono avere? Discutine con la classe.

9 Un particolare tipo di testo: la *definizione*.

Ci sono vari tipi di testi referenziali, e tra questi c'è la *definizione*. In questo *Passo* ne hai trovate molte, da quelle dei dizionari alle definizioni delle classi sociali secondo lo studio britannico.
Insieme ai compagni, analizza queste definizioni e indica le principali caratteristiche di questo "genere testuale".

Attenzione, spesso è difficile fare una definizione. Per esempio, se per definire *tavolo* dici che "è un ripiano orizzontale con quattro gambe", si possono immaginare tavoli come nei disegni 1 e 2, ma qualcuno ti potrebbe far notare che anche quello del disegno 3 è un tavolo anche se non ha quattro gambe. Se poi dici che "serve per lavorare", cioè è un *tavolo da lavoro* come nel disegno 4, qualcuno ti potrebbe far notare che lo stesso tavolo, con una tovaglia e dei piatti, è una *tavola* come nel disegno 5... e se ci metti le persone, diventa una bella *tavolata*, come nel disegno 6!

10 Avevamo promesso di non lavorare sui connettori. Qui devi solo giocare!

Tra gli esercizi supplementari online trovi un'ampia sintesi dei connettori in italiano: puoi consultarla se ne hai bisogno.

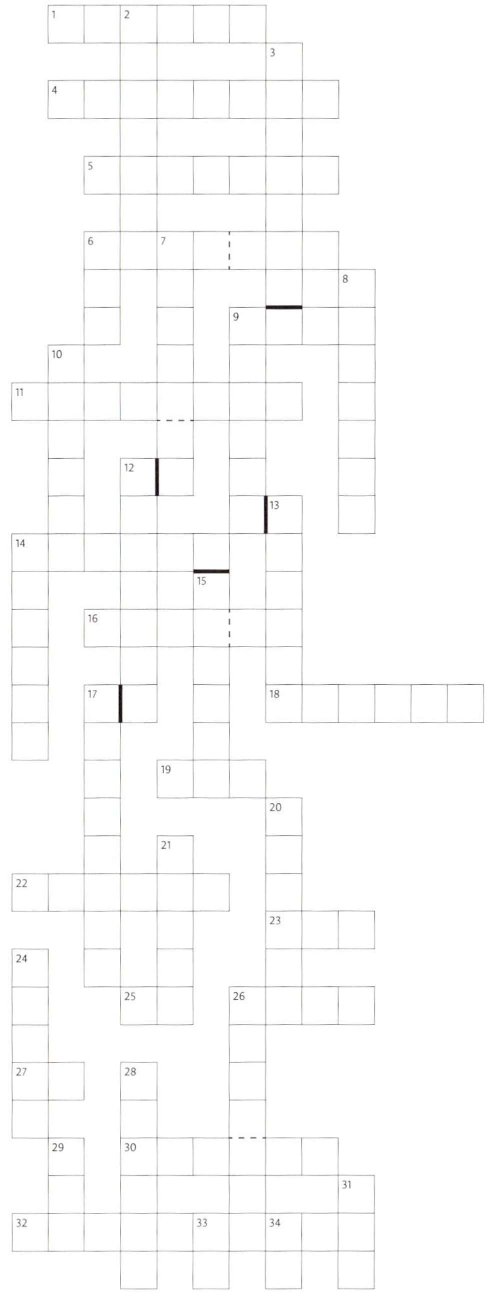

Orizzontali

1 Io non parlo più con te f.................... non mi avrai detto la verità.
4 Non sono d'accordo, c.................... accetto la tua volontà.
5 Lucia non c'è, e non c'è n.................... Giacomo!
6 Gli ho scritto solo d.................... mi ha chiesto scusa!
9 È molto maleducato, e p.................... molto stupido!
11 Non sono d'accordo, t.................... accetto la tua volontà.
14 Io non parlo più con te p.................... non mi hai detto la verità.
16 Mi tratta c.................... io fossi la sua serva!
18 Ti comporti da bambino, e a.................... io non esco più con te.
19 Lavoravo molto p.................... guadagnare qualche soldo.
22 So resistere a tutto, t.................... che alle tentazioni (O. Wilde).
23 N.................... *appena* lo vedi, chiamami!
25 Mi sono innamorata di lui anche .... ha vent'anni più di me.
26 Gli ho scritto d.................... essere stato molto indeciso.
27 Non sono d'accordo, ... accetto la tua volontà.
30 Posso parlare con te p.................... tu mi dica la verità.
32 Dimmi la verità, a.................... non parlo più con te.

Verticali

2 Lucia non c'è, e non c'è n.................... Giacomo!
3 Puoi aspettarti tutto da me, f.................... la mia comprensione se mi dici bugie.
6 L'ho capito .... *momento in cui* mi ha guardato.
7 Mi sono innamorato di lei ancora p.................... chiederle come si chiamava.
8 S.................... tu abbia ormai 40 anni, ti comporti come un ragazzino.
9 P.................... ti comporti da bambino, io non esco più con te.
10 Ti comporti da bambino, d.................... io non esco più con te.
12 S.................... ti comporti da bambino, io non esco più con te.
13 *Non* a.................... lo vedi, chiamami!
14 Ti comporti da bambino, p.................... io non esco più con te.
15 Ti comporti come un ragazzino, m.................... hai 40 anni!
17 M.................... tu sia quarantenne, ti comporti come un ragazzino.
20 L'ho capito q.................... mi ha guardato.
21 Mi sono innamorata di lui a.................... *se* ha vent'anni più di me.
24 Non restare con lui, scappa via p.................... *che* sia troppo tardi.
26 D.................... ti comporti da bambino, io non esco più con te.
28 Puoi andare via o.................... restare qui: non mi interessa!
29 Uscirò di qui .... *momento in cui* entra: così capirà che cosa penso di lui!
31 Io andrò via .... che lui sia gentile sia che sia scortese: non lo voglio più vedere.
33 Se sarà scortese me ne andrò, ... se arriverà con un mazzo di rose, come potrò andarmene?
34 Non voglio più .... sorrisi né rose: è finita!

DICIOTTESIMO PASSO

P18 Diciotto | Gli italiani sono... ricchi (almeno alcuni)

Comprensione & produzione

1 Se sei ricco di famiglia salta questo esercizio. Se invece non lo sei, discuti questi temi con il tuo compagno e poi con la classe (sono due fasi distinte: la prima serve da allenamento, la seconda ti mette alla prova davanti a tutti).

a. In che modo vorresti diventare ricco? La lotteria? Un matrimonio? Una scoperta scientifica? Un romanzo da Nobel? Un grande successo come sportivo, attore o cantante? C'è una grande differenza tra diventare ricchi per un colpo di fortuna o perché si è lavorato sodo (cioè in maniera intensa) a un progetto...

b. Se tu fossi ricco useresti i soldi per...

c. Chi è, per te, un *ricco*?

2 Ascolta nell'AUDIO 23 queste cinque persone che parlano degli stessi temi di cui hai parlato tu.

Mentre ascolti, non leggere le trascrizioni che trovi qui di seguito. Durante l'ascolto, indica nella tabella a chi corrispondono queste frasi. Dopo l'ascolto, confronta la tua tabella con quella del tuo compagno.

	Giacomo	Matilde	Pierpaolo	Fabio	Margherita
a. È ricco di famiglia.					
b. Immagina di vincere la lotteria.					
c. Si è arricchito con il suo lavoro.					
d. Se vincesse alla lotteria, farebbe qualcosa per gli altri.					
e. Vive di rendita, ma lavora per passione.					
f. Se vincesse alla lotteria continuerebbe a lavorare.					
g. Per diventare ricco ha sacrificato cose importanti.					

3 Ascolta di nuovo l'AUDIO 23 leggendo le trascrizioni.

GIACOMO

Se vincessi la lotteria... be', **tanto per cominciare**, **se** devo sognare, voglio sognare in grande: 5 milioni di euro. **Anzitutto**, una casa **per me e mia moglie**, bella, con il giardino, con uno spazio tutto **per me**, **per lavorare** con il legno, **per costruire** delle cose, **per fare** quello che voglio **come se** fossi un re: 1 milione. **Poi**, due appartamenti **per mio figlio e mia figlia**: 300.000 l'uno; e anche una macchina nuova **per noi** e una **per ognuno dei figli**: sono altri 70-80.000. **Infine** chiederei ai miei figli un progetto, un'idea di quello che vogliono fare nella vita, e gli darei il capitale **per iniziare** - mettere su un ristorante, una scuola di danza, non so: quello che vogliono. Tutto, **tranne** dargli i soldi in regalo, **se** non hanno un'idea. Il resto in banca **per quando** saremo vecchi e dovremo pagare una badante... E non smetterei di lavorare! Continuerei **come se** non avessi mai vinto la lotteria!

tanto per cominciare

Si usa quando si deve iniziare un discorso senza sapere bene che cosa si vuole dire. Allora, *tanto per cominciare*, si dice la prima cosa che ci viene in mente su quel tema

MATILDE

Se vincessi la lotteria... non vorrei vincere tanto perché secondo me si rischia di perdere il senso delle cose... vorrei vincere mezzo milione di euro, **magari** 1 milione **per fare** dei regali - non regali stupidi, ma aiuti agli amici che ne hanno bisogno, **per esempio** cambiare macchina, un frigorifero nuovo ecc.
Per me e **per mio marito** mezzo milione basta: **dato che** la casa dove viviamo è nostra, e **visto che** abbiamo un ristorante dove ci piace lavorare, non abbiamo bisogno di nient'altro... **magari** cambierei alcune cose nella cucina del ristorante, ammodernerei l'arredamento nel ristorante e qui a casa.
Se proprio devo pensare a una follia, mi prenderei tre mesi di vacanza, **per vedere** che cosa c'è nei ristoranti in giro **per il mondo**, **dal momento che** avere nuove idee da realizzare è la cosa più bella che ci sia...

magari

- In questi casi modifica quanto è stato detto prima, introducendo una lieve contraddizione: *mezzo milione di euro, magari 1 milione; non abbiamo bisogno di nient'altro... magari cambierei...*
- Con un tono di voce più accentuato, *magari!* significa "vorrei che fosse vero".

PIERPAOLO

Ho avuto tante fortune nella vita, **eccetto** quella di nascere ricco. Non sono nato ricco. Io sono nato dal secondo matrimonio di mio padre, che non guadagnava molto e doveva mantenere due famiglie. **Fino a quando** ho frequentato il conservatorio ho dovuto fare lavoretti **vari** **per avere** i soldi **per una pizza** con gli amici o **per mettere** la benzina nel motorino; **per un po'** ho suonato nei bar, ma usare la musica come sottofondo **per chi** non l'ascolta mi pareva una cosa disonesta... disonesta **per la musica**!
Sapevo che la mia fortuna non dovevo aspettarla dalle stelle o dalla ragazza milionaria che mi avrebbe visto e si sarebbe innamorata di me; sapevo che **solo se** avessi lavorato sodo avrei avuto un futuro. Ho lavorato sodo. Ho cominciato accompagnando al pianoforte i cantanti d'opera che provavano la loro parte, nel teatro qui a Parma; poi ho aiutato i direttori famosi nelle prove dell'orchestra; poi ho diretto in teatri di provincia dove **per la prima** c'era il direttore famoso e gli altri quattro giorni c'ero io; ho partecipato a mille concorsi, ho studiato... e adesso i teatri di tutto il mondo sono in fila perché vada a dirigere da loro.
Sono ricco, è vero. **Ma** ho rinunciato ad avere una famiglia, dei figli, e non so se sia stata la scelta giusta...

vari

Vario significa "variato", "diversificato", "di diversi tipi"; al plurale può significare anche "abbastanza", "molti".

- *Ho dovuto fare **vari** lavoretti*: messo davanti al nome significa "molti".
- *Ho dovuto fare lavoretti **vari***: messo dopo il nome significa "differenti".

FABIO

Se vincessi 1 milione alla lotteria... costruirei una sala insonorizzata attaccata al garage, **per poter suonare** a tutto volume, e comprerei un bell'impianto **per la musica**; mi terrei un po' di soldi **per una moto** l'anno prossimo, **quando** compirò 18 anni. E farei un giro del mondo, portandomi dietro i miei due migliori amici, Franco e Rudy.
Ma tutto questo deve costare al massimo mezzo milione, anzi, molto meno. Perché il grosso della vincita lo terrei **per quando** avrò finito di studiare e dovrò mettere su un laboratorio, uno studio, una sala di registrazione... **insomma**, **per iniziare** la mia vita di lavoro senza problemi e senza banche!

MARGHERITA

Sì, direi che posso definirmi "ricca". Ricca di famiglia: mio nonno faceva il costruttore, ha costruito centinaia di condomini negli anni Cinquanta-Sessanta del Novecento, e **quando** è morto ha lasciato a me e a mia sorella un centinaio di appartamenti ciascuna... Lo so, è una grande fortuna.
Non sono mai stata obbligata a lavorare, **ma** ho sempre saputo che non lavorare mi poteva trasformare in una donna senza senso, senza stimoli, e **allora** mi sono laureata in Storia dell'arte, ho creato una galleria dove lavoro con artisti famosi e dove espongo artisti che mi piacciono anche se non sono ancora famosi. Non ho bisogno di guadagnare con la galleria, **per fortuna**.
Ma ogni tanto qualcuno di questi giovani fa successo, e **allora** guadagno benissimo - ma i soldi li investo subito in borse di studio: la galleria non deve diventare un lavoro, deve restare un gioco, **fuorché** **per i giovani** che si affidano a me **per vendere** i loro quadri!

4 **Nei testi ci sono parole che non conosci, ma di cui hai certamente intuito il significato, anche se forse non te ne sei reso conto.**

Confronta le tue intuizioni con quelle del tuo compagno.

GIACOMO

- voglio sognare *in grande*
- gli darei *il capitale* per iniziare
- il *resto* in banca

MATILDE

- *il senso* delle cose
- *ammodernerei* l'arredamento

PIERPAOLO

- ho frequentato il *conservatorio*
- mettere la benzina nel *motorino*
- i cantanti d'opera che provavano la loro *parte*
- per *la prima* c'era il direttore famoso
- ho diretto in teatri *di provincia*

FABIO

- costruirei una *sala insonorizzata*
- comprerei un bell'*impianto* per la musica
- una *sala di registrazione*

MARGHERITA

- mio nonno faceva il *costruttore*
- ha costruito centinaia di *condomini*
- non ho bisogno di guadagnare, *per fortuna*
- i giovani che *si affidano a me*

5 **Che cosa vi ricordate delle cinque persone che avete ascoltato?**

L'insegnante lo chiederà a cinque di voi, che dovranno raccontare la storia di uno dei cinque personaggi usando la tabella dell'ES. 2 come base. Ad altri, invece, l'insegnante chiederà che cosa farebbero se vincessero 5 milioni di euro.

Riflessione sulla lingua

6 **Ultimi dettagli sui connettori.**

I connettori non sono una mania delle grammatiche: ci sono in ogni testo, in ogni frase. Nei cinque racconti ne hai trovati alcuni che ancora non abbiamo visto insieme.

a. Completa la tabella scrivendo il nome dei connettori all'inizio di ogni colonna. Scegli fra questi:

- connettori **esclusivi**: escludono qualcosa da quello che è stato detto;
- connettori **conclusivi**: concludono un ragionamento; hai già visto *quindi*, *dunque*, *pertanto* ecc., e qui ne trovi un altro;
- connettori **modali**: indicano il modo in cui avviene l'azione;
- connettori **causali**: indicano la causa dell'azione; ne hai già visti molti (*perché*, *poiché*, *siccome* ecc.), qui ne trovi altri.

Modali	....	....	....
▸ per fare quello che voglio .... fossi un re (→ Giacomo) ▸ Continuerei .... non avessi mai vinto la lotteria! (→ Giacomo) *Come se* vuole il modo	▸ .... la casa dove viviamo è nostra (→ Matilde) ▸ .... abbiamo un ristorante (→ Matilde) ▸ .... avere nuove idee da realizzare è la cosa più bella (→ Matilde)	▸ Tutto, ... dargli i soldi in regalo (→ Giacomo) ▸ Ho avuto tante fortune nella vita, ... quella di nascere ricco (→ Pierpaolo) ▸ deve restare un gioco, ... per i giovani che si affidano a me (→ Margherita)	▸ ...., per iniziare la mia vita di lavoro senza problemi (→ Fabio)

b. Nella trascrizione dell'audio (→ ES. 3) ci sono altri connettori in blu; copiali vicino alla categoria a cui appartengono:

- **ipotetici**, introducono un'ipotesi: ....
- **indicatori di struttura**, segnalano i vari punti di un discorso: ....
- **temporali**, indicano il tempo in cui avviene un'azione oppure la durata di un'azione: ....
- **di contrasto**, connettono due frasi che sono in contrasto tra loro: ....

Verifica con i compagni se hai individuato le categorie corrette.

7 ***Per*: una preposizione dai mille usi.**

Nella trascrizione dell'audio (→ ES. 3) *per* è scritto in verde, insieme alla parola a cui si "pre-pone", cioè si mette (*pone*, da *porre*) davanti (*pre-*). Copia qui qualche esempio per ciascuna delle funzioni che può avere *per*.

- Indicare il **destinatario** di un'azione: ....
- Indicare il **fine** di un'azione: ....
- Indicare il **tempo in cui avverrà** l'azione o la sua **durata**: Fabio dice ...., Giacomo dice .... e Pierpaolo dice ....
- Indicare il **luogo** in cui avviene l'azione espressa con un verbo di movimento, con il senso di "passare per un luogo": Matilde dice ....
- Indicare un'**occasione**, un **evento** in cui avviene un'azione: nel racconto di Pierpaolo hai trovato ....
- Indicare alcune **espressioni particolari**, come *per esempio, per caso, per piacere / per favore, per telefono*: nel racconto di Margherita hai trovato ....

8 ***Ricchi* e *ricchezza*: alcuni pensieri e personaggi famosi.**

Leggi queste riflessioni e poi spiega alla classe quali condividi e quali no, quale ti piace di più, quale dovresti scrivere su un cartello da avere sempre davanti agli occhi. Rispetto ai personaggi, quale preferisci? Perché?

Le parole di Gesù vengono spesso citate in italiano: «È più facile che un cammello passi per la cruna di un ago, che un ricco entri nel Regno di Dio». Nell'immagine viene visualizzato il significato di queste parole: il cammello non può passare dentro la "cruna" di un ago, quindi i ricchi non possono entrare in Paradiso. In un altro brano del Vangelo, Gesù spiega che *povero* (cioè chi va in Paradiso) non è chi manca delle cose essenziali, ma chi non ha un desiderio di avere, di possedere, di essere circondato di cose che siano *sue*.

Questo bassorilievo del Duomo di Lucca, una città vicino a Pisa, mostra San Martino. San Martino era un ufficiale dell'Impero romano che vide un povero che aveva freddo: tagliò in due il suo mantello e gliene diede la metà. A novembre ci sono sempre alcuni giorni più caldi: si chiama "estate di San Martino", perché secondo la tradizione Dio mandò alcune giornate calde affinché Martino non avesse freddo.

Robin Hood era un nobile Sassone che era stato privato delle sue terre dagli invasori Normanni. Secondo la tradizione, Robin Hood rubava ai ricchi Normanni per dare ai poveri Sassoni. Nella foto vedi Kevin Costner, uno dei tanti Robin Hood del cinema.

Piede di Corvo era il capo di una tribù di nativi americani (o "indiani", come si dice in italiano), chiamati dagli inglesi *Black Feet*, "Piedi Neri". È famoso per una sua frase: «Quando l'ultimo albero sarà stato abbattuto, l'ultimo fiume avvelenato, l'ultimo pesce pescato, vi accorgerete che non si può mangiare il denaro».

il lavoro

ETIMOLOGIA In latino *lavorare* si diceva *operari* oppure *operam dare*, cioè "dare la propria opera". Ancora oggi i lavoratori manuali di una costruzione possono essere chiamati *mano d'opera*. Ma in italiano diciamo *lavorare*, da *laborare*, che in latino significava *faticare*, "lavorare facendo fatica". C'è un'altra parola nell'italiano classico (ma ancora usata in francese e in spagnolo), *travagliare*, che è rimasta anche in alcuni dialetti: viene dal latino *tripalium*, che era uno strumento di tortura...

IL LAVORO SUBORDINATO È il lavoro *sub ordinem*, cioè "agli ordini di qualcuno". In italiano usiamo molte parole per indicare i lavoratori subordinati.

- *Dipendente*: che dipende da un'azienda o dallo Stato. *Dipendere* significa che il lavoratore deve eseguire quello che gli viene detto, che le decisioni non dipendono da lui.
- *Impiegato*: che ha un *impiego*, un posto di lavoro, in cui un'azienda lo *impiega*, lo utilizza. Si usa per indicare i lavoratori che operano in un ufficio, o comunque che svolgono un lavoro intellettuale. Oltre agli impiegati, in azienda lavorano anche i *dirigenti* (al livello più alto) e i *quadri* (al livello intermedio). Per indicare tutti questi lavoratori si usa spesso la categoria di *risorse umane*.
- *Mano d'opera, operaio*: sono i lavoratori manuali, che fanno un lavoro fisico, per esempio quelli che lavorano nelle costruzioni di case, palazzi o strade.
- *Bracciante*: è chi lavora in campagna come dipendente, di solito per pochi giorni o per poche settimane, cioè quando ce n'è bisogno.
- *A tempo determinato, precario*: il suo impiego ha una durata già fissata.
- *A tempo indeterminato* o, nell'amministrazione statale e nella scuola, *di ruolo*: il suo impiego è fisso, senza scadenza se non al momento della pensione.

All'inizio di un *rapporto di lavoro*, un dipendente viene *assunto*; se per qualche ragione il rapporto di lavoro si interrompe prima della sua conclusione naturale, il dipendente è *licenziato*.

IL LAVORO AUTONOMO Il lavoratore autonomo dipende solo da se stesso o dai suoi colleghi, se è membro di un gruppo - per esempio uno studio legale, cioè di avvocati.
Ci sono varie categorie di lavoratori autonomi.

- *Imprenditori*: creano un'impresa, un'azienda grande o piccola.
- *Liberi professionisti*: per esempio medici, avvocati, commercialisti (gli esperti di tasse, regole per le società ecc.), architetti ecc.
- *Intellettuali e artisti*: per esempio scrittori, giornalisti freelance, cantanti ecc.
- *Artigiani*: producono cose molto raffinate, come i creatori di gioielli, o cose più semplici, come gli idraulici, gli elettricisti, i meccanici ecc.
- *Commercianti*: hanno un negozio.
- *Contadini e allevatori*: hanno le loro terre, il loro bestiame e le loro stalle.

I lavoratori autonomi pagano una tassa che si chiama *IVA*. È un'*Imposta*, cioè una tassa, sul *Valore Aggiunto*, che si calcola con un meccanismo che c'è in tutti i Paesi: ogni trimestre, il lavoratore calcola quanta IVA ha pagato ai suoi fornitori quando ha comprato cose o servizi, e quanta IVA ha fatto pagare ai suoi clienti; la differenza tra l'IVA che ha fatto pagare e l'IVA che ha pagato è la tassa sul "valore", la quantità di denaro, che ha "aggiunto" con il suo lavoro.
Ci sono ragazzi che hanno la *partita IVA*, cioè il codice di questa imposta: spesso sono dei finti lavoratori autonomi, perché lavorano sempre per la stessa azienda, che però non li assume... si chiamano "il popolo delle partite IVA".

I LUOGHI DEL LAVORO

- Gli autonomi lavorano in uno *studio*.
- Gli impiegati lavorano in *ufficio*.
- Gli operai stanno in *fabbrica*.
- Gli artigiani hanno una *bottega* dove si lavora; i commercianti hanno un *negozio* dove si vende.

Alcune categorie lavorano in luoghi specifici: gli insegnanti lavorano a *scuola*, i medici e gli infermieri lavorano in *ospedale* ecc.

LA RETRIBUZIONE

Un impiegato riceve lo *stipendio* mentre un operaio riceve il *salario*, anche se sempre più spesso per tutti i lavoratori dipendenti si parla di *stipendio*.

Il dipendente riceve lo stipendio *netto*, cioè "pulito". Il *datore di lavoro* però paga lo stipendio *lordo*, cioè ancora "sporco" di tutte le parti di stipendio che deve *trattenere* (cioè "non dare") al dipendente e *versare* (cioè "dare") allo Stato o mettere da parte:

- *IRPEF*, cioè l'imposta sul reddito delle persone fisiche: sono le tasse personali, che il datore di lavoro toglie (trattiene) dallo stipendio e versa allo Stato;

- *Contributi previdenziali*, cioè i contributi per la pensione;
- *Contributi al servizio sanitario*, che è gestito dalle Regioni:
- *Assicurazioni* contro gli *infortuni*, cioè gli incidenti sul lavoro.

Inoltre il datore di lavoro deve considerare che ogni anno deve:

- mettere da parte una cifra pari a uno stipendio per il *TRF* (*Trattamento di Fine Rapporto*): alla fine del rapporto di lavoro, quando un dipendente viene licenziato o va in pensione, ha diritto a uno stipendio per ogni anno che ha lavorato presso quell'azienda: è un risparmio obbligatorio chiamato *liquidazione*;
- pagare a Natale la *tredicesima mensilità*, uno stipendio in più, il tredicesimo dell'anno: anche questa è una forma di risparmio obbligatorio che dura un anno.

I SINDACATI E I CONTRATTI

La Costituzione prevede la libertà sindacale, cioè la libertà di iscriversi a un sindacato, un'associazione di lavoratori. Ci sono sindacati:

- *autonomi* o *di categoria*: si occupano solo di un tipo di lavoratori (piloti, insegnanti, poliziotti ecc.), discutono i loro contratti nazionali, li difendono ecc.;
- *confederali*, cioè composti da molte categorie diverse: sono i sindacati più forti perché possono fare uno sciopero nazionale di tutte le categorie per difenderne una sola che abbia grandi problemi; cercano di discutere i problemi di ogni categoria all'interno di una visione di insieme, generale; i più importanti sono CGIL, CISL, UIL (che spesso lavorano insieme) e UGL (che è più conservatore).

Ci sono poi le associazioni dei datori di lavoro, cioè *Confindustria*, *Confcommercio*, *Confartigianato* e così via. I sindacati dei lavoratori e quelli dei datori di lavoro negoziano, cioè fanno una trattativa, per stabilire le regole del *contratto nazionale di lavoro* (quante ore settimanali, con quale pagamento, in quali condizioni di lavoro ecc.), ma nelle singole aziende il sindacato aziendale e il management possono fare *contratti integrativi aziendali*, che integrano quello nazionale, aggiungendo o modificando alcuni aspetti.

LA PREVENZIONE, LA PROTEZIONE, LA PREVIDENZA

- *Prevenire*, cioè "venire prima", significa fare delle azioni per evitare che succeda un incidente: ogni dipendente e ogni dirigente deve frequentare, a spese dell'azienda, un corso per la prevenzione degli infortuni, in cui si impara che cosa fare e che cosa non fare in caso di incidenti, di incendio ecc.
- Oltre a *prevenire*, l'azienda deve *proteggere* i lavoratori: chi lavora in un cantiere deve avere un casco, chi sale su scale pericolose deve essere legato a qualcosa che possa salvarlo se cade ecc. Le aziende che non prevengono gli infortuni e non proteggono i dipendenti sono colpevoli in caso di incidente sul lavoro. L'azienda è anche obbligata a iscrivere i suoi dipendenti all'*INAIL*, l'Istituto Nazionale per l'Assicurazione contro gli Infortuni sul Lavoro, e quindi paga ospedale, cure e stipendio quando un lavoratore è assente a causa di un infortunio.
- La *previdenza* invece riguarda le quote che il lavoratore deve pagare per avere, a fine carriera, una pensione: si pagano all'*INPS*, l'Istituto Nazionale di Previdenza Sociale.

IL LAVORO NELLA TUA LINGUA MADRE

Come si dicono nella tua lingua i termini del lavoro che hai trovato scritti in *corsivo*?

Palestra di italiano

***avere, essere* + ...**
Non sono veri verbi, ma è utile considerarli come verbi:
- *avere bisogno, il diritto, il dovere, la possibilità, il desiderio* ecc.
- *avere paura, voglia* ecc.
- *essere capace, felice, stanco, contento* ecc.

1 Scrivi delle frasi con questi verbi + preposizione *di* + infinito.

a. avere bisogno — *Oggi pomeriggio ho bisogno di riposare.*
b. avere il diritto ....
c. avere paura ....
d. avere tempo ....
e. cercare ....
f. chiedere ....
g. dire ....
h. essere capace ....
i. finire ....
j. ordinare ....
k. permettere ....
l. proibire ....
m. smettere ....
n. tentare ....

2 Scrivi delle frasi con questi verbi + preposizione *a* + infinito.

a. abituarsi — *Mi sono abituato a correre ogni mattina.*
b. aiutare ....
c. cominciare ....
d. continuare ....
e. convincere ....
f. correre ....
g. divertirsi ....
h. entrare ....
i. fare in tempo ....
j. imparare ....
k. iniziare ....
l. insegnare ....
m. invitare ....
n. mandare ....
o. mettersi ....
p. portare ....
q. prepararsi ....
r. provare ....
s. riuscire ....
t. tornare ....
u. venire ....

3 **Scrivi 4 frasi con verbo + preposizione *di* + infinito (quindi con lo stesso soggetto) e 4 frasi con verbo + *che* + congiuntivo (quindi con soggetti diversi).**

frasi con stesso soggetto	
a. decidere	....
b. dimenticarsi	....
c. ricordarsi	....
d. sognare	....
frasi con soggetto diverso	
e. credere	....
f. immaginare	....
g. pensare	....
h. sperare	....

4 **Completa le frasi con un verbo a tua scelta, ma attenzione alla preposizione che lo segue!**

a. A che ora .... di lavorare, stasera?
b. A che ora .... a lavorare, domattina?
c. Sto .... di smettere di fumare.
d. .... di un bel gelato al cioccolato!
e. Per favore, ... di fare rumore!
f. Quando .... da Milano?

5 **Quando non conosci una parola, se vuoi comunicare devi cercare di spiegare il concetto a cui quella parola si riferisce. Facciamo un po' di allenamento: definisci queste parole.**

a. occupato: ....
....
b. disoccupato: ....
....
c. inattivo: ....
....
d. neet: ....
....
e. ufficio di collocamento: ....
....

6 **Riscrivi le frasi sostituendo la preposizione *da*, come nell'esempio.**

- Ci sono i piatti *da lavare*. → Bisogna lavare i piatti.
- *Ho da fare* altre cose, lavali tu. → ....
- Quando parli così ti odio, è una cosa *da scoppiare* per il nervoso. → ....
- E io quando *ho* tutto questo lavoro *da fare* sto male. → ....
- Cosa posso farci? Anch'io sono carico di lavoro, è una cosa *da impazzire*. → ....

7 **Che cosa ricordi delle cinque persone che sono ricche o che sognano di vincere la lotteria (→ P18)? Completa.**

Giacomo immagina di vincere la lotteria. Se vincesse:
- .... per sé e sua moglie e .... per i suoi figli
- .... anche ...., una per sé e una per ogni figlio
- .... i suoi figli a realizzare un progetto
- .... a lavorare come se non avesse vinto la lotteria

Matilde immagina di vincere la lotteria. Se vincesse:
- .... vincere troppo, per non perdere il senso delle cose
- .... dei regali agli amici, li aiuterebbe se hanno bisogno
- .... l'arredamento in casa e nel ristorante
- .... un lungo viaggio per vedere il mondo (e i ristoranti)

Pierpaolo è un direttore d'orchestra:
- come era la sua famiglia? ....
- come ha raggiunto il successo? ....
- a che cosa ha rinunciato per realizzare i suoi sogni? ....
- pensa che sia stata la scelta giusta? ....

Fabio immagina di vincere la lotteria. Se vincesse:
- .... una sala insonorizzata, per suonare in pace
- .... a 18 anni, perché prima non potrebbe guidarla
- .... insieme ai suoi due migliori amici
- .... la maggior parte della vincita per quando potrà cominciare a lavorare e avrà bisogno di capitale

Margherita è ricca di famiglia:
- perché è ricca? ....
- è obbligata a lavorare? ....
- lavora comunque: in quale settore? ....
- come usa i soldi che guadagna con il suo lavoro? ....

8 Insieme al tuo compagno crea un dialogo seguendo questo script.

Scegliete voi quale parte assegnarvi: un italiano (B) racconta la grande crisi economica e uno straniero (A) dice quello che è successo nel suo Paese. Alla fine l'insegnante chiederà ad alcune coppie di recitare il dialogo per tutta la classe.

A Chiede come mai in Italia si parla sempre della "crisi".

B Risponde che per l'Italia è stata molto forte: si è perso circa il 25% del PIL, il Prodotto Interno Lordo, l'indicatore della ricchezza di un Paese.

A Dice che anche nel suo Paese c'è stata la crisi e racconta che impatto ha avuto. Poi chiede quando è cominciata in Italia.

B Dice che la crisi internazionale è iniziata nel 2008 in America, ma in Italia è arrivata un paio di anni dopo, con l'attacco della speculazione all'euro, nel 2010-2011.

A Racconta l'esperienza del suo Paese e poi chiede perché l'Italia era lo Stato più attaccato dalla speculazione.

B Spiega che l'attacco era anche a Grecia, Portogallo e Spagna, ma che l'Italia ha un debito pubblico altissimo, quindi ha bisogno di trovare ogni anno chi presta miliardi e miliardi di euro, e pagare gli interessi.

A Racconta come stanno le cose nel suo Paese. Chiede come ha reagito l'Italia.

B Spiega che è stato fatto un governo di unità nazionale, il governo Monti. Monti è un economista, è stato per anni Commissario Europeo a Bruxelles. Il governo ha fatto una politica di austerità: taglio di spese, taglio delle pensioni, taglio dei lavori pubblici, per mettere un po' di ordine nel bilancio dello Stato.

A Racconta quello che è avvenuto nel suo Paese. Poi commenta che ormai sono passati tanti anni dal 2010-2011, e chiede come vanno le cose in Italia.

B Risponde che la ripresa c'è, ma è molto lenta perché il debito pubblico è ancora molto alto. Chiede come vanno le cose nel Paese dell'amico.

A Risponde.

9 Scegli una delle opere che hai visto nel Piacere dell'italiano 3 e preparati a spiegarla ai tuoi compagni.

Devi dare alcuni dati (chi l'ha fatta, dove si trova, altre informazioni) ma soprattutto devi spiegare il soggetto e dire che cosa ne pensi, aggiungendo anche una riflessione su "arte e lavoro" nel tuo Paese, se c'è qualcosa di interessante sul tema.

10 **Inserisci la preposizione corretta scegliendo tra *di, a, da, in, con, su, per, tra/fra*.**

a. Non so quale cravatta scegliere *tra/fra* queste: sono tutte bellissime.
b. Devo vestirmi elegante .... fare una bella figura.
c. Se non sono elegante, lei non vuole uscire .... me.
d. Ho cercato .... dirle che odio le cravatte, ma non c'è niente .... fare: .... lei la cravatta piace e dice che è necessaria .... un uomo elegante.
e. Siccome .... me lei è la cosa più importante, metterò la cravatta.
f. Così lei non si vergognerà .... me. E io sarò felice di essere .... lei.

Nelle frasi manca una delle preposizioni elencate all'inizio: quale? ....
Crea una frase con questa preposizione.

....

....

11 **Scegli il connettore corretto.**

a. Sto studiando l'italiano ◯ perché ◯ prima di ◯ purché seguo un corso di *design* e il miglior *design* al mondo è quello italiano.
b. Ho studiato lo spagnolo per tre anni ◯ perché ◯ prima di ◯ purché cominciare a studiare italiano e questo mi ha aiutato molto.
c. Mi piacerebbe studiare l'italiano ◯ perché ◯ prima di ◯ purché ci fosse un insegnante simpatico, di quelli che non fanno paura.
d. Ho capito che volevo imparare l'italiano ◯ al fine di ◯ quando ◯ anche se ho ascoltato la *Tosca* e ho sentito dentro di me che per capire l'opera bisogna capire il testo.

e. Certamente si apprezza un'opera ◯ al fine di ◯ quando ◯ anche se non si capiscono bene le parole... ma conoscendo l'italiano, sarà molto più bello!
f. Certamente non si studia l'italiano solo ◯ al fine di ◯ quando ◯ anche se capire le opere: ci sono anche i film, i viaggi in Italia... ma a me piace l'opera!
g. ◯ Dopo che ◯ Appena ◯ Affinché ho visto Paolo ho capito che era l'uomo per me.

h. Ho deciso di iscrivermi a un corso di italiano ◯ dopo che ◯ appena ◯ affinché ho capito che non possiamo continuare a parlarci in inglese: io studierò l'italiano, lui studierà il tedesco!
i. È necessario che ci capiamo nelle nostre lingue ◯ dopo che ◯ appena ◯ affinché il nostro amore possa crescere sempre più!

12 **L'italiano del lavoro.**

Scrivi le definizioni relative a questi termini. Ricorda che una definizione è sempre sintetica, precisa, presenta gli elementi essenziali.

a. lavoratore dipendente: ....

....

....

b. lavoratore autonomo: ....

....

....

c. sindacato: ....

....

....

d. retribuzione: ....

....

....

e. protezione, previdenza: ....

....

....

Trovi altri esercizi e una sintesi generale sui connettori in **www.bonaccieditore.it**

4

L'italiano dell'arte, della musica, del cinema

L'Italia ha due terzi del patrimonio artistico dell'umanità; l'opera italiana è la più ascoltata nei teatri di tutto il mondo; Fellini, Rossellini, De Sica, Visconti, Leone sono citati da tutti i registi come i loro maestri. L'Italia è fatta degli italiani di oggi, che abbiamo visto nelle prime tre Unità, ma anche dell'eredità dei grandi italiani degli ultimi mille anni.

Imparo l'italiano per:

- esprimere i miei gusti, anche in maniera forte, decisa
- esprimere, condividere, cambiare un'opinione, anche se contrasta quella degli altri
- descrivere opere d'arte, musiche e film, sapendo definire bene i secoli e gli anni

So come funzionano:

- il plurale dei nomi composti
- la numerazione dei secoli
- la concordanza tra principale e secondaria
- gli avverbi di modo
- il comparativo e il superlativo degli avverbi

Conosco alcune cose dell'Italia:

- pittura, scultura, architettura, arti "minori"
- il melodramma italiano
- il cinema italiano

Ricorda che il libro continua online

P19 / Diciannove | L'italiano dell'arte

I bronzi di Riace sono del V secolo a.C. Sono stati trovati in mare a Riace, in Calabria, nel 1972. Sono conservati nel Museo Nazionale della Magna Grecia di Reggio Calabria.

Gian Lorenzo Bernini scolpì nel 1621-22 il *Ratto di Proserpina*, cioè il rapimento da parte di Plutone (il dio degli Inferi, cioè il mondo dei morti) della figlia di Cerere, dea dell'agricoltura. Non sembra, ma questo è marmo, non carne viva...

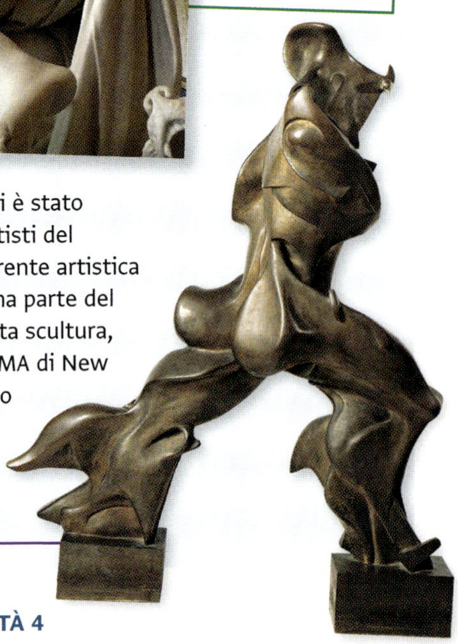

Umberto Boccioni è stato uno dei grandi artisti del Futurismo, la corrente artistica italiana della prima parte del Novecento. Questa scultura, conservata al MoMA di New York, è il tentativo di dare il senso del movimento pur usando il bronzo.

Comprensione & produzione

1 In questo volume hai visto molti quadri, sculture e bassorilievi.

a. Torna a guardarli, pensa se ti piacciono o no, e prendi un appunto sulle ragioni della tua opinione.

Nel **Piacere dell'italiano 1** hai visto:

- un bel bassorilievo di Canova: ....
- un quadro di Cabianca: ....
....
- un ritratto di Modigliani: ....

Nel **Piacere dell'italiano 2** hai trovato tre quadri ottocenteschi di:

- Perugini: ....
- Fattori: ....
- Signorini: ....

Nel **Piacere dell'italiano 3** ci sono due bei bassorilievi medievali:

- *La cacciata dal Paradiso*: ....
- *Il ciclo dei mesi*: ....

e quadri otto-novecenteschi di:

- Pellizza da Volpedo: ....
- Signorini: ....
- Morbelli: ....
- Guttuso: ....

b. Adesso scoprite quale opera d'arte è la preferita della classe, e siate pronti a spiegare perché alcune vi piacciono e altre no. Difendete le vostre idee, anche con forza - ma se un'idea diversa dalla vostra vi convince, non abbiate paura di cambiare opinione!

2 In questo *Passo* ci sono altre opere, quadri e sculture.

a. Prendi appunti su quello che ti piace e non ti piace, come nell'**ES. 1**.

- Bronzi di Riace: ....
- Bernini: ....
- Boccioni: ....
- Mosaici: ....
- Michelangelo: ....
- De Chirico: ....

b. In questi due esercizi avete trovato arte classica, medievale, rinascimentale, barocca e arte otto-novecentesca. Create due gruppi, uno composto da chi ama l'arte più classica e uno con i "modernisti", e fate una discussione sulle ragioni dei vostri gusti, cercando di convincere chi non la pensa come voi: ricordate che in questioni di gusto nessuno ha ragione e nessuno ha torto, tutti hanno ragione, se giustificano quello che dicono...

Per dire che una cosa vi piace o non vi piace potete usare molte forme: fate una lista, dividendo alla lavagna le forme e gli aggettivi che vi servono per:

- esprimere entusiasmo per una cosa che vi piace immensamente;
- dire che una cosa vi piace / non vi piace;
- dire che siete d'accordo (moltissimo, abbastanza, poco) o non siete d'accordo con l'opinione di un altro;
- cambiare idea: ricordate che solo gli stupidi non cambiano idea, e saper comunicare che si sta cambiando opinione è molto importante!

3 Di quale delle sei opere stanno parlando queste persone?

Ascolta l'AUDIO 24 e scrivi il numero della conversazione corrispondente: trovi la trascrizione tra gli esercizi supplementari online, con alcuni *post-it* linguistici.

- conversazione ◯ Bronzi di Riace
- conversazione ◯ Bernini
- conversazione ◯ Boccioni
- conversazione ◯ Mosaici
- conversazione ◯ Michelangelo
- conversazione ◯ De Chirico

4 Riascoltiamo l'AUDIO 24 e discutiamo, mettendo in pausa dopo ogni conversazione.

Con quale delle opinioni espresse sei o non sei d'accordo? In particolare, che cosa pensi di queste dichiarazioni?

- Gli artisti, anche i futuristi, muoiono, le loro idee muoiono con loro e ci interessano poco: rimangono le loro opere. Che sono *belle* o *brutte*, non fasciste o socialiste. (→ conversazione 1)
- È talmente complesso che conviene prima guardare l'insieme e solo dopo concentrarsi sui dettagli, sui singoli personaggi... (→ conversazione 2)
- Non sono solo due begli uomini nel pieno della loro forza, non sono *persone*, sono l'*idea* di una persona; sono un'idea della bellezza totale. (→ conversazione 3)
- Non mi dicono niente, non mi emozionano; capisco che sono importanti per la storia dell'arte, ma non mi dicono assolutamente niente! (→ conversazione 4)
- È il mercato. Il mercato è la rovina dell'arte, dal Novecento in poi: i quadri sono diventati degli *status symbol*. (→ conversazione 5)
- I grandi artisti dipingono un'emozione, non un fatto o un evento; dipingono o scolpiscono l'*anima* di una persona, non il suo corpo... (→ conversazione 6)

I mosaici sono tipici dell'arte bizantina, cioè ispirata da Bisanzio, dove l'Impero romano continuò fino al Quattrocento. Questo mosaico è a Ravenna, la capitale bizantina in Italia, ma i mosaici di San Marco a Venezia sono altrettanto importanti.

L'affresco del *Giudizio universale* di Michelangelo nella Cappella Sistina è talmente grande e complesso che è più facile ricordarne i particolari che l'insieme. Tra i particolari, la mano di Dio che dona la vita ad Adamo, il primo uomo, è un'icona riconosciuta in tutto il mondo.

Giorgio De Chirico è uno dei maggiori artisti del Novecento, il fondatore della Scuola "metafisica", una versione italiana del Surrealismo. I suoi quadri (questo è *Canto d'amore*, 1914) sono in un "non-tempo" e in un "non-spazio", quindi sono "al di là" (*meta-*) delle "cose reali" (*-fisiche*).

Riflessione sulla lingua

Tra le forme di arte "minore", dall'antichità a oggi ci sono i cammei, bassorilievi bi-colori che si ottengono lavorando su conchiglie, che hanno all'esterno un colore (che rimane per le figure) e all'interno un altro colore (che serve da sfondo). Questo è un cammeo mediceo, cioè della Firenze dominata dai Medici tra Quattrocento e Cinquecento.

5 Che bel *bassorilievo*! Che bei *bassorilievi*!

Bassorilievo è una parola composta da due parole: .... + *rilievo*. *Rilievo* indica qualcosa che emerge, che si alza rispetto allo sfondo (anche le montagne, che si alzano sul fondovalle, si chiamano *rilievi*).
Se la scultura si alza poco, è un *basso*rilievo, se si alza molto, quasi a staccarsi dallo sfondo, è un *alto*rilievo.

- *basso* è un ○ nome ○ aggettivo
- *rilievo* è un ○ nome ○ aggettivo

a. Forma il plurale di queste parole composte da **aggettivo + nome**:

- bassorilievo → ....
- nerofumo → ....
- altoparlante → ....
- francobollo → ....
- altorilievo → ....

Come vedi, molte delle parole composte da aggettivo + nome sono sentite come una parola unica e fanno il plurale modificando la seconda parola.

b. Lo stesso vale per le parole composte da **aggettivo + aggettivo**:

- pianoforte → ....
- chiaroscuro → ....
- bianconero → ....
- grigioverde → ....

c. Ci sono però alcune parole composte (formate da aggettivo + nome) che fanno il plurale modificando **entrambe le parole**:

- mezzatinta → mezzetinte.

Nelle chiese ci sono molti oggetti artistici oltre a quadri e sculture: per esempio i *reliquari* come questo, il *Reliquiario delle Sante Spine*, dell'inizio del xvi secolo, che si trova nel Duomo di Brescia. Le *reliquie* erano parti del corpo di Santi o di altri oggetti di valore sacro per i cristiani: in questo esempio c'è una parte della corona di spine della passione di Gesù. Molte delle reliquie erano false... Ma i reliquiari sono veri e sono bellissimi.

6 Nell'ES. 5 ci sono alcune parole colorate. Secondo te, perché?

Per rispondere, pensa al titolo di questo *Passo*...
Ora copia le parole colorate vicino alle definizioni corrispondenti:

- ....: un colore molto scuro, fatto con del legno bruciato
- ....: scultura in cui la parte scolpita emerge poco dallo sfondo
- ....: un insieme di due colori usato per dipingere le montagne distanti, i boschi, le ombre sull'erba
- ....: il colore delle incisioni classiche e delle foto fino alla metà del Novecento; significa anche *juventino*, tifoso della Juventus (come i *nerazzurri* sono i tifosi dell'Inter e i *rossoneri* quelli del Milan)
- ....: un effetto di sfumature di colore che servono per dare il senso dell'ombra, l'*ombreggiatura*
- ....: scultura in cui la parte scolpita emerge molto dallo sfondo

7 Secoli e periodi.

a. Completa queste frasi che hai trovato nel *Passo*:

- I bronzi di Riace sono del .... a.C.
- Il *Reliquario delle Sante Spine*, dell'inizio del ...., si trova nel Duomo di Brescia.

I *secoli* si scrivono con il numero romano e si pronunciano con il numero ordinale: *quinto*, *sedicesimo* ecc. Nell'arte classica spesso si parla di secoli *a.C.*, *avanti Cristo* (cioè "prima di Cristo"); se non è indicato niente, allora è sottinteso che i secoli sono *d.C.*, *dopo Cristo*.

Il v secolo a.C. comprende gli anni ○ 599-500 ○ 499-400.
Il xvi secolo d.C. comprende gli anni ○ 1500-1599 ○ 1600-1699.

b. Parlando di arte, letteratura e musica italiana, spesso si usa un modo particolare per indicare i secoli dal xiii in poi. Completa queste frasi che hai trovato nel *Passo*:

- Questo è un cammeo mediceo, cioè della Firenze dominata dai Medici tra .... e ....
- Nel Piacere dell'italiano 2 hai trovato tre quadri ....*eschi*.
- Nel Piacere dell'italiano 3 ci sono quadri ....-....................*eschi*.

Un'altra arte "minore" è la gioielleria. Questo anello rinascimentale ha grande importanza storica perché mostra quale fosse l'interscambio tra mondo arabo ed Europa: sullo zaffiro, una pietra azzurra che si trovava in Sri Lanka, Arabia e Persia, era stato inciso un nome arabo.

I secoli da Duecento a Novecento, espressi con il numero senza *mille*, si scrivono con la maiuscola e si usano in modo meno preciso rispetto ai secoli con il numero ordinale: per esempio, diciamo che Dante è uno scrittore del *Trecento*, ma incomincia a scrivere negli ultimi anni del *Duecento*...

L'aggettivo relativo a Duecento, Trecento ecc. si forma con il suffisso .... (attenzione: negli esempi hai trovato il plurale, qui devi scrivere il singolare!).

Se devi nominare due secoli vicini, puoi tagliare .... dal primo dei due.

L'arte del vetro è la più fragile che esista: basta un piccolo incidente e un capolavoro finisce in pezzi. A Murano, l'isola della laguna di Venezia famosa per il vetro, c'è un museo che raccoglie pezzi meravigliosi, dai Romani a oggi: questa è una coppa di fine Ottocento.

8 Certe volte non serve essere precisi, si può essere indefiniti, imprecisi.

Completa queste frasi del *Passo*, dove vedrai che le parole mancanti non sono precise.

a. Ricordate che in questioni di gusto .... ha ragione e .... ha torto. (→ **ES. 2**)

b. Trovi la trascrizione tra gli esercizi supplementari online, con .... *post-it* linguistici. (→ **ES. 3**)

c. Be', sì, in effetti, se .... la guarda pensando al movimento... (→ **conversazione 1**)

d. Probabilmente .... ricco romano, secoli dopo, aveva acquistato o rubato le statue e le stava portando in Italia, nella sua villa... (→ **conversazione 3**)

e. Ma .... che passa la vita a fare sempre gli stessi quadri... (→ **conversazione 5**)

f. *Rilievo* indica .... che emerge... (→ **ES. 5**)

g. Assicurati con i compagni e l'insegnante di aver compreso .... parola. (→ **Le parole dell'arte**)

Ricordi certamente che queste parole sono aggettivi e pronomi *indefiniti* (su cui torneremo spesso in questa Unità): sono .... se accompagnano un nome, sono .... se sostituiscono un nome.

Scrivi le lettere delle frasi in cui queste parole sono aggettivi o pronomi:

- aggettivi: ....
- pronomi: ....

- Alcuni indefiniti possono essere **sia aggettivi sia pronomi**:
  - ***nessuno/a***, sempre singolare, vuole *non* quando viene dopo il verbo: ***Nessuno** mi guarda / Non mi guarda **nessuno***;
  - ***alcuno/a***, singolare, spesso rafforza il negativo *non*: *Non c'è **alcun** problema*;
  - ***alcuni/e***, plurale, significa *qualche*: ***Alcuni** uomini si credono invincibili*;
  - ***ciascuno/a***, sempre singolare: ***Ciascuno** merita di essere felice*.
- Altri indefiniti sono **solo aggettivi**:
  - ***qualche***, sempre singolare, significa *alcuni*: ***Qualche** amico uscirà oggi pomeriggio*;
  - ***ogni***, sempre singolare: ***Ogni** alunno deve fare questi esercizi*.
- Infine ci sono indefiniti che sono **solo pronomi**:
  - ***qualcosa, qualcuno/a*** significano "qualche cosa" e "qualche persona" e sono sempre singolari: ***Qualcosa** è sicuramente successo*; ***Qualcuno** può dirmi cosa è successo?*;
  - ***ognuno/a***, sempre singolare: ***Ognuno** merita una seconda possibilità*.

Nessuno, *alcuno* e *ciascuno* seguono le regole dell'articolo *uno*: al maschile diventano *nessun*, *alcun* e *ciascun* davanti a vocale e a consonante (se non è *z* o *s* + consonante): *nessun altro*, *nessun ragazzo*, *nessuno zaino*, *nessuno sciocco*.

Tra le arti "minori" c'è la decorazione interna dei palazzi: questa è Ca' Rezzonico, una casa (*ca'*) veneziana che ospita il Museo del Settecento veneziano, con tutte le forme di arte minore – sempre che sia possibile considerare "minori" i lampadari "Rezzonico", che prendono il nome da questo palazzo e sono tra i più imitati nel mondo.

9 ***Quello*** **è *bello*! E anche *buono*!**

Nel riquadro grammaticale sugli indefiniti hai visto che *nessuno* e *ciascuno* si comportano come l'articolo *uno*. Nel *Passo* hai trovato un altro aggettivo che si comporta come un articolo – in questo caso, come l'articolo determinativo:

- È il più .... affresco che abbia visto in vita mia... (→ **conversazione 2**)
- Non sono solo due .... uomini nel pieno della loro forza. (→ **conversazione 3**)
- Che .... bassorilievo! Che .... bassorilievi! (→ **ES. 5**)

- ***Bello*** e ***quello***, quando sono usati prima di un nome, si comportano come l'articolo determinativo:
  - diventano *bel* / *quel* oppure *bei* / *quei* davanti a consonante (tranne *z* e *s* + consonante): ***bel*** *cane*, ***quel*** *cane*, ***bei*** *cani*, ***quei*** *cani*;
  - diventano *bello* (*bell'*) / *quello* (*quell'*) oppure *begli* / *quegli* davanti a vocale e alle consonanti *z*, *s* + consonante: ***bell'****amico*, ***quell'****amico*, ***begli*** *amici*, ***quegli*** *amici*.
- ***Buono*** si comporta come l'articolo indeterminativo: diventa *buon* davanti a vocale e consonante (tranne *z* e *s* + consonante): ***buon*** *uomo*, ***buon*** *ragazzo*.

il buon Rossi, un buon uomo, una buona donna

- Usare *buono* davanti a un nome o a un cognome (*il **buon** Rossi*) non indica che quella persona è buona: è un'espressione un po' critica e significa "è un po' ingenuo", "crede a tutto", "si fa illusioni". Talvolta può anche essere un po' offensivo, dando la sensazione che il povero Rossi sia un po' stupido.
- Anche l'espressione *un **buon** uomo*, che dà una valutazione positiva, indica che Rossi è un uomo onesto, sincero, ma non molto intelligente.
- Invece l'espressione *una **buona** donna* è offensiva: si intende che è una donna disonesta, che tradisce, di cui non ci si deve fidare.
- Se vuoi indicare che una persona è davvero buona devi dire: *un uomo **buono**, una donna **buona***.

LE PAROLE DELL'ARTE

Assicurati con i compagni e l'insegnante di aver compreso ciascuna parola e scrivi a fianco la parola corrispondente nella tua lingua, così sei certo di aver capito bene.

Materiali

bronzo → ....
marmo → ....
vetro → ....
Ne conosci altre? ....

Aspetti tecnici

chiaroscuro → ....
insieme *vs* dettaglio, particolare → ....
prospettiva → ....
(s)fondo → ....
Ne conosci altre? ....

Periodi storici

Arte classica, greca, romana, bizantina, barbara → ....
Medioevo, *-ale* → ....
Romanico → ....
Duecento, *-esco*, XIII secolo → ....
Trecento, *-esco* XIV secolo → ....
Rinascimento, *-ale* → ....
Barocco → ....
Moderno → ....

Diversi tipi di opere:

affresco → ....
altorilievo / bassorilievo → ....
cammeo → ....
candelabro → ....
decorazione → ....
gioiello, gioielleria → ....
mosaico → ....
quadro → ....
reliquario → ....
scultura, scolpire → ....
statua → ....
Ne conosci altre? ....

Scuole, movimenti (gruppi di artisti simili)

Macchiaioli → ....
Futurismo, *-ista* → ....
Surrealismo, *-ista* → ....
Pittura metafisica → ....

P20 / Venti | L'italiano dell'architettura

L'Abbazia di Pomposa, in Emilia-Romagna

Nei secoli che vanno dal VI al X l'Italia Adriatica, il Sud e le Isole hanno come punto di riferimento culturale Bisanzio, la capitale dell'Impero orientale. Le architetture **bizantine** sono semplici nelle linee, fatte di **mattoni**, con poche **decorazioni** all'esterno e coperte di **mosaici** all'interno. Questa è Pomposa, sul delta del Po, costruita nell' IX secolo: qualsiasi pellegrino che arrivava qui durante il suo pellegrinaggio per Roma aveva subito l'idea che la porta della casa di Dio fosse aperta, lo accogliesse. Spesso nelle chiese bizantine e romaniche c'era un **portico** che serviva per dare riparo. All'interno, le linee erano semplici: **colonne** rubate a qualche **tempio** romano, **tetto** in legno, un semplice **altare** nell'**abside**. Le **pareti** coperte di mosaici raccontavano le storie della Bibbia e del Vangelo: la chiesa, anche con i suoi **muri**, portava la parola di Dio. Queste chiese non volevano essere "belle" ma "sacre".

La Cattedrale di Troia, in Puglia

Anche la **cattedrale** di Troia (1093-1125), una delle tante chiese **romaniche** della Puglia, ha un interno semplice, che spinge l'uomo a pregare e non a distrarsi guardando la bellezza delle decorazioni, delle statue, dell'altare. La **facciata** è decorata con **archi "ciechi"**, cioè che si aprono su un muro e non su una **finestra**, e che si ripetono più e più volte. Questi archi sono fatti con la stessa **pietra di costruzione** della facciata: è la luce (che rappresenta Dio) a farli diventare visibili. Le finestre sono piccolissime e quasi tutta la luce arriva dal grande **rosone** che si trova nella **navata centrale**. Anche queste chiese, come quelle bizantine, hanno di solito tre navate, con tetti in legno e colonne semplici, che non distraggono chi vuole pregare. Sono "case di Dio" dove l'uomo è ospite - e sono case solide, con muri grossi, che dicono "qui sei protetto da ogni male, qui sei al sicuro sotto lo sguardo di Dio".

Comprensione & produzione

1. **Per prepararti a questo *Passo*, puoi sfogliare, tra il materiale online, le schede del *Dizionario per immagini* che riguardano l'architettura e gli stili.**

2. **L'architettura e il rapporto tra l'uomo e Dio.**

Le chiese cristiane, come le sinagoghe arabe, le moschee islamiche, i templi orientali, sono il luogo in cui l'uomo si mette in relazione con Dio. L'architettura interpreta e guida questa relazione.
Secondo te, che caratteristiche dovrebbe avere un edificio in cui l'uomo cerca Dio?
Pensa a questi elementi e a qualunque altro aspetto che ti sembra rilevante:

- i materiali
- le decorazioni
- la luce
- la grandezza

Discutine con la classe, ricordando che su questi argomenti ognuno ha idee sue, personali; poi leggi i testi che trovi in queste pagine, guardando le immagini e ascoltando l'AUDIO 25.

Il Duomo di Milano

Il Duomo di Milano, cominciato a fine Trecento, è una delle ultime cattedrali **gotiche**: sia dentro sia fuori è tutto rivolto verso il cielo, verso Dio. All'esterno è una foresta di **guglie**, all'interno (dove ci sono ben cinque navate!) le colonne formano una foresta di marmo e spingono lo sguardo di chi prega verso Dio, verso l'alto. Le grandi finestre della facciata sono state rifatte nel Rinascimento: quelle originali erano le tipiche finestre gotiche ad **arco "acuto"**, come quelle che ancora ci sono nel **transetto** che sporge in fondo. Le chiese in quei secoli erano fatte come una croce: il braccio lungo va dall'**ingresso** attraverso le navate fino all'abside; il braccio corto forma il transetto; all'incrocio tra navate e transetto c'è l'altare. Nel Duomo di Milano l'interno è molto ricco, mentre in molte chiese gotiche i muri sono fatti di semplici mattoni, non hanno decorazioni e non distraggono chi vuole parlare con Dio.

La Basilica di San Giorgio a Venezia

A metà Cinquecento Andrea Palladio, l'architetto **rinascimentale** che ha ispirato chiese e palazzi in tutto il mondo, costruisce San Giorgio Maggiore a Venezia. Osserva le foto. L'uomo rinascimentale si sente potente, sfida la natura: l'esterno è ben piantato a terra e non porta più gli occhi al cielo; l'interno è a tre navate, ma molte chiese rinascimentali sono "ad **aula**", cioè una grande sala senza navate (una sala riunioni per uomini, in cui l'altare di Dio è solo una piccola parte). Le colonne sono diventate una decorazione, ma sono i **pilastri** grossi e massicci che sopportano il peso del tetto e della **cupola**; alle pareti delle **navate laterali** ci sono grandi quadri. Nelle chiese romaniche le finestre erano piccole, chiunque poteva entrare e dialogare con Dio nella penombra; nel Rinascimento le finestre diventano enormi, tutto è pieno di luce, chi prega viene visto da tutti. Per pregare bisogna chiudere gli occhi, altrimenti le cose degli uomini diventano più importanti delle cose di Dio...

3 Verifica la tua memoria, poi controlla sui testi.

a. Accoppia ogni chiesa allo stile che essa rappresenta: scrivi il numero corrispondente allo stile.

1. rinascimentale **2.** gotico **3.** bizantino **4.** barocco **5.** neoclassico **6.** romanico

- Basilica di San Giorgio a Venezia ....
- Basilica di San Francesco a Napoli ....
- Duomo di Milano ....
- Abbazia di Pomposa ....
- Cattedrale di San Giorgio a Modica ....
- Cattedrale di Troia ....

b. Rispondi alle domande.

- Quale chiesa ha uno spazio esterno coperto per accogliere i pellegrini? ....
- Quale chiesa è rivolta al cielo, con guglie e colonne altissime? ....
- Quale chiesa ha una decorazione che emerge solo con la luce? ....
- Quale stile ama più le decorazioni delle linee semplici? ....
- Quale stile vuole dare il senso di forza, solidità e potenza? ....
- Quale stile piaceva a Napoleone e a molti costruttori di palazzi di governo? ....

c. Ascolta ancora l'**AUDIO 25**, senza leggere, per verificare le tue risposte.

4 Leggi i testi insieme al tuo compagno, cercando di intuire il significato delle parole in colore.

Nella pagina accanto c'è una scheda in cui ci sono le parole tipiche dell'italiano dell'architettura. Tra gli esercizi supplementari online trovi anche altre foto, che ti aiutano a capire l'architettura italiana.

La Cattedrale di San Giorgio a Modica, in Sicilia

Nel Sei-Settecento la solidità della società rinascimentale scompare: c'è l'inflazione portata dall'oro americano, c'è la peste e l'Italia è dominata dagli stranieri. In architettura, al posto delle linee chiare, decise e sicure di Palladio ci sono delle linee curve: le costruzioni vogliono stupire, sorprendere, anziché dare un senso di forza e solidità. Soprattutto nel Sud, dominato dagli Spagnoli, l'arte **barocca** crea dei capolavori: qui vedi l'esterno di San Giorgio a Modica e l'interno di San Bartolomeo a Scicli, una cittadina siciliana. Come strutture architettoniche sono capolavori, ma come luoghi per parlare con Dio non funzionano: tutto è pieno di colori, marmi, dipinti, dorature... non c'è più né l'uomo povero e umile dell'anno Mille, né quello forte e sicuro di sé del 1500. E non c'è neppure Dio: l'altare quasi non si vede in mezzo a tante decorazioni...

La Chiesa di San Bartolomeo a Scicli, in Sicilia

La Basilica di San Francesco di Paola a Napoli

Alla fine del Settecento in tutta l'Europa c'è una reazione all'eccesso dell'arte barocca, si sente il bisogno di tornare alla semplicità delle linee classiche. Si copiano le linee dei templi greci e romani dopo mille anni in cui erano stati dimenticati: molti **edifici** hanno facciate che ricordano il Partenone di Atene o il Pantheon di Roma, hanno grandi **colonnati** all'interno e all'esterno, sono "imperiali" - e Napoleone fu il grande protettore dell'arte **neoclassica**.

Questa è la chiesa di San Francesco di Paola, a Napoli, costruita tra fine Settecento e inizio Ottocento: come vedi, l'interno, con il colonnato classico e le statue, potrebbe essere quello di una sala nelle terme di Roma antica, o di un parlamento come Capitol Hill a Washington, costruito in questo stile "palladiano" negli stessi anni. Dov'è la preghiera intima, dov'è l'uomo che parla con Dio?

LE PAROLE DELL'ARCHITETTURA

Assicurati con i compagni e l'insegnante di aver compreso ciascuna parola e scrivi a fianco la parola corrispondente nella tua lingua, così sei certo di aver capito bene.

Costruzioni
- chiesa, cattedrale, duomo → ....
- fortezza, castello → ....
- palazzo → ....
- tempio → ....
- Altre parole che conosci → ....

Effetti
- colore → ....
- decorazione → ....
- doratura → ....
- leggerezza → ....
- solidità → ....
- Altre parole che conosci → ....

Materiali
- legno → ....
- mattoni → ....
- pietra → ....
- Altre parole che conosci → ....

Strutture e parti
- abside → ....
- arco → ....
- colonna, colonnato → ....
- cupola → ....
- facciata → ....
- guglia → ....
- ingresso → ....
- muro → ....
- navata centrale, → ....
- navata laterale, → ....
- parete → ....
- pilastro → ....
- rosone → ....
- tetto → ....
- transetto → ....
- Altre parole che conosci → ....

Palazzo Ducale a Venezia

A sinistra: Palazzo Ducale, la sede del Doge, il duca di Venezia. A destra, il Palazzo Pubblico, cioè del governo, a Siena. Sono due **palazzi** gotici, come puoi capire dalle finestre ad arco acuto. Qui vedi la grande differenza tra l'arte veneziana e quella del centro Italia: da una parte **colore**, fantasia, **leggerezza** sull'acqua della laguna, dall'altra **pietra**, geometria, **solidità** nelle colline toscane. In qualsiasi Comune, in qualunque città italiana trovi questi due tipi di **costruzione**: la cattedrale (o duomo) e il palazzo pubblico (se era una repubblica) o ducale (se era un ducato).

Palazzo Pubblico a Siena

Palazzo Strozzi a Firenze

Palazzo Strozzi (a sinistra) fu costruito alla fine del Quattrocento da una potentissima famiglia di banchieri di Firenze: chiunque lo veda ha il senso immediato della potenza, della ricchezza del Rinascimento fiorentino. Palazzo Barberini (qui sotto) fu costruito a Roma all'inizio del Seicento per il Cardinale Barberini: i cardinali, cioè gli elettori dei papi, erano i potenti di Roma, come i banchieri lo erano a Firenze e i mercanti a Venezia. Questi due palazzi aristocratici dell'inizio e della fine del Rinascimento ti danno l'idea del cambiamento del gusto in un secolo: il primo è ancora simile a una **fortezza**, a un **castello**, il secondo è una vetrina piena di luce.

Palazzo Barberini a Roma

5 Prima di leggere i testi qui sopra, guarda le foto dei quattro palazzi.

Due di questi edifici sono palazzi pubblici, sedi di governo, costruiti dopo che i castelli e le fortezze medievali erano diventati inutili, perché il potente non doveva più proteggersi su una collina ma poteva ormai vivere nel cuore della città. Gli altri due sono palazzi di famiglie potenti, ricchissime (ricorda che tra il Trecento e il Cinquecento l'Italia era la "Wall Street" d'Europa). Quali palazzi sono pubblici e quali privati? Da che cosa ti viene questa idea?
Leggi i testi e verifica la tua intuizione.

Riflessione sulla lingua

6 Altri indefiniti.

a. Completa queste frasi che hai trovato nel *Passo*. Che cosa manca?

- .... pellegrino che arrivava qui durante il suo pellegrinaggio per Roma... (→ Abbazia di Pomposa)
- “Qui sei protetto da .... male”. (→ Cattedrale di Troia)
- .... poteva entrare e dialogare con Dio nella penombra. (→ San Giorgio a Venezia)
- Pensa a questi elementi e a .... altro aspetto ti sembra rilevante. (→ ES. 2)
- Su questi argomenti .... ha idee sue, personali. (→ ES. 2)
- In .... Comune, in .... città italiana trovi questi due tipi di costruzione. (→ Palazzi pubblici)
- .... lo veda ha il senso immediato della potenza, della ricchezza del Rinascimento fiorentino. (→ Palazzi privati)

Nelle frasi hai inserito aggettivi e pronomi *indefiniti*. Nel P19 hai trovato:

nessuno *alcuno* *ciascuno* *qualche* *qualcosa* *qualcuno* *ognuno*

Qui hai scritto alcuni *aggettivi*, che si usano sempre accoppiati a un nome, e *pronomi*, che sostituiscono nomi.

- ***Ogni*** è un aggettivo (quindi si usa sempre davanti a un nome); è sinonimo di *ciascuno/a* (che può essere aggettivo e pronome) e di *ognuno/a* (pronome, che quindi non si usa mai davanti a un nome). Questi indefiniti sono per forza singolari, perché si riferiscono alla singola persona, a ogni persona presa da sola.
- ***Chiunque*** (pronome) e ***qualsiasi*** / ***qualunque*** (aggettivi) sono sempre singolari e significano “ogni persona o cosa”, non importa quale.

b. Crea delle frasi con questi indefiniti, poi falle controllare al tuo compagno mentre tu controlli le sue.

- ogni: ....
- ciascuno (*aggettivo*): ....
- ciascuno (*pronome*): ....
- ognuno: ....
- chiunque: ....
- qualsiasi: ....
- qualunque: ....

7 Completa queste frasi che hai trovato nel *Passo*. Che cosa manca?

a. Una sala riunioni per uomini, in .... l’altare di Dio è solo una piccola parte. (→ San Giorgio a Venezia)
b. Si copiano le linee dei templi greci e romani dopo mille anni in .... erano stati dimenticati. (→ San Francesco di Paola a Napoli)
c. Le chiese cristiane sono il luogo in .... l’uomo si mette in relazione con Dio. (→ ES. 2)
d. C’è una scheda in .... ci sono le parole tipiche dell’italiano dell’architettura. (→ ES. 4)

Nelle frasi hai inserito il pronome relativo *cui*, che significa “quale”.
Negli esempi *cui* è preceduto dalla preposizione *in*.
In tre casi indica luogo: ○ a ○ b ○ c ○ d In un caso indica tempo: ○ a ○ b ○ c ○ d
Quando indica luogo puoi usare *in cui*, *nel quale* (concordando il genere e il numero), *dove*.
Quando indica tempo, potresti usare *quando*, ma suona molto male, quindi è meglio *in cui* oppure *nel quale*.

Cui si unisce ad altre preposizioni, ma in tre casi può crearti qualche problema:

- *Il ragazzo **cui** hai dato appuntamento è in ritardo*: *cui* significa “....................” e indica il destinatario di un’azione; non è obbligatorio mettere *a*.
- *Il ragazzo **il cui** numero di telefono hai dimenticato si chiama Giorgio*: in questo caso *cui* significa “.......... quale”, indica possesso e va messo tra l’articolo e la cosa posseduta.
- *Hai perso il telefono, **per cui** non puoi chiamarlo*: in questo caso *per cui* indica una conclusione e puoi usare un connettore come ....

Ascoltare l'arte

L'arte si *guarda*, è vero, ma a questo punto dovrebbe essere un gran piacere per te anche *ascoltare* i commenti a questi capolavori della pittura, della scultura e dell'arte italiana - e mondiale! Trovi le descrizioni negli AUDIO 26-29: le trascrizioni sono negli esercizi supplementari online, con commenti e un'attività del tutto nuova, che per ora puoi provare a fare da solo a casa (AUDIO 30).

La ***Primavera*** di Sandro Botticelli, dipinta nel 1482 per Lorenzo de' Medici (AUDIO 26) è un quadro dal significato oscuro: il ragazzo a sinistra è il dio Hermes (il Mercurio latino) da cui deriva *ermetico, misterioso*. L'audio ti offre tre possibili interpretazioni. Che cosa ne pensi?

Botticelli, *Primavera* (particolare), 1482, Firenze, Galleria degli Uffizi

I ***Prigioni*** (AUDIO 27) di Michelangelo sono sei: due sono finiti e puoi vederli al Louvre, quattro sono "non finiti", come questi. Hanno un fascino unico: enormi blocchi di marmo che imprigionano uomini che lottano per uscire, per vivere. Michelangelo lasciò molti lavori non finiti, soprattutto le ultime tre *Pietà*, che puoi trovare in rete: ti piacciono? Oppure preferisci le statue perfette come il *David* o la *Pietà* del Vaticano? Perché?

Michelangelo, *Schiavo che si ridesta*, 1525-1530, Firenze, Galleria dell'Accademia

Michelangelo, *Schiavo* detto *Atlante*, 1525-1530, Firenze, Galleria dell'Accademia

Piazza dei miracoli a Pisa

La ***Piazza dei miracoli*** a Pisa (AUDIO 28) è il luogo giusto per fare un viaggio nel tempo: è come l'avresti vista all'inizio del Duecento, tranne per la parte alta del Battistero (l'edificio rotondo, dove si facevano i battesimi), che fu modificato nel Trecento e che era ispirato alla Moschea di Omar, a Gerusalemme (il rispetto tra le religioni era molto più forte, in quei secoli...).

Chiostro del Duomo di Monreale, Sicilia

Il ***Chiostro del Duomo di Monreale***, vicino a Palermo (AUDIO 29), è legato alla cultura araba. Fino all'XI secolo infatti la Sicilia fa parte del mondo arabo, e nel 1174, quando i nuovi re Normanni (venuti dalla Normandia, a Nord della Francia) iniziano l'enorme Duomo di Monreale, l'influenza araba si sente ancora, come è facile vedere da queste foto. All'interno il Duomo è totalmente coperto di mosaici bizantini, normanni, arabi, italiani, siciliani: erano secoli di grande globalizzazione umana e artistica!

P21 Ventuno | L'italiano della musica

Comprensione & produzione

1 Un dettato "visivo".

Ascolta gli AUDIO 31-34 e scrivi sul quaderno i nomi di questi strumenti musicali. Nelle trascrizioni tra gli esercizi supplementari online trovi delle immagini che ti aiutano a capire anche altri termini musicali.
Per ogni audio c'è la versione con pause per la ripetizione: è un esercizio che torniamo a fare dopo alcuni *Passi*, per allenarti a memorizzare frasi lunghe. A casa, puoi riascoltare la versione con pause registrando sul cellulare lo speaker e la tua ripetizione, così poi puoi confrontarle.

Strumenti ad .... (AUDIO 31)

Strumenti a .... (AUDIO 32)

Strumenti a .... (AUDIO 33)

Altri strumenti (AUDIO 34)

② Negli audio hai trovato altre parole importanti.

Guarda queste foto e ascolta l'insegnante che ti sintetizza alcune cose prese dai quattro audio.

③ Gli strumenti, la musica e le emozioni.

Ricordi certamente che le parole hanno sia un significato di base sia una "connotazione", cioè un aspetto emozionale. Anche la voce degli strumenti è così: il significato è il suono, che può essere alto o basso; l'elemento emozionale è il timbro.

a. Secondo molti il grande strumentista si vede dalla perfezione dei suoni, secondo altri è il timbro che conta: con chi sei d'accordo?

b. Quale strumento ti piace di più e quale di meno in ciascuno dei due gruppi principali di un'orchestra?

c. Possiamo fare un confronto fra strumenti *pescecani* e strumenti *cassaforte*.
Con il loro suono, gli strumenti *pescecani* "uccidono" gli altri strumenti: violini, trombe, timpani e piatti obbligano l'ascoltatore ad ascoltarli, la sua attenzione a quello che fanno gli altri strumenti viene divorata dal pescecane. Al contrario esistono strumenti come l'arpa, il violoncello e il pianoforte che, riprendendo il termine usato per quest'ultimo, sono "casseforti" delle emozioni, rispettano la sensibilità dell'ascoltatore e costringono i pescecani a fare silenzio...
Condividi oppure no questa opposizione che, per comodità, abbiamo chiamato *pescecani* vs. *casseforti*?

d. Ogni strumento musicale risveglia un ricordo: scrivi quale strumento useresti come colonna sonora (cioè come accompagnamento musicale) di queste scene.
- pioggerellina primaverile mentre passeggi con la persona che ami: ....
- pioggia triste a novembre, mentre sei solo: ....
- gruppo di amici seduti a tavola in un agriturismo in campagna: ....
- in metropolitana: ....

Indica altre tre situazioni al tuo compagno; poi lui ne indica tre a te:
- ……………
- ……………
- ……………

e. Se tu fossi uno strumento musicale, che strumento saresti? Perché? ……………
Se il tuo compagno fosse uno strumento, che strumento sarebbe? Perché? ……………
E il tuo insegnante? Che strumento sarebbe? Perché? ……………

4 **Create quattro gruppi: chi preferisce la musica classica, chi il rock, chi il pop, chi ama tutti i tipi di musica.**

a. Ogni gruppo ha un capogruppo, che per 5 minuti guida gli altri nella riflessione su questi temi e nella scelta di 2 o 3 parole chiave per sintetizzare ogni tema:
- la vostra preferenza nel dettaglio: che tipo di autori, con che frequenza ascoltate ecc.;
- il perché della vostra preferenza;
- quale tipo di musica proprio non vi piace.

b. Dividete la lavagna in 4 colonne, una per ogni gruppo: i capigruppo scrivono le parole chiave. Poi l'insegnante guida la discussione: dovete cercare di far cambiare idea a chi non la pensa come voi.

Riflessione sulla lingua

5 **Il plurale dei nomi composti.**

Nell'**ES. 5** del **P19** abbiamo già visto *bassorilievo* → *bassorilievi*, *pianoforte* → *pianoforti* ecc. Qui cerchiamo di completare il quadro - anche se è un quadro impreciso, perché alcune parole composte hanno più plurali.

Completa queste frasi che hai trovato nel *Passo*.

- Con il loro suono, gli strumenti *pesce*……………… "uccidono" gli altri strumenti: violini, trombe, timpani e piatti obbligano l'ascoltatore ad ascoltarli, la sua attenzione a quello che fanno gli altri strumenti viene divorata dal pesce……………….(→ **ES. 3**)
- Al contrario esistono strumenti come l'arpa, il violoncello e il pianoforte che sono "cass………fort………" delle emozioni.(→ **ES. 3**)
- Ogni gruppo ha un ………………gruppo. Dividete la lavagna in 4 colonne, una per ogni gruppo: i ………………gruppo scrivono le parole chiave.(→ **ES. 4**)
- I timpani sono considerati i capisaldi dell'orchestra: un cap……sald…… è, nel linguaggio militare, un punto di partenza.(→ **AUDIO 33**)
- Qui trovi la foto del più grande dei tamburi, la ………………cassa.(→ **AUDIO 33**)
- L'arpa ha un suono luminoso, colorato, proprio come un arco……………….(→ **AUDIO 34**)
- Nei palco……………… di tutti i teatri o nelle sale da concerto gli strumenti ad arco sono davanti, con i violini a sinistra e i contrabbassi a destra.(→ **AUDIO 34**)

Il plurale dei nomi composti

Anche se, come abbiamo detto, le parole composte formano il plurale in più modi, il meccanismo di base è il seguente.

a. Si comportano come una **parola unica**, con il plurale normale, alla fine:

- **aggettivo + aggettivo**: *pianoforte* → ....; *chiaroscuro* → ....; *bianconero* → ....;
- **aggettivo + nome**: *altoparlante* → ....; *bassorilievo* → ....; *grancassa* → ....;
- **nome + nome**: *arcobaleno* → ....; *pescecane* → ....; *madreperla* → .... Nel *Passo* hai trovato *capogruppo* → ...., che si comporta in maniera diversa, come pure *capostazione* → .... Se il genere dei due nomi è diverso, il plurale dovrebbe andare solo nel primo nome (*pescespada* → ....), ma le parole più frequenti si comportano come se fossero parole uniche: *ferrovia* → ....; *banconota* → ....;
- **verbo + nome singolare maschile**: *passatempo* → ....; *passaporto* → ....; *mano* è femminile, ma finisce in *-o* e sembra maschile, quindi *asciugamano* → ....

b. Si comportano come se fossero **due parole**, con il plurale alla fine di ogni parola:

- **nome + aggettivo**: *caposaldo* → ....; *cassaforte* → ....; nel mondo artistico trovi *acquaforte* → ....; *terracotta* → ...., ma ci sono molte eccezioni: per esempio, hai trovato *palcoscenico* → ....

c. Non variano tra singolare e plurale:

- **verbo + nome singolare femminile**: *il portacenere* → *i* ....; *lo scioglilingua* → *gli* ....; *l'aspirapolvere* → *gli* ....; come vedi dall'articolo, queste parole sono sempre maschili anche se sono formate con un nome femminile.

La formazione del plurale dei nomi composti è molto più complessa di questa sintesi, ma la tendenza, sempre più diffusa, è quella di considerarli come parole uniche, quindi con il plurale alla fine, o a lasciare invariato il plurale rispetto al singolare. Quindi non stupirti se in Italia leggi e ascolti forme molto diverse: per esempio, puoi sentire *pescicane*, *pescecani*, *pescicani*...

6 **Come si chiamano nella tua lingua?**

....

....

....

LE PAROLE DELLA MUSICA

Assicurati con i compagni e l'insegnante di aver compreso ciascuna parola e scrivi a fianco la parola corrispondente nella tua lingua, così sei certo di aver capito bene.

Strumenti principali

Ad arco: violino, viola, violoncello, contrabbasso → ....
....

Legni: flauto, clarino, oboe, fagotto → ....
....

Ottoni: tromba, trombone, corno → ....
....

Percussioni: timpani, tamburi, piatti, grancassa, batteria → ....
....

Altri: chitarra acustica ed elettrica, arpa, pianoforte, organo, tasti, tastiera, corda → ....
....

Altre parole che conosci → ....
....

Suoni e timbri

alto, basso, forte, breve, lungo → ....
....

acuto, morbido, profondo → ....
....

Altre parole che conosci → ....
....

Strumentisti

Sempre in *-ista*: violino / violinista, arpa / arpista → ....
....

Attenzione: clarin(ett)o / clarinettista → ....
....

Virtuoso → ....

Orchestra sinfonica, operistica, gruppo jazz o rock → ....
....

Altre parole che conosci → ....
....

P22 / Ventidue | L'italiano dell'opera

Comprensione & produzione

1 Qui sopra trovi le copertine dei CD di opere famose in italiano. Qui sotto trovi i ritratti dei sei compositori.

Scrivi accanto a ogni compositore il cognome, basandoti sull'iniziale e cercandolo sulle copertine dei CD; poi scrivi i titoli delle opere. Infine ascolta l'AUDIO 35 e scrivi il numero della conversazione in cui si parla di queste opere.

Wolfgang A. M ....
....
....
Conversazione ....

Gioacchino R ....
....
....
Conversazione ....

Vincenzo B ....
....
....
Conversazione ....

Giuseppe V ....
....
....
Conversazione ....

Pietro M ....
....
....
Conversazione ....

Giacomo P ....
....
....
Conversazione ....

2 Tra gli esercizi supplementari online trovi le trascrizioni delle sei conversazioni. Leggile completandole con le parole mancanti. Poi riascolta l'AUDIO 35 e verifica.

3 Certamente alcuni di voi conoscono alcune delle opere citate: siete d'accordo con le conversazioni?

Più in generale: vi piace l'opera? Perché sì o no? Avete un'idea della differenza tra un'opera, un'operetta (che in America si chiama *musical*) e le opere rock di oggi?

4 Tra i materiali online trovi le schede per l'ascolto di molte arie d'opera.

Sceglitene una, ascoltala e fai un commento su che cosa hai provato, scrivendo se ti è piaciuta o no e perché: poi invialo all'insegnante.

! Nel sito Bonacci, sotto l'opera "Il Balboni", trovi non solo le guide alle più famose arie d'opera ma anche una storia dell'opera in italiano, che puoi scaricare per avere sempre una tua guida personale.

Riflessione sulla lingua

5 Esprimere il disaccordo o una valutazione negativa con le... parolacce!

In realtà sono "parolacce", ma sono entrate dell'uso comune dell'italiano informale ed espressivo. Le abbiamo già trovate nei volumi precedenti: riprendiamole per ricordarle.

Completa queste frasi che hai trovato nell'audio.

- È una donna ...., se mi permetti. (→ conversazione 1)
- Gli uomini possono scegliere di fare gli artisti, le donne possono fare solo le .... (→ conversazione 2)
- No, non hai capito un ...., e mi hai rovinato il piacere della *Bohème*. (→ conversazione 2)
- Certo che è proprio un immorale, un "figlio di ....". (→ conversazione 3)
- È un collezionista di femmine, non uno che ama le donne viste come esseri umani: è un gran .... (→ conversazione 3)
- Turiddu .... la moglie di Alfio, il più ricco del paese. (→ conversazione 4)
- È vero che da vecchio Verdi ha fatto musica che mi piace, ma nel *Nabucco* era ancora fermo ai valzer, *zum pa pa, zum pa pa...* che ....! (→ conversazione 6)

6 Esprimere i propri gusti.

L'ultima espressione colloquiale che hai trovato nell'esercizio precedente significa che quella musica non piace perché è noiosa. Nelle sei conversazioni ci sono varie espressioni per dire che una cosa piace o non piace.
Le conosci già, ma le richiamiamo alla memoria.

- .... questa musica semplice, questa storia semplice, senza tutte le cose che .... dell'opera romantica. (→ conversazione 4)
- Ah, ... la *Cavalleria*! (→ conversazione 4)
- A me l'opera buffa ...., ... (→ conversazione 5)
- Ma quando Rossini parte con la sua musica, con la sua energia, be', devo ammettere che .... Anzi: .... (→ conversazione 5)
- Comunque è proprio questa musica che ....: giochi, giochetti, giochini... (→ conversazione 5)
- A me 'sta musica di metà Ottocento ...., ... Puccini, Mahler, Strauss... (→ conversazione 6)

Ci sono tre espressioni che forse non hai mai trovato:

- *non mi prende* significa "non mi coinvolge emotivamente", "non mi commuove";
- *non è / non mi piace granché* significa "non mi piace molto", "non è una cosa che meriti attenzione";
- *sono più per* significa "preferisco".

Crea tre frasi con queste espressioni e controlla se il tuo compagno le capisce.

7 Esprimere opinioni contrarie, disaccordo, oppure cambiamento di idee, di opinioni.

Completa queste frasi che hai trovato nelle conversazioni.

- Proprio romantica, questa storia! – ...., *romantica* .... (→ conversazione 1)
- Certo: è una povera donna disperata. Ma è questa disperazione che è romantica. – È una donna stronza, ... – ...., in effetti, ... (→ conversazione 1)
- Quei cinque ragazzi giovani, pieni di ideali e senza un soldo, angeli rovinati dalla povertà, dalla società borghese... – ...., ... angioletti .... e poi .... angeli, ... una fa la prostituta di professione. (→ conversazione 2)
- .... della *Bohème*. .... ragionare in questo modo... No, ..., e mi hai rovinato il piacere delle *Bohéme*! (→ conversazione 2)
- ...., "vittima" .... (→ conversazione 3)
- ...., ... è una storia di povera gente semplice! (→ conversazione 4)
- Ma quando Rossini parte con la sua musica, con la sua energia, ..., ... che non è male. (→ conversazione 5)
- .... questo barbiere che combina matrimoni, organizza truffe, va di casa in casa a fare pettegolezzi... (→ conversazione 5)

Commenta con la classe quali di queste forme sono "forti", molto dirette, e quali sono invece più delicate, più rispettose.

8 Ricordi che cosa sono gli avverbi?

Sono parole che indicano la qualità, il modo ecc. di un verbo, così come gli aggettivi indicano la qualità di un nome. In italiano gli aggettivi hanno genere e numero, invece gli avverbi sono invariabili.

I principali avverbi sono quelli di modo, creati a partire da un aggettivo:

- Be', in effetti, se la racconti così, ... è una stronza. (→ conversazione 1)
  Deriva dall'aggettivo .... + *mente*. L'aggettivo è sempre al ○ maschile ○ femminile.
- Quando canta "Mi chiamano Mimì" è tutta romantica e angelica, ma impara prestissimo come è .... il mondo. (→ conversazione 2)
  Deriva dall'aggettivo .... + *mente*. Quando l'aggettivo finisce in *-le*/*-re* perde la *-e*: *generale* → ...., *regolare* → ....

9 Come gli aggettivi, anche gli avverbi hanno comparativi e superlativi.

a. Cominciamo con i superlativi in *-issimo*.

- Quando canta "Mi chiamano Mimì" è tutta romantica e angelica, ma impara .... come è realmente il mondo! (→ conversazione 2)

b. Se devi fare il superlativo di un avverbio di modo, cioè quelli che usano il suffisso *-mente*, basta mettere *-issima-*, al femminile, prima di *-mente*: per esempio *lento*, *lentamente*, *lentissimamente*; *chiaro*, ..., ...

c. Se devi fare il superlativo con *il più* + aggettivo, per esempio *il più lento*, hai due possibilità:

- *nel modo più lento (possibile)*: è un avverbio di modo, e lo si indica chiaramente usando *modo*; si può anche usare *maniera*, che è un sinonimo: *nella maniera più lenta (possibile)*;
- *il più lentamente possibile*, dove *possibile* è obbligatorio e significa "nel modo più lento che posso".

Hai trovato degli esempi nelle conversazioni:

- Diciamo che si comporta .... Ma invece alla fine Norma si comporta ...., salva la ragazza... (→ conversazione 1)
- E lavoravano .... per essere pagati .... (→ conversazione 5)

d. Il comparativo si forma con *più* / *meno* + forma base dell'avverbio ed è seguito da un termine di paragone: *E lavorano* ***più velocemente*** *degli altri*.

Il comparativo e il superlativo dell'avverbio

FORMA BASE	COMPARATIVO *più / meno* + forma base	SUPERLATIVO RELATIVO *il più / il meno* + forma base	SUPERLATIVO ASSOLUTO forma base + *-issimo / -issimamente* oppure *molto* + forma base
spesso presto	più / meno spesso più / meno presto	il più / meno spesso possibile il più / meno presto possibile	spessissimo prestissimo
chiaramente	più / meno chiaramente	nel modo più chiaro nel più chiaro dei modi il più chiaramente possibile	chiarissimamente molto chiaramente
Ci sono quattro forme irregolari molto usate:			
bene	meglio	nel modo migliore	ottimamente, benissimo
male	peggio	nel modo peggiore	pessimamente, malissimo
molto	più	il più possibile	moltissimo
poco	meno	il meno possibile	minimamente, pochissimo

LE PAROLE DELL'OPERA

Assicurati con i compagni e l'insegnante di aver compreso ciascuna parola e scrivi a fianco la parola corrispondente nella tua lingua, così sei certo di aver capito bene.

Maria Callas, la più grande ***soprano*** (..............................) di sempre, è famosa per la sua interpretazione dell'***aria / romanza*** (..............................) *Casta Diva*, nella *Norma*. Il soprano ha la voce più acuta, ma ci sono anche il ***mezzo soprano*** (..............................) e il ***contralto*** (..............................) che hanno una voce più morbida, più bassa.

Il ***tenore*** (..............................) Luciano Pavarotti è stato un famoso Turiddu nella *Cavalleria Rusticana*. Alfio, il suo rivale in amore, è un ***baritono*** (..............................). Il ***libretto*** (..............................), cioè il testo della *Cavalleria*, è basato su un racconto di Giovanni Verga, uno dei maggiori scrittori italiani del secondo Ottocento.

Il ***duetto*** (..............................) tra Don Giovanni (*baritono*) e il fantasma (***basso***, ...) del padre della ragazza che lui ha ucciso è uno dei più potenti della storia del ***melodramma*** (..............................), cioè del "teatro in musica". In un duetto i cantanti sono 2, in un ***terzetto*** (..............................) sono 3, poi ci sono il ***quartetto*** (..............................), il ***quintetto*** (..............................) e, quando ci sono tanti cantanti, il ***coro*** (..............................).

Quattro storie un po' strane

Le persone che lavorano con la musica sono particolari, lo sappiamo, e spesso le loro vite sono come romanzi. Eccoti quattro storie particolari. Troverai in rete i brani musicali a cui facciamo riferimento. Negli esercizi online trovi commenti e attività.

Antonio Vivaldi: il prete rosso

Era nato a Venezia nel 1678, da una famiglia povera, che per **garantirgli**[1] un futuro l'aveva fatto diventare prete – ma Antonio Vivaldi non aveva alcuna voglia di fare il parroco e di rispettare la verginità dei sacerdoti...
Ancora giovane divenne maestro di musica in un **orfanotrofio**[2] femminile e cominciò a comporre una quantità sterminata di ***sonate*, *concerti*, *sinfonie*, *oratori***[3] ecc. Ma la sua condotta forse non era proprio quella di un buon sacerdote, e quindi fu sospeso per un anno, e poco dopo lasciò Venezia per andare a Mantova, Roma ecc., diventando una "rockstar" sia come compositore sia come virtuoso del violino (ascolta *Le quattro stagioni*, soprattutto la *Primavera*, e capirai che "mostro" era). Ma una star innovativa e brava non piaceva ai musicisti tradizionali, e un prete che amava le cantanti non piaceva alla Chiesa, quindi **molte porte cominciarono a chiudersi**[4] davanti a Vivaldi, che per vivere dovette vendere i suoi manoscritti, le opere, le sinfonie, fino a morire in miseria a Vienna nel 1741.
In pochi anni la sua fama scomparve, come la nebbia in un mattino di primavera. Per quasi due secoli neppure gli studiosi si ricordarono di lui. Fin quando, negli anni Trenta del Novecento, un antiquario capì che genio fosse l'autore di alcuni manoscritti che gli avevano chiesto di vendere: convinse un **finanziere**[5] a investire nell'acquisto e... scoprirono Vivaldi, l'autore che aveva dominato la musica europea, che era scomparso e che è tornato a essere uno dei giganti della storia della musica, autore di 101 sonate, di quasi 500 concerti, di 94 opere!

1. **garantirgli**: dargli, assicurargli.
2. **orfanotrofio**: istituto dove si raccolgono gli *orfani*, cioè i bambini senza genitori.
3. ***sonate, concerti, sinfonie, oratori***: la *sonata* è per uno strumento solista; il *concerto* è per un solista e un'orchestra; la *sinfonia* è per orchestra; l'*oratorio* è una musica di argomento religioso per coro e orchestra.
4. **molte porte ... chiudersi**: molte persone, teatri, orchestre cominciarono a non voler più lavorare con lui.
5. **finanziere**: persona ricca, che vive con la finanza (banche, Borsa ecc.).

Lorenzo Da Ponte: uno strano professore di italiano

Nei primi anni dell'Ottocento, alla Columbia University di New York fu creata la prima cattedra di italiano in America, tenuta per decenni da un sacerdote italiano, Lorenzo Da Ponte. Era molto amato dalla borghesia newyorkese, e quindi non raccontava che era arrivato in America fuggendo da Londra, dopo il **fallimento**[1] del suo teatro; e che a Londra era arrivato, dopo fughe da film d'avventura, scappando da Vienna, dove aveva avuto una relazione amorosa con una studentessa di musica, una principessa; e che a Vienna era arrivato da Venezia, scappando dopo che era stato condannato perché lui, sacerdote, viveva in un **bordello**[2]...
Emanuele Conegliano era un ragazzo ebreo, nato nel 1749 a nord di Venezia: **si era convertito**[3] al cattolicesimo prendendo il nome di Lorenzo Da Ponte, e dopo la fuga a Vienna era diventato famoso con i suoi libretti d'opera, tra i quali la **trilogia**[4] italiana di Mozart: *Le nozze di Figaro*, *Così fan tutte*, *Don Giovanni*, opere che non fanno certo pensare a un buon sacerdote che vuole spingere gli spettatori a pensare a Dio...
Una curiosità: se prendi un testo di Da Ponte scoprirai che il suo italiano, pur essendo del Settecento, è semplicissimo: infatti, è italiano per stranieri, scriveva per spettatori che non erano italiani!

1. **fallimento**: quando una persona o una società non può pagare i debiti *fallisce*.
2. **bordello**: luogo in cui lavorano le prostitute; la parola più comune è *casino*.
3. **si era convertito**: quando una persona passa da una religione all'altra *si converte*.
4. **trilogia**: serie di tre opere che hanno qualcosa in comune.

Pietro Mascagni e Ruggero Leoncavallo: una gara brutale... e poi insieme nei secoli!

Questi uomini non andavano d'accordo... nel 1889 Pietro Mascagni (26 anni) e Ruggero Leoncavallo (32 anni) parteciparono a un concorso lanciato dal più grande editore musicale, Sonzogno, che aveva deciso di finanziare un'**opera prima**[1]. Avevano pochi mesi di tempo per prepararsi, per cui Mascagni si affidò al suo professore di liceo per avere un libretto, e Leoncavallo se lo scrisse da solo.

Mascagni aveva vissuto cinque anni a Milano, dividendo la stanza con un altro giovane studente toscano di musica, Puccini, e quindi conosceva meglio i gusti dei critici musicali: vinse il concorso, ebbe la borsa di studio e la pubblicazione dell'opera, *Cavalleria rusticana* (1890).

Leoncavallo invece non fu riconosciuto e dovette aspettare altri due anni per vedere in scena la sua opera, *Pagliacci*. Fu un successo mondiale: l'aria più famosa, *Vesti la giubba*, cantata da Enrico Caruso fu il primo disco a vendere un milione di copie (ascoltala cantata da Kaufmann: è strepitosa; il brano più famoso della *Cavalleria* è invece l'*Intermezzo*).

Nessuno dei due compose altri capolavori; per guadagnare tutti e due scrissero qualche opera e molte operette, cioè una specie di *musical* alla viennese.

Ma, ironia della sorte, i due giovani divisi dal concorso sono da sempre uniti nei palcoscenici, perché le due opere sono atti unici, sono brevi, e quindi vengono sempre rappresentate insieme...

1. **opera prima**: la prima opera composta da un giovane autore.

Arrigo Boito: l'*aggressore* conquistato dall'*aggredito*

Nella foto fatta a 26 anni Arrigo Boito assomiglia a molti artisti "maledetti", o *maudit* come dicevano i loro modelli parigini. Boito (nato nel 1842) fu davvero un giovane ribelle: ai tempi della foto aveva già vissuto a Parigi e poi in Polonia, aveva già scritto un poemetto un po' *horror*, era già andato con Garibaldi a combattere contro l'Austria, e aveva già scritto un poemetto molto violento e offensivo verso Giuseppe Verdi, *Alla salute dell'Arte*.

Arrigo era fratello di Camillo Boito, letterato ribelle anche lui, e insieme facevano parte della Scapigliatura, un movimento di giovani "spettinati, disordinati" (questo significa *scapigliato*) che si ribellavano alla cultura tradizionale e al mondo borghese: il loro testo di riferimento era *Scènes de la vie de bohème* di Murger, il romanzo da cui

Puccini avrebbe poi tratto *Bohème*. Negli anni Sessanta-Settanta Boito scrisse libretti d'opera, critiche teatrali violentissime, articoli talvolta di amore talvolta di odio verso Wagner e, a 26 anni, aveva composto un'opera presa dal *Faust* di Goethe ma dedicata al nemico di Faust, il diavolo, *Mefistofele* (1868).

Poi questo ribelle incontrò di nuovo quel Verdi che aveva attaccato e offeso, e ne rimase affascinato. Nel 1881 il giovane Boito convinse il vecchio maestro, da molti anni in silenzio, a riprendere in mano un'opera mal riuscita, *Simon Boccanegra*, riscrivendogli il libretto; per Verdi trasse da Shakespeare i libretti di *Otello* e di *Falstaff*, che sono i capolavori musicali di Verdi, totalmente diversi dalla musica popolare della *Traviata*, del *Trovatore*, del *Nabucco*, di *Rigoletto* - dopo anni di violenta contrapposizione, Boito e Verdi diventarono grandi amici ... La vita è davvero imprevedibile!

P23 / Ventitré | L'italiano da Oscar

Questo è il Leone d'oro della Mostra di Arte Cinematografica di Venezia. "Arte cinematografica" è la parola chiave: a Venezia si presentano centinaia di film che spesso non arrivano nelle sale del grande pubblico perché sono "artistici", sono sperimentazione, ricerca, invenzione di nuove strutture narrative ecc. Un altro festival che cerca la qualità è quello di Berlino, mentre quello di Cannes è attento anche all'aspetto commerciale.

L'Oscar, invece, è il premio più legato al business. Ma c'è una categoria dove si premia di più la qualità: è quella per "il miglior film straniero" – e 14 film italiani hanno avuto l'Oscar.

In questo lungo *Passo* scorreremo 60 anni di storia del cinema, attraverso i film italiani che hanno vinto questo premio.

Sciuscià di Vittorio De Sica, 1946

Il film fu **girato** a Napoli subito dopo la guerra ed è uno dei capolavori del Neorealismo, il movimento letterario e cinematografico italiano che dipingeva la vita disperata del dopoguerra. Il titolo viene dalla pronuncia napoletana di *shoe shine*, cioè "lustrascarpe": i bambini che per guadagnare qualche lira pulivano le scarpe dei soldati americani.

Oggi sappiamo che De Sica è stato uno dei più grandi **registi** della storia del cinema, ma nel 1948 per gli americani fu una sorpresa scoprire che questo italiano semplice e tranquillo aveva diretto uno dei film più duri e allo stesso tempo più dolci, una storia di amicizia e tradimento tra ragazzini **manipolati dagli adulti**.

a. Un film viene *girato*. Quando i film non erano registrati con sistemi digitali, si usava la pellicola (*film*, in inglese), cioè una striscia di plastica su cui si fotografavano velocemente le scene: la pellicola girava nella cinepresa (quella che oggi chiamiamo *camera*). Quindi *girare* un film significa...

b. Il Neorealismo è uno stile *realistico*, che dipinge la realtà così come è, ma è *neo*, cioè .... Il realismo "classico" nell'arte e nella letteratura è del secondo Ottocento.

c. *Manipolati dagli adulti*: i ragazzini sono emotivi, hanno una conoscenza limitata del mondo, quindi sono facili da *manipolare* da parte di adulti disonesti, che vogliono usarli per i loro scopi. Quindi *manipolare* significa...

Ladri di biciclette di Vittorio De Sica, 1948

Il film è del 1948, l'anno del primo Oscar di De Sica: nessuno immaginava che due anni dopo quell'italiano avrebbe vinto il secondo Oscar! Anche in questo film, come in *Sciuscià*, non c'erano attori professionisti: la vita vera entrava nello schermo come se bastasse guardarsi intorno con la **cinepresa** in mano, senza **sceneggiature**, **prove**, scelta delle **luci**, delle **inquadrature**, della **colonna sonora**... Il film è la storia di Antonio, che fa l'attacchino, cioè attacca manifesti sui muri di Roma: a un certo punto gli rubano la bicicletta e lui non può più lavorare; cerca disperatamente la sua bicicletta, vorrebbe che qualcuno lo aiutasse ma nessuno vuole o può farlo. Alla fine lui, uomo onesto, finisce per rubare un'altra bicicletta – ma non è un buon ladro e viene subito scoperto.

a. *Cinepresa* deriva da *cine(ma)* + *presa* (participio di ....).
In inglese, lingua del cinema, fare una *foto* si dice *take a picture*, e *take* significa ....

b. Un **copione** o **script** teatrale o **cinematografico** è diviso in tante parti di pochi minuti l'una: sono le scene; per scrivere un copione si divide la storia in tante scene, per *sceneggiare* si fa la *sceneggia*.....................

c. Lo schermo è un grande quadro; in ogni scena il regista decide se il "quadro" mostra le persone da lontano, da vicino ecc.: le *inquadra*, cioè fa una *inquadra*.....................

d. *Sonoro* riguarda ○ vedere ○ gustare ○ sentire; in un film oltre alle voci e ai rumori si sente anche la musica, cioè la *colonna* ....

e. I *manifesti* sono dei grandi fogli di avvisi o pubblicità, dei *poster* o *affiche*.

La strada di Federico Fellini, 1954

Il film fu un enorme passo avanti del cinema (neo)realista. Certamente la **trama**, il **setting**, i **costumi** ricordavano i film neorealisti di De Sica e Rossellini, ma Fellini aggiunse quel che nessuno si aspettava di trovare in questo genere di cinema: la fiaba, la poesia, la fantasia. Era quel gusto del fantastico che lo avrebbe portato in pochi anni a due capolavori come *8½* e *Amarcord*, che troverai tra poco.
La strada racconta di Zampanò, uno zingaro (un grandioso Anthony Quinn) selvaggio e violento che fa "spettacoli" nei paesi dell'Italia contadina, e della sua compagna di viaggio Gelsomina (Giulietta Masina, la moglie di Fellini), una ragazza ingenua, forse un po' pazza, che vive in un mondo tutto suo e che, dopo che Zampanò la abbandona, non può più vivere nel violento mondo "normale" del dopoguerra.

a. *Trama*: la storia, il racconto degli eventi.
b. Il *gusto del fantastico* ha due elementi: i *gusti* sono le cose che ....; il *fantastico* mostra le cose ◯ come sono nella realtà ◯ come sono nei sogni, nelle favole.
c. Gli *zingari* sono una popolazione nomade, che vive in roulotte e si sposta continuamente da un paese all'altro; sono di origine indiana ma da secoli vivono e si spostano in Europa.
d. *Ingenua, che vive in un mondo tutto suo*: che caratteristiche ha secondo te il mondo di Gelsomina? È quello duro della realtà o qualcos'altro? Quindi una persona *ingenua* ha ◯ molta ◯ poca esperienza della realtà.

Le notti di Cabiria di Federico Fellini, 1957

Il film racconta la storia di Cabiria, una prostituta che nella sua anima conserva una pulizia, un'ingenuità e una delicatezza pari a quella di Gelsomina, la protagonista di *La strada* (l'attrice è la stessa, Giulietta Masina): i clienti la sfruttano, tutti la prendono in giro, ma lei vive in un mondo tutto suo. Cabiria riesce a comprare una casetta, ma un truffatore la convince di essere innamorato di lei, le dice continuamente che vorrebbe che lei smettesse di "lavorare", che vuole che lei lo sposi... ma appena lei vende la casa e gli dà tutti i suoi soldi, l'uomo sparisce. Cabiria è depressa, triste, si convince che la sua vita sia stata sprecata e pensa di uccidersi, ma quando passa un gruppo di ragazzi che cantano e ballano, lei si unisce a loro e torna a sorridere, persa nel suo mondo di illusioni.

a. *Sfruttare*: visto che si tratta di una prostituta, di una ragazza ingenua, secondo te questa parola ha un significato positivo o negativo? Significa che la aiutano o che la usano?
b. *Truffare*: lo fa una persona onesta o una che sfrutta l'emotività di una ragazza troppo ingenua? Pensa a quello che il *truffa*.................... fa a Cabiria.
c. *Una vita sprecata*: secondo te la vita di Cabiria è stata utilizzata bene o è stata buttata via?
d. Le *illusioni* sono la realtà vera o quella immaginata?

8½ di Federico Fellini, 1963

Nel 1960 Fellini **aveva diretto** il suo film più famoso, *La dolce vita*, Oscar per i costumi: non sono più gli anni del Neorealismo, sta incominciando il miracolo economico e Fellini ci presenta la Roma dei ricchi che buttano via la loro vita in stupidaggini. Nel 1963 gira *8½*, in cui c'è lo stesso mondo vuoto e infelice. È la storia di un regista famoso che si rende conto che la sua vita è vuota, che ha moglie e amanti ma non ha l'amore, che tutto il mondo del cinema, dei **produttori**, degli **attori**, dei **critici**, dei **giornalisti dello spettacolo** è un mondo falso. Durante la **conferenza stampa** in cui deve presentare il suo nuovo film il regista annuncia che non farà più film. Tante persone che gli avevano giurato amicizia lo lasciano; rimangono solo alcune persone che fanno un grande girotondo con il regista, come dei bambini... e tutto diventa una specie di sogno fuori della realtà.

a. Secondo te il *miracolo economico* si riferisce a un periodo positivo o negativo per un Paese?
b. Uno *stupido* è una persona intelligente o priva di valore? Quindi una *stupid*.................... è una cosa stupida.
c. Le persone che *producono* un film, cioè investono i soldi per farlo, sono i ....
d. Un *girotondo* è un gioco che viene fatto dai .... Riflettendo sulla parola, che deriva da *gira(re)* + *(in) tondo*, riesci a immaginare che tipo di gioco è?

Ieri, Oggi e Domani di Vittorio De Sica, 1963

Fu il primo **film a episodi** a vincere un Oscar: sono tre storie, scritte da grandi autori come Eduardo De Filippo e Cesare Zavattini, che hanno come protagonisti Marcello Mastroianni e Sophia Loren. Il (finto) spogliarello di Sophia Loren è una delle scene *cult* della storia del cinema. Sono storie di donne forti e uomini deboli: la Loren è prima una contrabbandiera napoletana che per non andare in carcere continua a fare figli; poi una ricca borghese milanese con un amante insignificante; infine una prostituta d'alto bordo della quale si innamora un povero seminarista...

De Sica, che era stato uno dei grandi padri del Neorealismo, dirige il primo capolavoro del nuovo genere che dominerà il cinema per vent'anni, la **commedia all'italiana**: finita la disperazione del dopoguerra che era stata raccontata dal Neorealismo, negli anni Sessanta inizia il miracolo economico, torna la voglia di divertirsi e di ridere.

- **a.** *Spogliarsi* vuol dire "togliersi i vestiti": una donna che si spoglia fa uno *spogliar*..............................
- **b.** Il *contrabbando* è la vendita di sigarette, benzina ecc. senza pagare le tasse.
- **c.** Una persona *insignificante* secondo te è interessante? Da cosa lo hai capito?
- **d.** Essere *a bordo* vuol dire essere nella parte alta di una nave, l'alto bordo, che è per i ricchi. È più ricca Cabiria, prostituta di strada, o una prostituta d'alto bordo?
- **e.** Il *seminario* è la scuola dove si formano i sacerdoti; un giovane che frequenta il seminario è un ....
- **f.** Una *tragedia* finisce male, una *commedia* finisce .... La commedia americana era brillante, spiritosa, non trattava argomenti seri; la commedia all'italiana invece presentava, con un sorriso, anche temi importanti.

Indagine su un cittadino al di sopra di ogni sospetto di Elio Petri, 1970

Il film fu diretto da un regista specializzato in **film** politici, **di denuncia**, lontanissimo dal mondo fantastico di Fellini o dalla commedia di De Sica. Il protagonista era Gian Maria Volonté, attore molto impegnato politicamente, l'opposto di un **divo** come Mastroianni. Hollywood sorprese tutto il mondo premiando come migliore film straniero questo regista sconosciuto e questo attore silenzioso, e il mondo si sorprese con questo **thriller** politico-giudiziario: un poliziotto assassino che però, essendo una persona "al di sopra di ogni sospetto", non riesce a farsi arrestare.

Alla fine si autodenuncia e finalmente la polizia arriva, ma non si sa se lo arresteranno o no: il film finisce prima e lo spettatore deve decidere come concludere la storia...

- **a.** Film *di denuncia*: che cosa denuncia, secondo te? Singole persone o un sistema politico, giudiziario, economico?
- **b.** *Divus* in latino significa "dio"; *divo*, più spesso *diva*, è un attore o un'attrice che si considera ....
- **c.** *Al di sopra di ogni sospetto* è una persona che non può essere sospettata perché ◯ è molto onesta ◯ è molto potente. Da che cosa lo capisci?

Il giardino dei Finzi-Contini di Vittorio De Sica, 1970

Il film è uno degli ultimi del grande regista romano e racconta la storia dei giovani di una ricca famiglia ebrea di Ferrara, i Finzi-Contini, e dei loro amici di tennis e di università.

Nel 1938 le leggi razziali del fascismo sconvolgono le loro abitudini e le loro speranze: da un lato i giovani immaginano come sarebbero state le loro vite senza le leggi razziali, dall'altro si rendono conto che tutto è cambiato, che gli ebrei sono perseguitati, che la guerra li chiama, li uccide. Alla fine i nazifascisti prendono la famiglia e la portano in una scuola, dove i vari membri vengono separati. Il film non dice se sono imprigionati, mandati in un campo di concentramento oppure uccisi: De Sica non vuole "raccontare" una storia tradizionale, dall'inizio alla fine, ma obbliga lo spettatore a fare la sua parte, a pensare come lui la farebbe finire.

- **a.** *Sconvolgere* indica che le leggi contro gli ebrei lasciano tranquilla o cambiano completamente la vita? Da che cosa lo intuisci?
- **b.** *Perseguitare* ha un significato positivo o negativo, secondo te? Da che cosa lo capisci? Che cosa significa?

Amarcord di Federico Fellini, 1974

È il film più fantastico, più sognatore, meno realista di Fellini. Il simbolo del sogno, della voglia di fuggire dalla piccola Rimini della sua giovinezza, diventa il grande transatlantico che vedi nella foto - che è chiaramente finto, di cartone, in un mare di plastica: ma a Fellini non interessa più raccontare qualcosa di "vero". Questi sono i suoi ricordi, trasformati dagli anni: *Amarcord* è una parola creata partendo dalla frase *a m'arcord* in dialetto romagnolo, "io mi ricordo". Sono i ricordi dell'adolescenza e della giovinezza passata a Rimini, che allora era una piccola **cittadina di provincia** popolata da persone che la distanza del tempo trasforma in personaggi indimenticabili e universali, fuori dal tempo: la grassa tabaccaia diventa il simbolo della **sensualità**, una prostituta di provincia diventa l'immagine della **seduzione**, lo zio è un pazzo visionario e disperato arrampicato su un albero - ricordi commentati dalla più bella colonna sonora di Nino Rota, che oggi viene eseguita nei concerti come se fosse un brano di musica classica.

a. Una *cittadina di provincia*, secondo te, è piena di vita e di modernità oppure è un po' noiosa e lontana dagli avvenimenti importanti? L'opposto è una *metro*..................................

b. *Sensualità* e *sessualità* sono simili, ma hanno due significati diversi: quale delle due parole, secondo te, è più forte? Una delle due riguarda una parte del corpo umano, l'altra è più legata a un fascino generale.

c. *Sedurre* significa "attrarre"; l'effetto di questa donna sexy è la *sedu*.................................. e lei è una ....*ttrice*.

L'ultimo imperatore di Bernardo Bertolucci, 1987

Il film ricevette ben 9 Oscar e 9 "David di Donatello", cioè il corrispondente italiano di un Oscar. Racconta la storia dell'ultimo imperatore cinese, che in realtà non governò mai perché durante la sua giovinezza aveva potere solo nella Città Proibita, il palazzo imperiale di Pechino, e poi fu imprigionato e "**rieducato**" dalla Rivoluzione culturale.

a. *Ben* + numero non c'entra con "bene", ma serve per dare forza al numero, spiegando che è un numero inusuale, alto, importante. L'avevi capito da solo? Come hai fatto?

b. *Rieducato* è tra virgolette, e le virgolette indicano che il significato è ○ normale ○ particolare. La parola è composta da *ri* + *educare*, cioè il ragazzo viene educato ....; in particolare, la Rivoluzione culturale degli anni Sessanta-Settanta in Cina cercò di rieducare, cioè di cambiare le idee, di milioni di persone.

Nuovo Cinema Paradiso di Giuseppe Tornatore, 1988

Nel 1989 il film del giovane regista vince sia a Hollywood sia a Cannes. Il mondo scopre, dopo Elio Petri e Bernardo Bertolucci, che l'Italia ha altri grandi registi, incluso questo ragazzo di trent'anni che fa un film indimenticabile sull'amore per il cinema.
La storia, ambientata in una cittadina siciliana di provincia, racconta di un bambino innamorato del cinema, che riesce a vedere tutti i film nella sala di **proiezione** e non solo impara i segreti del mestiere ma, sotto la guida del vecchio tecnico analfabeta, entra nel "mondo" fantastico dei film che ricreano un mondo e un tempo diversi usando un po' di luce proiettata sul muro. Poi il bambino cresce, va a Roma e diventa un regista famoso: torna al paese dopo trent'anni, per il funerale del vecchio tecnico, e nel film rivive la sua infanzia.

a. Un film viene *proiettato* sullo schermo, cioè la luce viene mandata da una macchina (che è in una sala, in una stanza nascosta) allo schermo. Spesso si usa *proie*.............................. per indicare un preciso spettacolo, per esempio la *proie*.............................. *delle 19:30*. Avevi capito che cosa è una proiezione anche prima di questo commento?

b. *Analfabeta* deriva dal prefisso *a-* + *alfabet(izzato)*. Il prefisso *a-* indica che una caratteristica ○ c'è ○ non c'è ma qui è modificato in *an-* perché la parola che segue inizia per *a*. È un'aggiunta insolita, che però richiama un altro prefisso che significa "non", per esempio il contrario di *felice* → ....*felice*, di *comprensibile* → ....*comprensibile*. Quindi un *analfabeta* è una persona che ○ sa ○ non sa scrivere e leggere.

Mediterraneo di Gabriele Salvatores, 1991

Il film fa conoscere al mondo un altro giovane regista, il quarantenne Salvatores, che racconta la storia di un gruppo di soldati italiani che occupano un'isoletta greca durante la guerra. Il Mediterraneo è una cosa unica, dice il film, ha una cultura unica: lentamente infatti gli italiani si riconoscono come simili ai greci, si integrano nella vita dell'isola, il tenente - che è un artista - restaura gli affreschi della chiesetta ortodossa, uno dei soldati si sposa con la prostituta dell'isola... In quest'isola fuori dal tempo, l'Italia diviene ogni giorno un Paese più lontano, quasi un mito. Quando l'Italia passa dalla parte degli **Alleati**, tutti i soldati lasciano l'isola tranne quello che si è sposato, che si nasconde e resta lì.

Molti anni dopo, il **tenente** torna a trovare il soldato che era rimasto lì e incontra un altro soldato che, deluso dall'Italia del dopoguerra, poco tempo dopo era ritornato sull'isola, fuori dal mondo. Il tenente si chiede se la scelta giusta non sia stata quella del soldato che aveva rifiutato di tornare in Italia.

a. L'Italia passa dalla parte degli Alleati: Mussolini era entrato in guerra nel 1940 dalla parte di Hitler; alla fine del 1943 Mussolini perde il governo e il Re decide di passare dalla parte di Stati Uniti, Gran Bretagna, Russia ecc., cioè dell'Alleanza (dell'unione militare) antinazista. Gli Stati che fanno parte di un'alleanza sono *Alle*..................., e con questo nome, scritto con la lettera ...., si indicano i Paesi che poi hanno vinto la guerra.

b. Un *tenente* è un soldato ○ come gli altri ○ più importante. Da che cosa lo intuisci?

La vita è bella di Roberto Benigni, 1997

Il film, che ottenne 3 Oscar e il premio della critica a Cannes, lanciò **Roberto Benigni regista** sulla scena internazionale, dove era stato apprezzato solo come attore.

Il film racconta la storia di un ebreo portato in un campo di concentramento nazista insieme alla moglie e al figlio. Per non spaventare il bambino, l'uomo gli dice che devono giocare un grande gioco, in cui la regola principale è quella di stare nascosti e non farsi trovare dalle guardie; se arriveranno alla fine del gioco, vinceranno un **carro armato** vero, grande.

Padre e figlio riescono a sopravvivere a lungo, ma l'ultimo giorno di guerra, mentre stanno arrivando gli americani, l'uomo cerca di salvare la moglie e viene ucciso.

Il bambino sta ancora giocando a nascondersi, viene trovato dagli americani e portato su un carro armato: lui è così convinto di aver vinto il gioco... Le ultime **scene** del film sono tra le più **poetiche e toccanti** della storia del cinema.

a. *Roberto Benigni regista* è un'espressione usata quando una persona ha più di una specialità (Benigni è sia autore, sia attore, sia regista) e indica di quale aspetto si vuole parlare. In questo caso puoi aggiungere *Roberto Benigni* ○ come ○ perché *regista*.

b. Siamo in guerra, certamente un *carro armato* non è un carro trainato da un cavallo e con le ruote normali... Riesci a immaginarlo? Descrivilo al tuo compagno per controllare.

c. Una scena *poetica* e *toccante* che cosa "tocca", secondo te? La mente o il cuore?

La grande bellezza di Paolo Sorrentino, 2013

Vincitore di Oscar, Cannes, David ecc., questo film mostra la società ricca e aristocratica della Roma dei nostri tempi, che sopravvive tra **feste vuote** e senza divertimento, *vernissage* di mostre di quadri orribili, dibattiti privi di senso reale. Una società finita, squallida, brutta, che si muove nella *grande bellezza* della Roma classica e rinascimentale: questa bellezza mette in mostra, per contrasto, la pochezza di queste persone di successo. La foto del protagonista in giacca gialla seduto sotto una enorme statua classica dà il senso della piccolezza del mondo attuale a confronto con la bellezza immensa del passato.

Alla fine, forse, il protagonista trova la forza di scrivere un romanzo che avrebbe voluto scrivere trent'anni prima, senza riuscirci.

a. Una festa *vuota*, secondo te, è "vuota di gente" o di altro? Che cosa manca? Confronta la tua interpretazione con il tuo compagno.

Comprensione & produzione

1 Capire le parole che non si conoscono.

Prima di parlare con l'insegnante della storia del grande cinema italiano, è utile leggere le schede alle pagine precedenti, per sapere di che cosa parlerete. Troverai delle parole che non conosci: sono le **parole del cinema**, indicate in colore.
14 schede sono tante, quindi dividete la classe in 6 gruppi: ogni gruppo si occupa di 2 o 3 film.
Leggete il commento ai film del vostro gruppo, cercando di intuire il significato delle parole sconosciute attraverso le foto, il testo completo della scheda, le cose che sapete sul mondo del cinema; quando uno di voi fa un'ipotesi sul significato di una parola, deve dire come ci è arrivato, quale è stata la sua riflessione, così condividete i vostri percorsi. *Solo dopo* esservi sforzati di intuire il significato, leggete le attività *a*, *b*, *c* sotto i testi.

2 Dite agli altri quello che secondo voi è più importante.

Ogni gruppo ha 2-3 minuti per spiegare alla classe che cosa avevano di **così importante quei film da essere** premiati con l'Oscar, il David (l'Oscar del cinema italiano), la Palma di Cannes, il Leone d'oro a Venezia, l'Orso d'oro a Berlino. Partite sempre dalle foto, per esempio: *Nelle foto di* La strada *e* Le notti di Cabiria *vediamo Giulietta Masina, la protagonista...*

così / tanto... da...

La preposizione *da* in queste forme introduce la conseguenza: *erano così / tanto importanti che furono premiati...*

3 Dite agli altri quello che vi ha interessato di più.

Ogni studente ha i suoi gusti, e quindi c'è **senz'altro** uno dei film che lo ha interessato più degli altri. Avete 2-3 minuti di tempo per leggere, in silenzio, la scheda di quel film; alla fine l'insegnante farà un sondaggio (cioè una statistica) alla lavagna per vedere quale film ha interessato di più te e i tuoi compagni. L'insegnante chiederà anche ad alcuni di voi di spiegare il perché della scelta: mentre uno studente parla, andate tutti alla scheda del film, in modo da vedere con lui le cose che lo hanno interessato.

senz'altro

Senza dubbio, certamente.

4 A casa completiamo il lavoro.

Queste 14 schede sono troppe per essere lette tutte in classe. A casa, però, dovresti leggerle tutte per tre ragioni:

- parlano di grande cinema e, come ha detto Tom Ford ritirando il Premio a Venezia nel 2016, «il cinema italiano è il migliore del Novecento»: parlava dei film di cui stiamo parlando anche noi;
- troverai altre parole dell'italiano del cinema e altre parole che non conosci, quindi applicherai la strategia di capire usando la logica, le foto, il contesto;
- ci sono degli aspetti linguistici su cui lavoreremo nella sezione *Riflessione sulla lingua*.

Completata la lettura delle schede, scegli il regista che ti è piaciuto di più, cerca informazioni in rete e scrivi una pagina su di lui; inviala all'insegnante e ai compagni, così creerete la vostra "enciclopedia" sul cinema italiano, stampando le schede e mettendole insieme agli esercizi supplementari.

5 C'è un regista, un attore o un'attrice del tuo Paese che ha vinto l'Oscar?

Trova qualche informazione sul film, sul regista ecc., prendi appunti e se l'insegnante te lo chiederà avrai un minuto per raccontare il film ai tuoi compagni.

6 Nel prossimo *Passo* cercheremo di approfondire i tuoi gusti sul cinema e sul film che tu vorresti fare.

Qui ci limitiamo a chiederti: quale di questi 14 film avresti voluto girare tu? Perché?
Sii pronto a spiegarlo alla classe. Potete fare alla lavagna un sondaggio per decidere quale film è il preferito.

Riflessione sulla lingua

7 **Come si fanno i diminutivi.**

a. Ricordi come si chiamava l'attrice che era anche moglie di Federico Fellini?
.... Masina: il nome è il diminutivo di *Giulia*.

b. Nella scheda su *Mediterraneo* hai trovato queste due frasi:
- Salvatores racconta la storia di un gruppo di soldati italiani che occupano una piccola isola greca durante la guerra.
- Il tenente - che è un artista - restaura gli affreschi della piccola chiesa ortodossa.

In realtà nelle frasi al posto di *piccola isola* e *piccola chiesa* sono usati due diminutivi (come *Giulietta*): .... *greca* e .... *ortodossa*.

c. Per dare una connotazione di "piccolo", "carino", "dolce" di solito si usano **tre suffissi**, su cui hai già lavorato.
- Il più diffuso è ***-ino***: *gatto* → ....
- Poco diffuso è ***-uccio***, che accentua l'aspetto affettivo:
casa → ...., *gatto* → ....
- Infine c'è ***-etto***, che può avere significato positivo o negativo;
  - nei casi che abbiamo visto, ha valore affettivo e positivo:
  chiesa → ...., *isola* → ...., *casa* → ....,
  bimbo → ...., *ragazzo* → ...., *spiaggia* → ....;
  - in altri casi invece riduce il valore, l'importanza e il prestigio di qualcuno o qualcosa, senza alcun affetto ma con un po' di disprezzo:
  Lui non ha un lavoro vero, fa qualche ***lavoretto*** *qua e là*; *Non è una donna intelligente, è solo una* ***donnetta*** *ignorante*; *Volevo una macchina bella, ma non ho il garage e ho preferito una* ***macchinetta*** *da quattro soldi*.

  Interessante l'uso di *-etto* con *uomo*, che diventa *ometto*:
  - se dici a un bambino *Ma che bell'****ometto*** *sei diventato!* lui è contento perché lo stai trattando da "piccolo uomo", e per un bambino è importante;
  - se dici a un uomo *Sei un* ***ometto***, è meglio che lui non senta!

8 **Frasi principali e frasi secondarie: come "giocano" i tempi e i modi verbali.**

Loro "giocano" e noi "piangiamo", perché in alcuni casi è davvero un po' complicato.
Quello su cui rifletteremo adesso lo sai già, ma ci ritorniamo sopra per fare una sintesi.

Lo **schema delle possibili combinazioni** è semplice:

principale →
- la **secondaria** è avvenuta **prima**
- la **secondaria** è **contemporanea**
- la **secondaria** avviene **dopo**

9 **Che cosa succede se l'azione della secondaria è *contemporanea* a quella della principale?**

Quando le due frasi sono contemporanee non ci sono problemi perché i tempi verbali sono gli stessi.

a. Al protagonista di *Ladri di biciclette* serve una bicicletta / e ne (*rubare*) .... una.
b. La vita del dopoguerra era dura / e il cinema neorealista la (*mostrare*) ....
c. Quando (*vedere*) .... l'ultima scena di *La vita è bella* / piangerai come tutti.

Nella frase *a* i verbi sono al presente, nella *b* all'imperfetto, nella *c* al futuro.
Negli esercizi che seguono cerca di trovare tu la soluzione: controlla sulle schede dei film o con la classe solo dopo averlo fatto.

10 **Che cosa succede se l'azione della secondaria viene *dopo* quella della principale, cioè nel futuro?**

a. Se l'azione della principale è al **presente**, nella secondaria si usa il **futuro semplice**.
- Durante la conferenza il regista annuncia / che non *(fare)* .... più film. (→ **8½**)
- De Sica dirige il primo capolavoro del nuovo genere / che *(dominare)* .... il cinema per vent'anni. (→ **Ieri, Oggi e Domani**)

b. Se l'azione della principale è al **passato**, nella secondaria si usa il **condizionale passato** (ausiliare al condizionale presente + participio passato).
- Era quel gusto del fantastico / che lo *(portare)* .... in pochi anni a due capolavori come *8½* e *Amarcord*. (→ **La strada**)
- Nessuno immaginava / che due anni dopo quell'italiano *(vincere)* .... il secondo Oscar! (→ **Ladri di biciclette**)

11 **Che cosa succede se l'azione della secondaria viene *prima* di quella della principale, cioè nel passato?**

a. Se l'azione della principale è al **presente** non ci sono problemi: la secondaria va al **passato**.
- Oggi sappiamo / che De Sica *(essere)* .... uno dei più grandi registi della storia del cinema. (→ **Sciuscià**)
- I giovani si rendono conto / che tutto *(cambiare)* .... (→ **Il giardino dei Finzi-Contini**)

b. Se l'azione della principale è al **passato**, nella secondaria si usa il **trapassato prossimo** (ausiliare all'imperfetto + participio passato).
- Nel 1948 per gli americani fu una sorpresa / che questo italiano semplice e tranquillo *(dirigere)* .... uno dei film più duri e allo stesso tempo più dolci. (→ **Sciuscià**)
- Il film lanciò Roberto Benigni regista sulla scena internazionale, / dove *(essere)* .... apprezzato solo come attore. (→ **La vita è bella**)

12 **Il problema è un po' più complicato se nella principale c'è un verbo che richiede il congiuntivo nella secondaria.**

Ricordi i verbi che richiedono il congiuntivo nella secondaria? Prima di leggere le righe che seguono, dilli al tuo compagno e alla classe.

In sintesi, i casi più comuni sono i verbi di **opinione** (*pensare*, *credere*, *immaginare*, *supporre* ecc. + *che*), di **sensazione** (*temere*, *avere paura*, *avere la sensazione* ecc. + *che*), di **necessità** (*bisogna*, *è necessario*, *servire* ecc. + *che*), ***non* + *sapere* + *se*** (mentre *sapere* + *che* non chiede il congiuntivo: **So** *che* **puoi** *capire*).

a. Se l'azione della principale è al **presente**, ci possono essere tre casi.

1. La secondaria è **contemporanea**: usi il **congiuntivo presente**.
- Penso / che lui non *(volere)* .... vedere i film neorealisti.
- Non so / se lui *(conoscere)* .... la commedia all'italiana.

2. La secondaria viene **dopo**: usi il **congiuntivo presente** perché il congiuntivo non ha il futuro.
- Vuole / che lei lo *(sposare)* .... (→ **Le notti di Cabiria**)

Se è necessario far risaltare il futuro, usi il **futuro** dell'indicativo:
- Marta non sa / se lui *(venire)* .... stasera.

3. La secondaria viene **prima**: usi il **congiuntivo passato** (ausiliare al congiuntivo presente + participio passato).
- Il tenente si chiede / se la scelta giusta non *(essere)* .... quella del soldato. (→ **Mediterraneo**)
- Temo / che *Amarcord* non gli *(piacere)* ....

b. Se l'azione della principale è al **passato**, ci possono essere tre casi.

1. La secondaria è **contemporanea**: usi il **congiuntivo imperfetto**.
- Pensavo / che lui non *(volere)* .... vedere il film neorealista.
- Non sapevo / se lui *(conoscere)* .... le commedie all'italiana.

2. La secondaria viene **dopo**: usi il **condizionale passato** (ausiliare al condizionale presente + participio).
   - Credevo / che lui non *(venire)* .... a vedere quei film neorealisti.
   - De Sica non poteva immaginare / che con una commedia all'italiana *(vincere)* .... il suo quarto Oscar!
   - Forse De Sica pensò / che quel genere di film non *(piacere)* .... agli americani.
3. La secondaria viene **prima**: usi il **congiuntivo trapassato**.
   - Quando ho visto l'ora non ci credevo... Mi sembrava impossibile / che il film *(durare)* .... ben tre ore!

13 Che cosa succede se la principale è al condizionale presente?

Osserva questi esempi.

- Cerca disperatamente la sua bicicletta, / vorrebbe / che qualcuno lo *(aiutare)* .... (→ **Ladri di biciclette**)
- Le dice continuamente / che vorrebbe / che lei *(smettere)* .... di "lavorare". (→ **Le notti di Cabiria**)
- Vorrei che tu ieri mi *(dire)* .... la verità.

Nelle prime due frasi hai usato il **congiuntivo imperfetto**, nella terza hai usato il **congiuntivo trapassato**.

Una sintesi delle concordanze tra principale e secondaria

L'hai già fatta da solo negli esercizi: questa tabella ti serve solo come riferimento se hai dubbi. Ma ricorda che devi "sentire" quale modo e tempo serve, e "sentire" se hai sbagliato la scelta, perché "suona" male...

Principale all'indicativo presente		
Secondaria contemporanea	**indic. presente**	*So che **ami** il cinema.*
Secondaria dopo	**indic. futuro semplice**	*So che il film ti **piacerà**.*
Secondaria prima	**indic. passato**	*So che il film le **è piaciuto** / **piaceva**.*
Principale all'indicativo passato		
Secondaria contemporanea	**indic. imperfetto**	*Sapevo che **amava** il cinema.*
Secondaria dopo	**condiz. passato**	*Sapevo che dopo l'**avresti visto**.*
Secondaria prima	**indic. trapassato prossimo**	*Sapevo che l'**avevi** già **visto**.*
Principale con verbi che richiedono il congiuntivo nella secondaria		
al presente		
Secondaria contemporanea	**cong. presente**	*Penso che **ami** il cinema.*
Secondaria dopo	**cong. presente / indic. futuro**	*Penso che il film ti **piaccia** / **piacerà**.*
Secondaria prima	**cong. passato**	*Penso che le **sia piaciuto**.*
al passato		
Secondaria contemporanea	**cong. imperfetto**	*Pensavo che **amassi** il cinema.*
Secondaria dopo	**condiz. passato**	*Pensavo che il film ti **sarebbe piaciuto**.*
Secondaria prima	**cong. trapassato**	*Pensavo che il film le **fosse piaciuto**.*
Principale al condizionale presente		
Secondaria contemporanea	**cong. imperfetto**	*Vorrei che tu **amassi** il cinema.*
Secondaria dopo	**cong. imperfetto**	*Vorrei che stasera tu **vedessi** il film.*
Secondaria prima	**cong. trapassato**	*Vorrei che tu non l'**avessi visto**.*

P24 Ventiquattro | L'italiano del cinema

Comprensione & produzione

1

2

3

4

5

6

1 Quale tipo di film vorresti girare come regista?

Per rispondere ti serve sapere come si chiamano i vari "generi", cioè i tipi di film. Qui a fianco hai sei esempi: scrivi il numero della foto corrispondente a questi generi cinematografici.

◯ **Cartone animato** o, come si dice tra tecnici, **film d'animazione**
È fatto con disegni, e il più famoso cartoonist italiano è stato Bruno Bozzetto: questo è il suo capolavoro, *West and soda* (1965).

◯ **Fantascienza**
Sono film ambientati nel futuro. Non sono nella tradizione italiana, per questo abbiamo scelto una foto di *Star Trek*, la serie più classica.

◯ **Film in costume**
Sono film ambientati nei secoli scorsi, soprattutto nel Sette-Ottocento, di solito di tema serio, spesso triste. Ma questo esempio è una **commedia brillante** di Mario Monicelli, *Il marchese del grillo* (1981), con Alberto Sordi, uno dei più grandi attori italiani.

◯ ***Peplum***
Il *peplo* era uno dei vestiti degli antichi Romani. I film di questo genere sono di solito **film d'azione**, avventurosi, come *Il gladiatore*, un ***colossal*** del 2000 di Ridley Scott. Negli anni Cinquanta-Sessanta si fecero molti *peplum* in Italia, con trame assurde e personaggi ancora più assurdi...

◯ **Film rosa**, cioè storie d'amore
Questo è *Cosimo e Nicole*, un film di Francesco Amato del 2012.

◯ **Film gialli** o **polizieschi**
C'è un criminale che uccide qualcuno o ruba qualcosa, e un poliziotto che cerca di prenderlo. Questo è *Montalbano*, il più famoso poliziotto della letteratura e del cinema-TV italiano degli ultimi anni.

Sopra hai trovato anche generi a cui non abbiamo dedicato una foto: **commedia brillante**, che rimanda alla **commedia all'italiana** che hai visto nel **P23**; ***colossal***, cioè film con budget enormi e migliaia di comparse, per esempio soldati, gente per strada, "attori" che non hanno una parte importante; nel **P23** hai visto anche **film di denuncia** e **film (neo)realistico**, e certo conosci i ***thriller*** e gli ***horror***...

Conosci abbastanza i generi cinematografici per rispondere a queste domande.

a. Quale tipo di film vorresti girare come regista?
b. In quale tipo di film vorresti recitare come attore?
c. Perché? Che cosa c'è che ti attrae in questo genere (o generi, se ne hai scelti due diversi)?
d. Che tipo di colonna sonora vorresti? Indica il tipo di musica, ma anche qualche compositore o gruppo per fare un esempio.

Prendi qualche appunto e spiega le tue scelte al tuo compagno e alla classe, se l'insegnante te lo chiede.

2 Che tipo di film ama la classe?

Fate un sondaggio: qual è il genere preferito della classe? Perché?
Poi create tre gruppi:

- amanti dei film d'azione, *thriller*, gialli, di fantascienza ecc.;
- appassionati di film intimistici (*intimo* si riferisce a quello che c'è nell'anima, nei sentimenti personali: una cosa privata), film d'amore, film con racconti di una vita;
- interessati ai film gialli, con poliziotti, spie (le *spie* sono agenti segreti come James Bond: sono **film di spionaggio**), scontri tra gang ecc.

In ciascun gruppo fate una scaletta con i lati positivi e i possibili lati deboli del tipo di film che avete scelto, e poi fate un dibattito: all'inizio ogni gruppo espone le sue idee per 1 o 2 minuti, poi incominciano le domande e le risposte.

3 C'è un romanzo che vorresti trasformare in film?

Anzitutto: hai mai visto un film tratto da un romanzo che avevi letto? Viceversa: hai mai letto un romanzo di cui avevi visto il film?
Secondo te, la trasposizione (*tra(n)s* = di là, dall'altra parte; *porre* = mettere) da romanzo a film funziona?
Che cosa c'è di diverso, di "impossibile" da ottenere da una trasposizione? Parlane con il tuo compagno e poi siate pronti a discuterne in classe.

a. Secondo la classe è possibile, difficile o impossibile trasporre un romanzo in un film?
b. Tu, che romanzo vorresti trasporre? Perché? C'è qualcuno nella classe che ha scelto il tuo stesso romanzo o comunque qualcosa di simile come autore, gusto, genere, periodo storico? Avete idee in comune o è stato solo un caso?

4 Ascolta nell'AUDIO 36 queste brevissime interviste fatte all'uscita dei cinema.

a. Scrivi di quale genere cinematografico stanno parlando:

intervista 1: .... **intervista 3:** ....
intervista 2: .... **intervista 4:** ....

b. Riascolta le interviste, leggendo le trascrizioni qui sotto. L'insegnante inserisce una pausa dopo ogni intervista e la classe discute se l'intervistato ha ragione o torto e perché.

1

Capisco benissimo che questi film siano tutti uguali: lei lo vede, si innamora, all'inizio non riesce a conquistarlo, poi anche lui si innamora e si mettono insieme, ma lui è infedele per natura e la tradisce, quindi lei rimane sola, con i suoi sogni in pezzi. Oppure: sono felici, ma lei si ammala e muore, come in *Love Story*. Oppure: si amano ma le famiglie non vogliono, come in *Romeo e Giulietta*...
So benissimo che sono tutti uguali... ma quando li guardo piango, e mi piace tanto, e quando esco dal cinema mi pare di aver vissuto una favola...

capisco (bene) che...

Si usa quando qualcuno ha fatto un'obiezione (o quando si vuole prevenire un'obiezione, come in questo caso) e ha ragione, ma comunque non siamo d'accordo con lui: qui l'obiezione è "quei film sono tutti uguali", e l'intervistato risponde usando il congiuntivo (*siano tutti uguali*) perché si tratta di un'opinione. Potrebbe usare l'indicativo, *sono tutti uguali*, ma sarebbe troppo forte, non più un'opinione ma una certezza.

2

A me questi film piacciono moltissimo, anche se sono esagerati, eccessivi, con trame che spesso non funzionano... Sa che cosa mi piace? Non tanto la storia di un agente che deve scoprire un segreto, rubare un documento ecc. - cioè la trama.
A me piacciono gli inseguimenti in automobili potentissime, le armi fantastiche, la pistola che viene fuori da una penna, le esplosioni telecomandate che fanno crollare il portone d'acciaio di un carcere super-protetto...
So che sono cose infantili. So che non esistono e non esisteranno mai... ma mi piacciono, hanno un ritmo da videogioco, sono piene di ritmo, di colori, di musica. E poi l'agente riesce sempre a portare a buon fine la sua missione: così, quando esco, sono contento.

(3)

So benissimo che il mondo che ci presentano questi film è falso: la vita degli schiavi doveva essere peggiore di quello che ci possono far vedere, le battaglie che vediamo sono eroiche ma in realtà erano cose terribili, con le urla dei feriti, il sangue... Ma a me queste storie antiche, con gli dei e le dee che intervengono, con gli amori impossibili, con imperatori e re cattivissimi che alla fine muoiono, con eroi sconosciuti che alla fine conquistano la gloria... a me queste storie piacciono. Non mi pongono problemi etici, morali, politici, sociali, filosofici - mi fanno passare due ore serene, con tanta azione, un po' di sentimento, qualche scena girata molto bene e molte altre girate molto male... ma esco dal cinema contento. Il problema è che nessuno vuole venire con me a vedere questi film!

e poi:
Pronunciato con un tono che introduce un discorso, serve per segnalare che si sta per aggiungere un argomento importante.

(4)

So benissimo che il futuro non sarà così, che molte delle basi scientifiche del film sono sbagliate o inventate; so benissimo che quando un'astronave esplode nello spazio non c'è rumore, perché non c'è aria, anche se il dolby surround ci fa vibrare la pancia a ogni esplosione; so benissimo che il futuro sarà delle squadre, dei team organizzati, e non dell'eroe singolo che sconfigge tutti con la sua intelligenza, la sua forza, i suoi ideali. So che le trame spesso sono ridicole.
So tutto questo, ma mi piacciono, questi film.
E poi: questi film possono essere molto profondi, presentano temi etici - per esempio, come trattare un alieno, come superare la paura del diverso ecc. Ma non è questo che mi interessa, anche se un po' di intelligenza in una storia fantastica non ci sta male. A me piace l'azione, l'invenzione di armi, astronavi e sistemi di trasmissione eccetera eccetera eccetera; e poi la descrizione di mondi diversi - la fantasia, insomma. Esco dal cinema rilassato e contento.

5 Sei come le persone intervistate?

Tutti gli intervistati dicono che escono dal cinema contenti, come se avessero ascoltato e visto una fiaba:
tu preferisci uscire contento, senza pensare ai problemi, o uscire dal cinema chiedendoti se quello che i personaggi hanno fatto fosse bene o male, se la vita sia proprio come quella descritta, o con altri pensieri sulla vita, l'amore, la morte ecc.?
La classe è certamente composta da persone di un tipo e dell'altro: discutete e presentate le vostre ragioni.

6 Come è un "bel film", un "grande film"?

Certo hai una tua idea su quale sia la differenza tra un **film d'evasione**, dove vuoi solo "evadere", andar via dalla realtà di ogni giorno, divertirti un po' senza pensieri, e un **film artistico**, profondo, che ti muove dentro, che ti mette in crisi: il "grande film".
Quali sono le caratteristiche di un grande film, secondo te? Hai 2 minuti per fare una lista degli elementi, poi hai 3 minuti per confrontarla con quella del tuo compagno, e a questo punto l'insegnante chiede ad alcuni di voi di spiegare la propria idea e alla classe di discuterla.

Riflessione sulla lingua

7 La riflessione sull'italiano settoriale.

In questa Unità hai lavorato sull'italiano di tre "settori", cioè tre aspetti della realtà: l'italiano della musica, dell'arte, del cinema.
Hai trovato altre schede come questa, con le parole principali di quel settore, e le hai tradotte nella tua lingua, per fissarle bene nella memoria ed essere certo di averne compreso il significato.
Non devi considerare queste schede come liste, elenchi da memorizzare, ma come mappe lessicali, sempre disponibili quando ne hai bisogno: come nel dizionario visivo che trovi online tra i materiali di questo manuale.
Un'attività che puoi incominciare a fare è creare - per te stesso o anche da condividere con compagni - delle mappe lessicali dei vari settori, cercando immagini in rete e scrivendo le parole dello sport, del cibo, delle bevande, della scuola, della famiglia ecc.: creare da solo il tuo dizionario visivo, così come hai creato da solo una grammatica a livello A1 e A2 (in cui, se hai voluto, hai aggiunto anche elementi del B1 e del B2).

In questo volume la parte di analisi e sintesi è stata chiamata *Riflessione sulla lingua*:

- ***riflessione*** significa che sei *tu* colui che riflette, che ragiona, sei *tu* regista del tuo apprendimento, che a questo punto diventa sempre più autonomo;
- ***sulla lingua*** in generale, quindi sui modi di dire, il lessico, i gesti, e non solo sulla grammatica.

Questo "esercizio" non ti vuole suggerire il solito compito da fare a casa, ma è un progetto di *lifelong learning*, come si dice spesso: un programma di apprendimento continuo, per tutta la vita.

LE PAROLE DEL CINEMA

Assicurati con i compagni e l'insegnante di aver compreso ciascuna parola e scrivi a fianco la parola corrispondente nella tua lingua, così sei certo di aver capito bene.

Persone
regista → ....
produttore → ....
attore, attrice → ....
divo, diva → ....
comparsa → ....
critico → ....
giornalista dello spettacolo → ....
....

Azioni
scrivere copione, script, trama → ....
....
sceneggiare, sceneggiatura → ....
....
(preparare) setting, costumi → ....
....
provare, prove → ....
inquadrare, inquadratura → ....
....
dirigere → ....
girare, cinepresa, camera → ....
....
(comporre) colonna sonora → ....
....
proiettare, proiezione → ....
....
(fare) conferenza stampa → ....
....

Tipi di film
film di denuncia → ....
film d'evasione → ....
commedia → ....
film a episodi → ....
film rosa→ ....
film giallo, di spionaggio, d'azione, → ....
....
film in costume, di fantascienza, *peplum* → ....
....
cartone animato, animazione → ....
....

Palestra di italiano

1 I secoli.

Scegli a quali anni corrispondono i secoli indicati con il numero romano e indica come si leggono; nei casi in cui la casella è vuota, scrivi tu gli anni.

Epoca	V sec. a.C.	I sec. a.C.	I sec. d.C.	IX sec.	XII sec.	XIV sec.
Pronuncia						
Anni	◯ 599-500 ◯ 499-400		◯ 1-99 ◯ 100-199	◯ 800-899 ◯ 900-999		

Epoca	XV sec.	XVI sec.	XVII sec.	XVIII sec.	XIX sec.	XX sec.
Pronuncia						
Anni		◯ 1500-1599 ◯ 1600-1699				

2 Inserisci *nessuno* o *ciascuno*.

a. Non ho visto ....nessuna.......... donna, ... uomo, ... bambino: questa casa sembra deserta.

b. Devi dare un fiore a .... donna che incontri: oggi è la festa dei fiori, e in .... altro giorno è possibile regalare fiori alle donne sconosciute, non avrai .... altra occasione per farlo fino all'anno prossimo.

c. .... essere umano ha il diritto di avere un lavoro.

d. E mi dici che questo è un film dell'orrore? Non c'è stato .... spavento, ... paura, anzi, mi veniva da ridere.

3 **Leggi il testo sostituendo gli avverbi *dove* e *quando* e il pronome *quale* con *cui*. Se serve aggiungi la preposizione.**

Non ricordo precisamente il luogo *dove* l'ho visto per la prima volta, e neanche il momento *quando* questo è successo: era un periodo della mia vita *nel quale* non avevo voglia di vedere nessuno, non volevo avere intorno nessuno *con il quale* dover parlare, nessuna persona *alla quale* io avessi voglia di dire qualcosa, o *della quale* ricordarmi dopo aver scambiato due parole.
Poi lo vidi, in una situazione ridicola *dove* era finito per la fretta: stava scendendo dalla macchina, una tasca dei pantaloni rimase bloccata nella maniglia e i pantaloni si **scucirono**, con una grande scucitura sulla coscia. È stato quello il momento preciso *nel quale* ho ricominciato a ridere, dopo i mesi di tristezza *nella quale* ero caduta dopo che Giorgio mi aveva lasciata.
Risi, risi, risi come una pazza, finché lui si voltò incavolatissimo e mi disse di sparire in un posto *dove* lui non potesse raggiungermi, perché se mi prendeva mi uccideva. Il riso divenne un sorriso, *nel quale* forse comparve quel desiderio di contatto umano che mi era appena tornato. Mi avvicinai a lui, scusandomi, e tirando fuori dalla borsetta un kit da cucito. Nel momento *nel quale* lui lo vide, scoppiò a ridere anche lui.
L'idea di ricucire i pantaloni era buona: ma dove farlo?
C'era un luogo *nel quale* potesse togliersi i pantaloni, in modo che io potessi aggiustarli?
Ci guardammo intorno, ricominciammo a ridere come matti, e poi lui ebbe un'idea: salì sui sedili posteriori della macchina, si tolse i pantaloni, aprì il finestrino, me li passò... nel momento *nel quale* li presi in mano caddero dalla tasca delle chiavi, delle monete, il cellulare. Ci guardammo e la risata di quell'uomo, *del quale* non conoscevo neppure il nome, fu più forte delle medicine *delle quali* mi riempivo ogni giorno.
Aggiustai i pantaloni (certo, non fu un lavoro da professionista!), glieli diedi, se li mise, scese dalla macchina, guardò l'orologio... «Il mio appuntamento è saltato, ormai. Possiamo andare a mangiare una pizza insieme, se vuole... A proposito, mi chiamo Franco». «Lucia», risposi. Lo presi a braccetto, come se fosse la persona *con la quale* avevo passato tutta la mia vita e *dalla quale* potevano venire solo cose buone.
La depressione è passata, viviamo insieme ormai da 17 anni...

Cucire, scucire, ricucire la cucitura

Cucire è l'azione che fai con ago e filo, quando fai una *cucitura* (il suffisso *-tura* crea il nome partendo dal verbo); *scucire*, con il prefisso *s-*, indica l'opposto; *ricucire*, con il prefisso *ri-*, indica la ripetizione.

4 **Descrivi uno strumento musicale.**

Poi fai leggere le descrizioni al tuo compagno, che deve capire quale strumento hai descritto. Se non capisce, decidete se hai scritto male tu o se ha letto male lui...

a. ....
.... → ....

b. ....
.... → ....

c. ....
.... → ....

5 **Il plurale dei nomi composti: facciamo una sintesi.**

a. **nome + nome** dello stesso genere: pescecane → ...., cassapanca → ....
b. **nome + nome** di genere diverso: pescespada → ...., capoclasse → ....
(*ma* ferrovia → ....)
c. **nome + aggettivo**: cassaforte → ...., terracotta → ....
(*ma* pastasciutta → ....)
d. **aggettivo + nome**: altopiano → ...., bassorilievo → ...., francobollo → ....
e. **aggettivo + aggettivo**: grigioverde → ...., pianoforte → ....
f. **verbo + nome**: passaporto → ...., portalettere → ...., posacenere → ....

Trovi altri esercizi in **www.bonaccieditore.it**

5

Gli italiani (anche gli studenti di italiano) sono dei giallisti

Nelle prime tre Unità hai ascoltato conversazioni, hai letto definizioni di dizionari e articoli della Costituzione, hai visto statistiche e letto siti web; nella quarta Unità hai visto alcuni esempi di italiano settoriale.
Con questa Unità cambia tutto: qui userai l'italiano per il piacere di usarlo, non più per imparare cose sull'Italia e gli italiani: qui leggerai un *giallo*, cioè un racconto "poliziesco" (anche se la polizia compare solo alla fine...), scoprirai molte cose della letteratura (interessanti anche per la letteratura del tuo Paese) e sarai tu a scrivere un *giallo*!

Imparo l'italiano per:

- saper raccontare una storia
- saper descrivere un luogo, un ambiente, un'atmosfera
- saper creare un dialogo narrativo
- saper scegliere il tipo di "narratore" più utile alla storia

Conosco alcune cose dell'Italia:

- la narrativa *gialla* e *noir*
- i vari generi narrativi

Ricorda che il libro continua online

Come si costruisce un racconto

Questa è una classica copertina dei "libri Gialli" di Mondadori degli anni Cinquanta: erano libri "polizieschi", "di indagine", e presentavano brevi romanzi di scrittori americani specializzati in *detective stories*, oltre ai *Maigret* di Georges Simenon e a qualche raro scrittore italiano.
Le copertine erano (e sono ancora!) gialle, con l'immagine in un cerchio. E da queste copertine gialle viene il nome di questo tipo di romanzi: i *gialli*, che possono essere libri o anche film; gli autori sono *giallisti*.

Questa copertina blu è nota a tutti i lettori italiani: sono i libri di Sellerio, un editore di Palermo che ha trasformato il *giallo* da letteratura "di consumo", da leggere in treno e buttare via quando si arriva alla stazione, in letteratura *tout court*. Sellerio pubblica il maggiore giallista italiano, Andrea Camilleri, e tanti altri di cui parleremo più avanti. Il titolo di questo libro blu è curioso: *Giallo d'Avola*. Paolo Di Stefano ha creato un ispettore che deve risolvere casi di omicidi legati al mondo del vino: un famoso vino italiano è il Nero d'Avola (una città siciliana), quindi qui si gioca sul fatto che è un romanzo... giallo: *Giallo d'Avola*.

Questa collana di Mondadori ricorda i gialli, con la figura centrale in un cerchio: ma se leggi la striscia nera in alto, scopri che sono "Romanzi Neri".
Nero viene dal francese *noir*, che racconta storie molto più forti di quelle dei gialli. Simenon, il maestro del giallo con *Maigret*, ha scritto anche molti *romans durs*, "romanzi duri", in cui descrive realtà "dure", di violenza psicologica.
I *noir* invece descrivono violenza fisica e sociale, e secondo molti sono gli unici romanzi che descrivono davvero la realtà del mondo d'oggi.

Questa è una copertina di Einaudi, un editore prestigioso che pubblica romanzi *noir*. Questo romanzo di Maurizio De Giovanni racconta storie ambientate a Pizzofalcone, un quartiere molto popolare di Napoli dove il tempo sembra essersi fermato. Sono romanzi crudi, ma come molti dei gialli e dei neri di oggi sono vere opere letterarie.
Questi romanzi hanno spesso parti in dialetto: il napoletano, in questo caso, ma c'è anche il romanesco di Manzini, il toscano di Malvaldi, il siciliano di Camilleri ecc.

Come si scrive un giallo?

In questi 6 *Passi* leggerai una storia "gialla", ma allo stesso tempo imparerai come si scrive un "giallo", o più in generale come si scrive una narrazione. Imparerai cose che riguardano non solo l'italiano ma anche la tua vita di lettore, qualunque sia la lingua in cui sono scritti i libri che leggi. Quello che imparerai sul "narrare", su come si racconta, vale non solo per i libri ma anche per i fumetti e per i film.
Iniziamo dalle scelte che è necessario fare per scrivere un racconto, romanzo, film, fumetto ecc.

1 Scegli l'evento centrale, il punto di conflitto.

Tutte le narrazioni hanno un evento centrale: nella letteratura gialla è un omicidio, un furto, un rapimento ecc.: è un conflitto, uno scontro, un contrasto tra due persone – una vittima che perde e un colpevole che vince, che ruba, che scappa via libero.

A questo punto, nei gialli nasce un altro conflitto, che è l'oggetto vero del racconto: il buono (il poliziotto, l'investigatore privato, una vecchietta come Miss Marple di Agatha Christie ecc.) contro il cattivo (l'assassino, il ladro ecc.). Questo secondo conflitto è un'*indagine*, in cui i buoni *indagano* per scoprire la verità.

2 Scegli i tuoi personaggi "buoni" e "cattivi".

In inglese questi film o libri si chiamano *detective stories*, in italiano *polizieschi*: quindi il classico personaggio "buono" è un poliziotto o un investigatore privato. Devi decidere le sue caratteristiche, il suo carattere, devi *caratterizzarlo*, cioè dargli un carattere particolare, che lo faccia diventare vivo:

- Maigret, l'eroe di Simenon, è un signore di mezza età che sembra un po' addormentato, ama bere e mangiare e pare perdere tempo più che indagare;
- Nero Wolfe, l'eroe di Stout, è un signore di mezza età grassissimo, amante del cibo e delle orchidee, che odia uscire di casa;
- Marlowe, l'eroe di Chandler, è un giovane che prima agisce e poi pensa, sempre pronto a prendere e dare pugni, molto appassionato del gin;
- Perry Mason, l'eroe di Gardner, è un avvocato di successo, ricco, onesto.

Non sempre chi indaga è un poliziotto, un investigatore, un avvocato:

- Malvaldi, uno dei grandi giallisti di oggi, ha come eroe un barista, aiutato da un gruppetto di pensionati;
- Doody ha scritto molti gialli in cui l'investigatore è Aristotele, il filosofo;
- una giallista italiana, Comastri Montanari, ha scritto una serie in cui l'investigatore è Aurelio, un senatore romano del primo secolo;
- una giallista turca, Aykol, affida le indagini a una libraia...

Nessuno vince se gioca da solo: per questo ogni investigatore, ogni *protagonista*, ha dei collaboratori, degli amici, degli aiutanti: per esempio Sherlock Homes ha il dr. Watson. Anche questi vanno caratterizzati: ci può essere quello timido, che però quando serve diventa coraggioso; quello giovane che ha paura di parlare, ma spesso ha l'idea giusta, e così via. Siccome tu sei uno studente di italiano, in questo racconto affideremo le indagini a degli studenti di italiano, come te!

3 Scegli l'ambientazione e l'atmosfera.

Un *ambiente* è un luogo: può essere una stanza, una città, una regione. In quale *ambiente* vuoi *ambientare* la tua storia? Anzitutto scegli il periodo: Doody, Comastri Montanari, Lindsay, Somoza e altri hanno scelto l'antichità; Asimov, Heinlein e altri ambientano le loro storie gialle nel futuro, sono "giallisti di fantascienza"; De Giovanni, Carlotto ti portano in ambienti duri, squallidi; i *legal thrillers* si svolgono in tribunale ecc.
Quindi devi decidere queste cose.

- Quale ambiente sociale frequentano i tuoi "buoni"?
- Quale ambiente sociale frequenta(va)no le vittime?
- In quale ambiente stagionale siamo? Estate, inverno? Cambia molto quando poi scrivi la tua storia!
- Qual è l'*atmosfera*? L'atmosfera è l'aria che circonda la Terra, ma in una narrazione indica la sensazione di ambiente che vuoi dare: un'atmosfera di paura, di tensione, di relax... Un classico *incipit* (parola latina che significa "inizio") dei gialli è basato sul cambio di atmosfera: per esempio, una ragazza prende il sole felice vicino alla piscina e di colpo arriva l'assassino...

4 Scegli il punto di vista: è la cosa più delicata!

Chi racconta la storia? Uno dei personaggi? Benissimo, ma allora ricorda che puoi scrivere solo quello che il personaggio vede e sa: è la narrazione *in prima persona*. Se invece vuoi un narratore che possa mostrare scene in ambienti diversi, con personaggi diversi, devi usare il *narratore in terza persona*; e anche in questo caso devi scegliere se il tuo narratore è una specie di camera cinematografica che registra e racconta quello che succede (*narratore neutro*) o se conosce anche quello che pensano e sentono i personaggi, le idee che nascondono, il fatto che hanno paura ecc. (*narratore onnisciente*, che sa tutto).
E ci sono altre scelte: racconti al passato, come si fa di solito, o al presente, come se il racconto fosse un film?
Ancora: in una descrizione, per esempio quella di una casa in cui si sta entrando, vedi il personaggio che entra nella casa, cioè sei all'esterno e descrivi, o vedi la casa con gli occhi del personaggio che sta entrando?

5 Scegli lo stile e la lingua.

Moltissimi scrittori italiani di gialli (che sono tra i libri più venduti in Italia) usano l'italiano regionale, spesso usano parolacce, presentano una sintassi "sbagliata" per dare il senso di pensieri che non riescono a coordinarsi bene; altri scrivono in italiano letterario.
Tu che cosa faresti? È una scelta legata ai personaggi, al conflitto e all'ambientazione: pensaci!

Due serie televisive italiane famose nel mondo

Da molti anni la RAI, la televisione italiana, produce una serie dedicata alle indagini del commissario Montalbano, il protagonista di molti gialli di Andrea Camilleri, ambientati e parlati / scritti in italo-siciliano. Sono gialli tradizionali, non violenti, in cui l'intelligenza di Montalbano conta più della pistola – che non usa mai. L'attore che dà il suo volto al commissario è Luca Zingaretti.

Sky è una televisione satellitare nota in tutto il mondo, che ha una rete anche in Italia, dove ha prodotto una serie *noir*, molto *noir*, ispirata a un libro di Roberto Saviano, *Gomorra*. Sono storie di camorra – la mafia dell'area napoletana – parlate in napoletano, per cui anche gli italiani hanno bisogno ogni tanto dei sottotitoli, ma il senso si capisce, e le immagini bastano da sole a raccontare la storia di questo gruppo di ragazzi "cattivi"... ma con un'umanità immensa!

VENTICINQUESIMO PASSO

P25 / Venticinque | L'incipit

Le parole in rosso nel racconto sono spiegate nei *post-it* gialli.

1

▶1 Caldo. L'aria condizionata funzionava al massimo, ma il sole di luglio batteva **feroce**[1] sui vetri dell'aula dove 16 studenti e una professoressa producevano calore e soffrivano per il caldo. E poi era una lezione sull'uso del passato remoto nelle narrazioni, un argomento feroce come il sole di luglio: aveva fatto bollire i cervelli degli studenti, già surriscaldati dalla seconda settimana intensiva del corso di italiano a Firenze – la città più calda d'Italia, come diceva ogni giorno il telegiornale che guardavano in classe come prima attività della lezione.

«**Coraggio** – pensò Valérie – è venerdì. Fra tre ore anche questa settimana sarà finita!» ◀1

▶2 La settimana non era stata semplice – il caldo di Firenze, il corso B2 che lei non aveva immaginato così difficile, le grandi **litigate**[2] tra la sua amica Jeannine e il brasiliano, con Jeannine che poi le **piangeva sulla spalla**[3] per un'ora. Jeannine: la conosceva da due settimane, ma le sembrava di conoscerla da sempre; forse perché erano le uniche due francesi del corso e quindi passavano molto tempo insieme... Oh cavolo, dov'era finita Jeannine? Era uscita dall'aula da qualche minuto. No, da almeno un quarto d'ora, 20 minuti... Guardò la fila dei banchi verso il fondo, dove si metteva di solito l'altra francese della classe: il libro era sul banco, ma lei non c'era. Forse era andata in bagno e poi aveva deciso di fumare una sigaretta in giardino... Fumava molto. ◀2

▶3 Valérie tornò a guardare la prof, che stava litigando con il telecomando della lavagna elettronica per un collegamento internet che non voleva partire; in classe c'era quel silenzio

1. **feroce**: cattivissimo, violento; qui è riferito al sole, che quindi è violento.
2. **litigate**: (da *litigare*) violente discussioni.
3. **piangeva sulla spalla**: parlava delle proprie disgrazie.

Comprensione linguistica e letteraria

1 Incomincia a leggere.

In questi primi capitoli ascoltiamo la lettura dei madrelingua solo dopo aver letto il testo, perché per capire un racconto orale devi conoscere molto bene la situazione di partenza.
I capitoli del racconto sono divisi in parti, che iniziano con ▶ e finiscono con ◀, così sarà più facile fare gli esercizi di comprensione.

Leggi la parte ▶1 del testo, fino a quando Valérie pensa: «Fra tre ore anche questa settimana sarà finita!».

a. Si sta creando l'atmosfera: qual è la caratteristica principale?

b. Sai già dove siamo (a ....), in che tipo di istituzione (in ....) e c'è un personaggio che vede e sente le cose per te (..............................). Infine, sai che la narrazione è al tempo ...., secondo la tradizione.

2 Il secondo personaggio.

La parte ▶2 introduce un altro personaggio, che in questo momento non è presente.

a. È di nazionalità ....; le due ragazze .... si conoscevano prima dell'inizio del corso; Jeannine ha forse un amore, un ragazzo ...., ma le cose .... vanno bene.

b. Viene usata una tecnica particolare per presentare il personaggio: anziché farlo vedere, si crea attesa, cioè...

3 Dov'è Jeannine?

Leggi la parte ▶3.

a. Siccome il secondo personaggio, Jeannine, non c'è e tu sai che stai leggendo un giallo, allora incominci a fare le prime ipotesi, e cioè... Confronta le tue ipotesi con la classe.

b. Siamo in giardino con Valérie (che rappresenta i *tuoi* sensi – vista, udito, tatto, gusto, olfatto – sulla scena del racconto): c'è il contrasto caldo-freddo, cioè il senso del ....; ci sono delle magnolie enormi, con fiori bianchi un po' appassiti: il senso della ....; i fiori hanno un forte profumo: il senso dell'............................... Usare sensazioni diverse serve per coinvolgere il lettore nell'*atmosfera* del racconto.

strano che blocca tutti quando sono in attesa di qualcosa che sta per accadere e non accade; qualcuno, dietro Valérie, si faceva vento[4] con il quaderno e faceva un rumore ritmico. Valérie guardò la lavagna bianca, quella normale: c'erano delle frasi con i verbi scritti in rosso e blu - ma ormai aveva perso la concentrazione[5], non riusciva più a prestare attenzione. «Odio il passato remoto», pensò.
Si alzò, fece un sorriso alla prof che la guardò con un'aria un po' seccata[6], andò alla porta è uscì in corridoio.
Girò a destra e andò nel bagno delle donne, si sciacquò le mani con l'acqua fresca, poi provò a chiamare «Jeannine! Jeannine!». Niente, solo il rumore del traffico sulla strada.
Pensò che Jeannine fosse andata a fumare in giardino.
Lo faceva spesso.
Uscì dal bagno; nel corridoio l'ombra dava una sensazione di fresco; andò fino alla grande porta-finestra in fondo, l'aprì e... *Mon Dieu*! Da morire! Di solito le enormi magnolie[7] conservavano il fresco nella loro ombra, ma oggi erano solo una grande cupola che raccoglieva l'umidità mescolandola al profumo dolciastro dei fiori bianchi, un po' appassiti[8].
«Jeannine!», chiamò ad alta voce. ◀
▶ L'unica risposta fu un tuono[9] lontano. «Ah - pensò Valérie con un sorriso - ecco perché c'è quest'aria pesante, sta arrivando un temporale. Speriamo che si rinfreschi un po' l'aria.»
Un secondo tuono le sembrò più vicino - o forse era solo il desiderio che fosse più vicino...
«Jeannine!».
Niente. Più forte, ma con un velo di inquietudine[10] nella voce: «Jeannine!».
Valérie scese gli scalini fino all'erba del giardino, guardò

4. faceva vento: muoveva un foglio per far arrivare aria sul viso; spesso si usa un *ventaglio*.
5. concentrazione: focalizzare l'attenzione su qualcosa.
6. seccata: irritata.
7. magnolie: alberi alti, con foglie lucide e grandi fiori bianchi profumati.
8. appassiti: ormai vecchi, pronti a cadere.
9. tuono: rumore forte che viene dopo la luce del *lampo* in un temporale.
10. velo di inquietudine: il *velo* è una stoffa sottilissima, trasparente; qui è simbolico, è fatto di *inquietudine*, ansia, mancanza di tranquillità, di quiete.

coraggio!

È un'espressione usata per dare o darsi forza. Una persona coraggiosa non ha paura e accetta le sfide, mentre una persona debole e impaurita va *incoraggiata*.

niente

Si usa spesso da solo per dire "non si vede / sente niente, tutto è fermo".

4 Paura.

Leggi la parte ▶.

a. La situazione sta per cambiare: prima tutto era fermo, era caldo, si muoveva solo Valérie; adesso sta arrivando un temporale. Secondo te, che effetto aggiungono i tuoni e i lampi alla scoperta che il secondo personaggio è scomparso?
b. Valérie comincia a provare «un velo di ....»; è molto preoccupata, le sembra pesante perfino il ritmo dei suoi ....
c. Per fare risaltare la crescente paura di Valérie, bisogna contrastarla con qualcosa di tranquillo e pacifico, per esempio una signora ....

Come vedi c'è un equilibrio: da un lato Valérie che si muove dall'aula al bagno al giardino al bagno alla segreteria, sempre più inquieta, dall'altro una signora pacifica, ferma come in un quadro; la colonna sonora è data da un temporale, che crea un senso di inquietudine.

5 Leggi la parte ▶, l'ultima.

a. Nel quadro "fermo" arriva un .... di luce. Capisci adesso perché serve un temporale? Serve per far emergere il *clou*, il *climax*, il punto centrale del primo capitolo: il .... perso da Jeannine.
b. Continua il gioco tra *immobilità / movimento*, con la metafora del film che è in .... fino a quando qualcuno schiaccia il bottone ....
c. Arriva il direttore, convinto che basti dare un ordine per rimettere a posto le cose. Ma «L'unico commento fu un tuono ....»: la ripresa di questa parola forte, che hai trovato nelle prime righe del racconto, serve a dare senso di unità tra le varie scene.

verso il fondo, dove gli alberi erano più folti[11] e scuri.
Un tuono - e stavolta era davvero più vicino! Jeannine non c'era.
Valérie tornò nel corridoio; andò in fretta, quasi correndo, fino alla porta dei bagni, l'aprì: «Jeannine!». Niente, proseguì verso la segreteria: forse Jeannine era andata a chiedere qualche informazione. Un tuono rimbombò[12] nel corridoio alto del palazzo seicentesco. Le sembrava che anche i suoi passi rimbombassero nel corridoio, anche se aveva sandali di gomma che non facevano rumore.
Arrivò alla segreteria: c'erano solo il segretario e una signora **sui 40**, un po' grassa, che compilava un modulo. ◀
▶ D'improvviso un cambiamento della luce le fece dimenticare la segreteria e attirò il suo sguardo verso la grande porta a vetri che dava sulla strada: al posto della luce del sole che l'aveva illuminata fino a quel momento, d'improvviso c'era una luce strana, una luce, come dire... una luce scura. Dovevano essere arrivati i primi **nuvoloni** neri del temporale. Arrivò anche un lampo e, poco dopo, il primo vero tuono, forte, duro. Il lampo illuminò per un attimo[13] qualcosa di brillante vicino alla porta, e questo luccichio attrasse l'attenzione della ragazza. Fece un passo o due per vedere meglio. Un sandalo a infradito[14] con delle decorazioni di fiori di vetro.
Un sandalo di Jeannine.
«Jeannine!», gridò Valérie facendo di corsa gli ultimi passi che la separavano dal sandalo; si chinò, lo raccolse, sì, era quello di Jeannine. «Jeannine!!!»
Il segretario e la signora quarantenne uscirono con aria preoccupata dalla segreteria e videro la ragazza, ferma,

11. folti: fitti, vicini l'uno all'altro.
12. rimbombò: si diffuse con un'eco.
13. attimo: momento brevissimo.
14. sandalo a infradito: sandalo con un supporto che passa tra l'alluce e il secondo dito del piede.

6 Dove è finito il verbo?

Per dare più ritmo alla narrazione, il verbo talvolta sparisce: questo succede quando è facile capire quale verbo può essere usato. Inserisci i seguenti verbi (talvolta con articoli o avverbi) in queste frasi che hai trovato nel capitolo.

ci fu un ● era ● c'era ● non si sentiva ● disse ● poi arrivò il

- .... niente, solo il rumore del traffico sulla strada.
- .... più forte, ma con un velo di inquietudine nella voce.
- .... un sandalo a infradito con delle decorazioni di fiori di vetro.
- .... un sandalo di Jeannine.
- .... lampo, ... tuono; tutti guardarono la porta a vetri.

7 Ascolta il capitolo 1 nell' AUDIO 37, leggendo il testo.

A casa, ascolta di nuovo fino a quando non avrai più bisogno di leggere per capire bene.

sui 40

Su + numero significa "più o meno", "circa": qui significa che la signora ha circa 40 anni. *Ci vediamo sulle 3* vuol dire "circa alle 3". *Pesa sui 50 chili* significa "circa 50 chili".

nuvoloni

La *nuvola* è femminile, ma l'accrescitivo con il suffisso *-one* trasforma spesso il nome da femminile a maschile: un *nuvolone*, un *giaccone*, un *macchinone*, un *maglione*... perfino un *donnone*, l'accrescitivo di *donna*.

Produzione linguistica e letteraria

8 Adesso scrivete voi un giallo, tutti insieme.

Dividete la classe in 6 gruppi; se siete pochi, potete fare 3 gruppi da 3-4 persone al massimo. Scegliete:

- dove ambientare il racconto: città italiana, ambiente, stagione, clima, luoghi ecc.;
- il primo conflitto, tra il cattivo e la vittima (decidete se è stata derubata, rapita, uccisa ecc.);
- il secondo conflitto, tra il cattivo che si nasconde e il buono che gli dà la caccia;
- il narratore: il personaggio-*videocamera*, che "vede" per il lettore e può parlare in prima persona (può esprimere anche le sue emozioni) o in terza persona (può dire solo quello che vede, non le sue emozioni); può anche essere l'eroe buono, che ci fa vivere l'indagine dall'interno.

Per ora decidete gli elementi essenziali, non è necessario progettare il racconto fino alla fine: potete decidere la conclusione anche dopo aver scritto due o tre capitoli.
Il **gruppo 1** scrive il primo capitolo, in cui ambienta la scena e fa succedere il primo evento: il lavoro si fa trovandosi un pomeriggio oppure per e-mail, chat, cloud, Facebook o come si vuole. Il capitolo deve arrivare alla classe prima della prossima lezione, in modo che tutti possiate stamparlo per un commento in classe; poi alla fine di ogni lezione un altro gruppo farà il capitolo 2, poi un altro il 3 e così via. Alla fine, avrete il *vostro* racconto giallo.

impietrita, con un sandalo colorato in mano. La luce di un lampo la trasformò per un attimo nell'inquadratura di un film messo in *standby*. Poi arrivò il tuono, molto forte, e come se qualcuno avesse premuto *play* la ragazza si mosse e disse, con un tono di voce troppo alto: «È di Jeannine. Jeannine Duclos. Non è in bagno. Non è andata in giardino a fumare...».
«Scusa... ma... Siamo in una scuola, sarà in aula, no?»
«Non c'è. È nel corso B2 con me; ho visto che non c'era, ha lasciato il libro sul banco; allora sono uscita a cercarla... questo è il suo sandalo!»
«Dove l'hai trovato?»
«Qui, vicino alla porta.»
Lampo, tuono; tutti guardarono la porta a vetri, attratti dalla luce, poi si voltarono verso il corridoio, come in un balletto ben coordinato: li aveva fatti girare la voce del direttore.
«Si può sapere che cosa succede!?»
Un tuono coprì la spiegazione del segretario, che dovette ripetere.
«Sarà in bagno» disse il direttore, ma il coro composto da Valérie, segretario e signora quarantenne rispose «Non c'è». «Sarà in giardino» e il coro fu lo stesso. «Sarà tornata in aula mentre voi la cercavate!»
«Ero io che la cercavo - disse Valérie - torno a controllare in aula.»
«Con calma, mi raccomando, senza fare rumore e agitazione. La scuola deve essere un ambiente sereno per funzionare!»
L'unico commento fu un tuono feroce, molto poco sereno. 5

Quello che hai capito della narrazione

- **a.** Una scena ha bisogno di unitarietà, di essere "legata" da qualcosa: qui l'unitarietà è data dai tuoni, da parole come *feroce*, dal *su e giù* in corridoio.
- **b.** L'ambientazione deve creare *atmosfera*: il caldo feroce, prima; il temporale che si avvicina, poi; il temporale che scoppia, alla fine. Non sono elementi neutri, servono a fare da colonna sonora all'intera scena: più sensi vengono usati, più vivo risulta l'ambiente.
- **c.** Il protagonista è la tua "telecamera" dentro la scena: tocca, odora, sente, vede per te.
- **d.** Si può presentare un personaggio (Jeannine) anche senza mostrarla mai, facendola solo immaginare.
- **e.** Per dare ritmo, i verbi, gli articoli ecc. possono essere eliminati.

Riflessione sulla lingua

9 **Valérie è una *narratrice*; se il *direttore* fosse una donna sarebbe una ....**.

Valérie è il "narratore" di questo giallo, quindi è una *narra*..................
Il suffisso *-tore* trasforma il verbo nel nome di chi fa quell'azione, e al femminile diventa *-trice*.

verbo	nome maschile	nome femminile	verbo	nome maschile	nome femminile
a. narrare	*narratore*	*narratrice*	**d.** animare	....	....
b. scrivere	*scritt*..................	....	**e.** presentare	....	....
c. agire	*att*..................	....	**f.** dirigere	*dirett*..................	....

Ma sta attento: *dottore* → *dottoressa*.

10 **Valérie è una *student*.................. e quando esce dall'aula la *professor*.................. la guarda seccata.**

Di solito i nomi che finiscono in *-e* sono invariabili tra maschile e femminile (*il cantante* → *la* ....), ma alcuni usano il suffisso *-essa*.

- **a.** principe → *principessa*
- **b.** dottore → ....
- **c.** leone → ....
- **d.** studente → ....
- **e.** conte → ....
- **f.** barone → ....
- **g.** elefante → ....
- **h.** poeta → ....

P26 / Ventisei | L'esplosione

2 ▶ Valérie, tenendo il sandalo in mano come se fosse una cosa preziosa, s'incamminò verso la metà del corridoio, dove si apriva la porta della sua aula; intanto il direttore, come un cane da pastore, guidava la pecorella quarantenne verso la segreteria.
Valérie arrivò alla porta della sua classe, la aprì appena un po', senza che nessuno se ne accorgesse perché la prof era riuscita a far partire il collegamento internet e tutti stavano ascoltando una canzone.
In fondo, il banco di Jeannine era vuoto come quando Valérie era uscita, dieci minuti prima.

La ragazza richiuse con delicatezza la porta, si passò la mano sulla fronte, tirandosi indietro i capelli lunghi e scuri; sentì che era sudata, guardò il palmo della mano, vide che era bagnato, con delle **goccioline**, e fece una cosa che le faceva schifo: si asciugò la mano sui pantaloni.
Nel frattempo[1] il direttore stava uscendo dalla segreteria; la vide, le andò incontro. Non si parlarono, bastò un cenno della testa.
«Se è uscita per andare dal tabaccaio o al bar dovrebbe rientrare subito, sta per cominciare a piovere, forse non si è accorta che ha perso un sandalo...»
Il direttore si rese conto da solo della sciocchezza che stava dicendo e abbassò il tono della voce,

1. **Nel frattempo**: intanto, nello stesso momento.

goccioline

Le gocce piccole non diventano *goccine* ma *goccio**line***, con *-ol-* tra la parola e il suffisso; succede lo spesso con *topo* / *topo**lino***, o con *bestia*, cioè animale sporco, poco amichevole, che diventa *besti**ola*** o *besti**olina***.
Una goccia è una sferetta d'acqua. Se è di vino o di liquore, è un *goccio* e allora puoi bere un *goccino*, senza *-ol-*.

quasi si vergognasse

Quasi + congiuntivo imperfetto significa *come se*: "come se si vergognasse".

Comprensione linguistica e letteraria

1 Leggi la parte ▶.

Il capitolo 1 si è concluso con il *crescendo* (termine che indica una musica sempre più forte e veloce) del temporale e la scoperta che Jeannine è sparita. Per contrasto, il capitolo 2 *deve* incominciare con quella che nel cinema si chiama una *still frame*, un'inquadratura ferma o quasi: il direttore diventa un pastore che guida la ....; Valérie apre la porta «senza che nessuno ....» e rimane immobile passandosi la mano sulla fronte e scoprendo di essere ....: non ti viene *detto* che è sotto stress, ti viene *mostrato*.

2 Leggi la parte 2▶.

Anche qui c'è un equilibrio: il direttore sale al primo piano e gli studenti scendono al piano terra. Sono scene bilanciate, con un equilibrio tra le due parti, come i piatti di una **bilancia**.

a. La divisione tra la prima e la seconda parte del capitolo 2 è data da due immagini: la statua che sembra «tornare .... per un istante» e il direttore grasso che fatica a salire; il direttore viene sempre più caratterizzato come una *macchietta*, un personaggio da prendere in giro, non approfondito, un po' comico nella sua idea di essere forte e la realtà della sua incapacità.
b. A metà della parte 2▶ inizia un nuovo *crescendo*, che questa volta non coinvolge solo i pochi personaggi del capitolo 1, ma tutta la scuola: nota come il rumore cresce, rileggi da «appena le studentesse rientrarono nelle loro aule...» a «stava venendo giù un finimondo». Ancora una volta il temporale fa da colonna ....
c. Il crescendo della fine del capitolo 1 era stato segnato da un'immagine visiva: «La luce di un lampo la trasformò per un attimo nell'inquadratura di un film messo in .... Poi arrivò il tuono, molto forte, e come se qualcuno avesse premuto .... la ragazza si mosse.»
Nel capitolo 2 c'è lo stesso meccanismo, per dare unità visiva alle scene (che avvengono in pochi minuti): all'inizio della parte 2▶ un lampo fa «tornare .... per un istante» la statua, e alla fine del crescendo la luce dei lampi si colora passando attraverso le vetrate e... Riesci a visualizzare la scena? Se sì, l'autore del racconto ha lavorato bene!

quasi si vergognasse del suo tentativo di rimandare di qualche minuto l'accettazione della realtà: una studentessa della sua scuola, famosa in tutto il mondo per la serietà e la tradizione, era scomparsa lasciando un sandalo e i libri in classe.

«Vado a cercare nelle altre classi?» suggerì Valérie, scoprendo che **aveva la gola secca**[2] e le parole uscivano a fatica.

«Sì. Io vado ai piani di sopra a vedere se è su. Come si chiama?»

«Jeannine Duclos.»

«Francese?»

«Sì, come me.»

Il direttore **si avviò**[3] lungo la grande scalinata del Seicento che portava al primo piano, dove c'erano l'aula magna e altre quattro aule. All'inizio della scalinata c'era una piccola colonna con sopra una statua di una donna **a grandezza naturale**[4], chissà chi era stata: ma il riflesso di un lampo la fece tornare in vita per un istante, e sembrò che la donna di marmo ridesse dello sforzo del direttore (100, 110 chili di direttore, in giacca e cravatta malgrado il caldo) di arrampicarsi per la scalinata quasi correndo. Il tuono arrivò un paio di secondi dopo, il che significava che ormai erano dentro il cuore del temporale, e infatti dall'esterno si sentì il **fragore**[5] delle gocce, anzi, della **grandine**[6] che colpiva la strada da un lato, e il giardino e le finestre dall'altro.

Il direttore aprì, una dopo l'altra, le porte delle quattro aule, dicendo che cercava una studentessa francese del B2 e ricevendo sguardi vuoti e disturbati. Salì al secondo

2. **aveva la gola secca**: è un fatto fisico, del corpo, ma si usa anche per dire che una persona è sotto stress, ha paura.
3. **si avviò**: si mise "sulla via", cioè "partì".
4. **a grandezza naturale**: grande come una persona vera.
5. **fragore**: rumore forte.
6. **grandine**: pioggia ghiacciata, cioè fatta di chicchi di ghiaccio.

3 Leggi la parte 3.

Continua il gioco del bilanciamento: alcuni studenti sono realisti, attivi, organizzati, altri invece parlano e, «in un .... profondo della mente», **quasi quasi** desiderano che... che cosa, secondo te? Poi la storia si rimette in movimento.

a. Il cellulare con la foto di Jeannine, le voci degli studenti, e poi qualcuno che grida che c'è di mezzo un brasiliano bellissimo, che quel giorno non .... Quel "qualcuno" che dà la notizia chiave deve essere visibile al lettore, deve avere la forza di attirare su di sé l'attenzione e gli sguardi di tutti: «La ragazza, molto .... , con una strana treccia bionda girata intorno alla testa come fosse una ....», la vedi fra tutti i ragazzi, no?

b. Dove sarà il brasiliano? Jeannine (che qualcuno chiama per errore ....: le hanno rubato perfino il nome!) sarà con lui? L'avrà portata via con la forza, facendole perdere il sandalo?

c. La conclusione pone domande, non dà risposte. Si chiama *suspense*, attesa. Serve per invogliare a leggere il capitolo successivo.

quasi quasi

Quasi significa che quello che si dice non è del tutto vero, o non è completo: *pesa quasi un chilo*, *è quasi finito*.

Quasi quasi esprime un desiderio nascosto, come in questo caso: alcuni studenti dicono che sperano che non sia successo niente, ma c'è un desiderio nascosto (*quasi quasi*) che sia successo qualcosa di grave...

4 Ascolta il capitolo 2 nell'AUDIO 38, seguendo con gli occhi il testo.

A casa, riascoltalo la prima volta leggendo e poi senza leggere, fino a quando non capisci tutto tenendo gli occhi chiusi.

Quello che hai capito della narrazione

a. La struttura bilanciata ed equilibrata è importantissima, aiuta a legare le scene: qui ci sono due bilanciamenti, con Valérie da una parte e il direttore dall'altra. Anche il ritorno di un elemento presente nei vari capitoli aiuta a legare: nel primo capitolo il temporale sta arrivando, nel secondo capitolo esplode, così come esplode la storia; i lampi che portano in vita le figure sono presenti sia nel primo sia nel secondo capitolo e danno continuità.

b. Una struttura narrativa particolare è il *crescendo*: la scena diviene sempre più veloce e rumorosa e coinvolge chi legge, lo spinge a continuare a leggere.

c. *Show, don't tell* dicevano i grandi giallisti americani degli anni Trenta: "Mostra, non raccontare", "Fai vedere, non usare parole che spiegano". Valérie è sotto stress, ha paura, ma non ti viene detto: ti viene mostrato con il suo sudore e il suo disagio quando si asciuga le mani sui pantaloni; anche questa scena tornerà in uno dei prossimi capitoli, per dare continuità, per "legare" i capitoli.

piano, dove c'erano altre aule, il laboratorio linguistico e la biblioteca: deserto.
Intanto al piano terra Valérie aveva trovato due studentesse nel corridoio e le aveva bloccate per chiedere notizie - non ce n'erano - ma il risultato dell'incontro fu che appena le studentesse rientrarono nelle loro aule raccontarono al vicino di banco che era scomparsa una ragazza francese, e la notizia **corse di banco in banco**, fino a quando gli insegnanti intervennero e la scomparsa di Jeannine diventò ufficiale. Senza chiedere il permesso, gli studenti si alzarono e uscirono, chi nei bagni, chi al piano di sopra, chi nel giardino, anche se solo sugli scalini della porta alla fine del corridoio, perché intanto **stava venendo giù il finimondo**[7].
Quando il direttore scese dal secondo piano scoprì che c'erano vari studenti che stavano andando di aula in aula a chiedere se qualcuno avesse visto una ragazza francese scomparsa dalla sua classe, e allora le classi si svuotavano; tutti erano nel grande salone centrale, che serviva da aula magna, e tutti parlavano ad alta voce perché i tuoni e la pioggia facevano un fragore infernale. Le grandi vetrate erano colorate, con grandi figure in stile liberty, e la luce dei lampi entrava assumendo il colore dei vetri - rosso, azzurro, giallo, verde - e **tingeva**[8] di una sfumatura colorata i visi e i vestiti degli studenti, che stavano cominciando a scendere al piano terra, visto che ormai era l'ora della pausa di metà mattinata.
Come sempre succede in questi casi, **emersero**[9] i due più comuni **atteggiamenti**[10] umani di fronte a un imprevisto: da un lato, alcuni cominciarono a organizzare le ricerche - Andate a vedere nei bagni! Forse è nella sala delle macchinette del caffè! Forse è uscita per andare a comprare qualcosa! Controlliamo in giardino, forse si è rifugiata sotto una delle magnolie! - mentre molti altri si

7. **stava venendo giù il finimondo**: stava scendendo una pioggia terribile, da "fine del mondo".
8. **tingeva**: colorava.
9. **emersero**: comparirono, vennero alla superficie dell'acqua, diventarono visibili.
10. **atteggiamenti**: modi di affrontare una cosa.

Produzione linguistica e letteraria

5 Come va il vostro romanzo?

Avete letto, commentato, modificato, discusso, integrato il capitolo 1?
L'insegnante vi ha guidato nel miglioramento e nella correzione dello stile?
Volete fare un ultimo sforzo e aggiungere qualche elemento che possa tornare, per un *bilanciamento*, anche in seguito?
Il **gruppo 2** si occupa di questa nuova parte. Buon lavoro e... tenete conto dei riquadri *Quello che hai capito della narrazione*.
In questo caso, rileggete il primo capitolo ricordandovi dell'insegnamento dei realisti americani: *show, don't tell*. Se il personaggio ha paura, fatelo *vedere*, non dite «ha paura».

corse di banco in banco

Di banco in banco, *di fila in fila*, *di casa in casa* ecc. significano "da un banco al banco vicino", "da una casa all'altra", "da una fila a quella successiva": il verbo è sempre di movimento (*passare*, *andare*, *correre*, *saltare* ecc.) e *di... in...* indica il movimento che procede, che continua.

della Firenze di... / che...

Con i nomi di città non si usa l'articolo, ma se dopo c'è una specificazione, per cui non si parla della città in generale ma di un aspetto particolare, si può mettere l'articolo: **la** Milano di Manzoni, **la** Napoli del Romanticismo.

Riflessione sulla lingua

6 Quando la *i* diventa *e*.

a. Ormai hai una buona padronanza dell'italiano, ma ci sono sempre dei dettagli "maledetti", delle piccole cose strane... Una è quella che hai trovato in queste due frasi del racconto:

- Valérie arrivò alla porta della sua classe, la aprì appena un po', senza che nessuno ....
- Intanto al piano terra Valérie aveva trovato due studentesse nel corridoio e le aveva bloccate per chiedere notizie - non ....

Il verbo riflessivo *accorgersi* ha, come tutti i riflessivi, il pronome *si*, e il verbo *esserci* ha *ci*, che indica luogo: entrambi con la *i*. Ma in queste due frasi *si* e *ci* si "scontrano" con un pronome fortissimo, *ne*, e diventano *se* e *ce*.

misero a parlottare, a fare ipotesi, contenti di poter dire ad alta voce «Speriamo che non le sia successo niente» ma desiderando, in un **pozzo**[11] profondo della mente, che invece fosse successo qualcosa che desse una **spruzzata**[12] d'avventura alla calma noiosa **della Firenze di** fine luglio. Poi una ragazza ebbe l'idea di chiedere chi fosse la studentessa scomparsa. Girò il nome, ma pochissimi la conoscevano; allora Valérie disse che aveva una foto nel cellulare, andò in aula a prendere la borsa, mostrò la foto e il cellulare le fu **strappato**[13] di mano: tutti lo volevano per vedere Jeannine. **Mano a mano che**[14] l'immagine circolava, era seguita da un'onda crescente di commenti, di aneddoti: «L'ho vista spesso al bar», «Sì, sì, la ricordo bene, è francese»... Finché una ragazza disse una frase a voce alta e per una specie di miracolo tutti sembrarono tacere proprio in quel momento:

«Ah, sì, è la francese, Jacqueline, ha fatto innamorare Agostinho, il brasiliano!»
«Quel ragazzo bello bello? Quello che suona la chitarra?»
«Quello che è sempre in ritardo? Quello che...? Quello che...?»
«Sì, quello lì. Agostinho da Sousa, o solo Sousa. Brasiliano. Tra l'altro... oggi non l'ho visto in classe.»
La ragazza, molto alta, con una strana **treccia**[15] bionda girata intorno alla testa come fosse una corona, si guardò in giro e poi chiamò due ragazzi della sua classe: «Jimmy, Hans, ehi! Agostinho non è venuto a scuola oggi, giusto?». I ragazzi dissero qualche parola, ma l'ondata di commenti alla notizia appena saputa impedì di sentire le loro parole. ◀

11. **pozzo**: buco profondo nella terra, nel fondo del quale si trova l'acqua; qui indica una parte profonda, nascosta, della mente.
12. **spruzzata**: vaporizzata, bagnata con piccole goccioline, come con uno spray.
13. **strappato**: tolto, sottratto con forza.
14. **Mano a mano che**: mentre succede una cosa, comincia a succederne anche un'altra.
15. **treccia**: modo di legare i capelli per dare un effetto a "corda".

infinito
andare + *si* (*andarsi*) + *ne* = *andarsene*
con le persone:
***me** ne vado, **te** ne vai, **se** ne va,*
***ce** ne andiamo, **ve** ne andate, **se** ne vanno*

infinito
*esser**ci**, voler**ci**, aver**ci*** + *ne* =
*esser**ce**ne, voler**ce**ne, aver**ce**ne*
con le persone:
***ce** ne sono, **ce** ne vuole, **ce** ne hai*

b. *Si* e *ci* non perdono la *i* solo con *ne*, ma anche con i pronomi personali *lo*, *la*, *li*, *le*.

lavarsi
si lava il viso → *se lo lava*
si lava la faccia → ....
si lava i piedi → *se li lava*
si lava le mani → ....

metterci
ci mette impegno → *ce lo mette*
ci mette fatica → *ce la mette*
ci mette soldi → ....
ci mette energie → *ce le mette*

7 **Quando si formano due gruppi di studenti, quelli organizzati e quelli che parlano ma non fanno niente, questi ultimi sono «contenti .... poter dire ad alta voce...».**

Ci sono aggettivi che vogliono *di* + *infinito*, altri invece preferiscono *a* + *infinito*. Cominciamo con il primo gruppo: ne hai trovato un esempio nel titolo di questo esercizio. Crea delle frasi come nell'esempio.

a. capace *Non sono capace di* ....
b. contento *Sono contento di* ....
c. convinto ....
d. curioso ....
e. felice ....
f. libero ....
g. sicuro ....
h. stanco ....

P27 / Ventisette | L'appartamento del brasiliano

3

▶ Valérie aveva il sandalo in mano.

Appena gli studenti venivano a sapere che era il sandalo di Jeannine - che ormai per tutti era diventata Jacqueline - i commenti sul fatto che fosse fuggita perdendo il sandalo o che fosse stata portata via (i due partiti erano ormai sempre più netti, chiari) avanzavano come un'ondata, rimbalzavano come acqua in una vasca, costituita dal corridoio al piano terra, dalle aule che davano su quel corridoio, e dalle scale dove erano ferme decine di studenti. La pioggia fuori era al massimo, e tutti parlavano ad alta voce per coprire pioggia e tuoni. Un compagno della stessa classe di Agostihno, un croato dal nome impronunciabile che tutti chiamavano semplicemente Kris, riuscì a **farsi largo**[1] verso Valérie, che in quel momento ricordò alcune battute di Jeannine sul ragazzo croato («Carino, atletico, dolcissimo, ma **due palle**[2], **sempre che pensa** - secondo me sono tutti così, gli slavi e i balcanici. Senti la loro musica: ti viene subito da piangere...») e su Agostinho («È dolce - cioè,

1. **farsi largo**: camminare in mezzo a molta gente, spostando gli altri per poter passare.
2. **due palle**: è noioso.

Sempre che pensa, sempre che sorride

Sempre che dà il senso di un'azione continuata: "che pensa continuamente", "che continua a sorridere".

Comprensione linguistica e letteraria

1 Leggi la parte ▶.

a. «Valérie aveva il sandalo in mano». In un racconto scritto la punteggiatura è fondamentale, e anche quando parli un "punto a capo" è una pausa più lunga di un punto semplice. Osserva questi due incipit del capitolo: quale dei due incipit ti fa *vedere* la ragazza? Quale dei due la mette in risalto, come una statua?

Valérie aveva il sandalo in mano. Appena gli studenti venivano a sapere che era il sandalo di Jeannine - che ormai per tutti era diventata Jacqueline [...]	Valérie aveva il sandalo in mano. Appena gli studenti venivano a sapere che era il sandalo di Jeannine - che ormai per tutti era diventata Jacqueline [...]

b. Jeannine è diventata .... nel momento in cui la "massa" si impadronisce della sua storia: l'autore inserisce questo dettaglio per puro divertimento oppure, secondo te, vuole proporti una riflessione sui meccanismi della comunicazione di massa? Quale?

c. Compare Kris: bisogna farlo emergere dalla massa. Osserva come viene reso "unico" in mezzo ai "tanti": «un croato dal nome .... [...] Carino, ..., dolcissimo, sempre che ....», in mezzo a una massa che urla anziché pensare.

d. Nel testo ci sono tre bilanciamenti:
- il croato, «che tutti chiamavano semplicemente ....» ha perso il suo nome, proprio come Jeannine, che la massa chiama ....;
- Valérie ricorda alcune battute di Jeannine sul ragazzo croato «sempre che ....» e su Agostinho «sempre che ....».
- Kris è «carino, atletico, ...» e Agostinho è «dolce - cioè, ... sorride».

La parola *testo* - e un racconto è un testo - deriva dal latino *textus*, che significa "tessuto", cioè stoffa fatta incrociando i fili in un **telaio**: i bilanciamenti che hai visto servono per *tessere* la storia facendola diventare un *testo* dove tutto si tiene insieme.

sempre che sorride. Beh...: *sembra* dolce, ma poi è uno abituato ad avere quello che vuole, e al momento quello che vuole *lui* non va bene a *me*).
«Valérie, Valérie» urlava Kris per superare il rumore della pioggia, dei tuoni e dei duecento studenti eccitati da un incidente-rapimento-fuga. Valérie, che all'inizio aveva fatto finta di non vederlo perché credeva che sarebbe stato difficile parlare con lui, lo guardò, stabilendo un contatto visivo che passava oltre la decina di persone che li separava. ◀1

▶2 A gesti e parole Kris chiese che gli facesse vedere il sandalo. Valérie lo alzò e lui lo guardò in silenzio: sul suo viso scese una luce nera, gli occhi si persero nella notte che copriva tutto nella sua mente, rimase senza parole. A Valérie parve per un momento che l'onda di dolore totale, profondo, universale che era venuta dagli occhi grigi di Kris coprisse tutto il rumore delle voci, come una nevicata che copre tutto e tutto fa tacere. Durò un secondo, forse due, ma gli occhi del croato e della francese **firmarono un patto**[3], un'alleanza. Kris, un metro e novanta, non faticò a spostare gli studenti, più che altro studentesse, che lo separavano da Valérie.
Lei gli mostrò bene il sandalo, lui fece di sì con la testa. Poi si fece silenzio davvero e sentirono che alcuni degli studenti che avevano preso in mano la situazione stavano parlando ad alta voce: «Ormai non piove quasi più. Andiamo a cercare Jacqueline fuori, non può essere lontana. Ho creato l'hashtag *#jacqueline* così ci teniamo informati. Ho messo su Twitter la foto di Jacqueline, così possiamo mostrarla in giro».
Improvvisamente, come un **canale**[4] che si svuota d'improvviso, il corridoio si svuotò; c'erano ancora studenti che scendevano dalla scalinata andando al primo piano, e quindi avevano bisogno di informazioni, ma si scrivevano subito l'hashtag e andavano in giro. ◀2

3. **firmarono un patto**: fecero un accordo.
4. **canale**: fiume artificiale, scavato dall'uomo.

2 Parte ▶2: isolare i due "eroi" togliendoli dalla massa.

Nelle prime righe della parte ▶2 c'è la lotta tra i due personaggi, da un lato, e la massa, dall'altro: la massa ha una tale forza che ha perfino cambiato nome a Jeannine, e per riconoscersi crea un hashtag...
Gli "eroi" invece sono solo due, e allora si guardano, i loro occhi firmano «un ...., un'................................» e di colpo la massa scompare, perde forza: «Poi si fece .... davvero»; la massa se ne va, trasformata in un'acqua sporca, inutile, «come un .... che si svuota d'improvviso».

3 Parte ▶3: inizia la ricerca.

Finiamo di leggere il capitolo. Gli "eroi" hanno delle difficoltà, che li rallentano:

- Il segretario non voleva dargli l'................................ .
- La padrona di casa ci mise un'................................ a rispondere.

Ma alla fine ricevono un'informazione nuova: Agostinho quella mattina si era comportato in maniera strana, cioè...
La conclusione è come sempre fatta per creare *suspense*, per far venire il desiderio di continuare a leggere per vedere come procede la storia (usa la logica: *procede* significa ....).

4 Il *leitmotiv*.

In musica il *leitmotiv* è un tema, una melodia che ritorna continuamente e "lega", "tesse", le varie parti del testo.

a. Osserva e completa queste immagini legate all'acqua e alla pioggia.

Parte ▶1

- Appena gli studenti venivano a sapere che era il sandalo di Jeannine [...] i commenti sul fatto che fosse fuggita perdendo il sandalo o che fosse stata portata via [...] avanzavano come un'................................, rimbalzavano come .... in una vasca.
- La .... fuori era al massimo, e tutti parlavano ad alta voce per coprire pioggia e tuoni.

Parte ▶2

- A Valérie parve per un momento che l'................................ di dolore totale, profondo, universale che era venuta dagli occhi grigi di Kris coprisse tutto il rumore delle voci, come una .... che copre tutto e tutto fa tacere.
- Ormai non .... quasi più.
- Improvvisamente, come un .... che si svuota d'improvviso, il corridoio si svuotò.

Parte ▶3

- Valérie telefonò, mentre Kris la guardava con il viso bianco come la luce dei .... che sembrava rimasta sulla sua pelle anche adesso che il .... era passato.

3 Nell'improvviso silenzio, Valérie e Kris si guardarono per qualche momento, poi lui disse: «Bisogna chiamarla».
«Già fatto, non risponde.»
«Telefoniamo alla signora del B&B dove abita.»
«Faccio io. È una tipa strana, meglio una voce femminile.»
Valérie telefonò, mentre Kris la guardava con il viso bianco come la luce dei lampi, che sembrava rimasta sulla sua pelle anche adesso che il temporale era passato.
«Nel suo appartamento non c'è.»
«Neanche al cellulare» e Valérie si rese conto che mentre lei aveva chiamato la padrona Jeannine casa di Jeannine, lui aveva chiamato direttamente Jeannine, quasi non credesse che Valérie l'avesse già chiamata...
«E il brasiliano? Dove abita?»
«Non lo so. Ma possiamo chiederlo in segreteria» disse Valérie, avviandosi quasi di corsa. In tre passi le gambe lunghe del ragazzo recuperarono lo spazio che lei aveva già percorso. Il segretario non voleva dargli l'indirizzo perché era un dato personale, privato; poi pensò che Valérie era stata quella che aveva scoperto l'assenza di Jeannine e poi aveva trovato il sandalo, quindi la privacy non aveva senso, con lei. Cercò il nome del brasiliano sul computer, copiò l'indirizzo su un foglietto e glielo diede.
L'aria era pulita, fresca, c'era ancora qualche goccia che arrivava d'improvviso dalle nuvole basse che ancora dominavano il cielo.
«Via Fiume, numero 99. Secondo me è dalle parti della stazione.»
«Sì, c'è quella strada larga, Via Nazionale mi pare. Via Fiume è lì, **fa angolo**[5] con Via Nazionale.»

- L'aria era pulita, fresca, c'era ancora qualche .... che arrivava d'improvviso dalle .... basse che ancora dominavano il cielo.
- Aprì la camera e quello che videro uccise l'amore della vecchia signora per il brasiliano: sembrava che ci fosse stato un ....

b. Anche gli occhi ritornano più volte. Leggi e completa.

Parte 2

- Valérie lo alzò e lui lo guardò in silenzio: sul suo viso scese una luce nera, gli .... si persero nella notte che copriva tutto nella sua mente, rimase senza parole.
- A Valérie parve per un momento che l'onda di dolore totale, profondo, universale che era venuta dagli .... grigi di Kris coprisse tutto il rumore delle voci, come una nevicata che copre tutto e tutto fa tacere.

Parte 3

- Il vento che aveva portato il temporale le spingeva la camicetta contro il corpo e la faceva sembrare nuda, ma il ragazzo non aveva .... per lei. I suoi .... erano persi altrove.

Quello che hai capito della narrazione

a. La punteggiatura: un punto a capo, come quello nella prima riga del capitolo 3, può cambiare la visione che tu hai della scena descritta nel racconto.

b. Il gioco dei "bilanciamenti" tra i personaggi - sulle cose che hanno in comune, o che sembrano avere in comune, o che non hanno in comune - è importantissimo per "legare" la storia, per guidare il lettore nel farsi un'idea dei personaggi.

c. Il *leitmotiv* può aiutare a tessere la tela del testo.

5 Ascolta il capitolo 3 nell' AUDIO 39 tenendo chiuso il libro.

Ormai hai abbastanza informazioni sulla storia, hai già letto il capitolo, quindi puoi ascoltarlo a casa con calma, senza leggere ma cercando di capire quanto più possibile. Se c'è qualcosa che non capisci, al secondo ascolto inserisci una pausa, vai a controllare sul testo, poi ricomincia ad ascoltare senza leggere.

Produzione linguistica e letteraria

6 Nel racconto che state scrivendo avete usato qualche bilanciamento, qualche *leitmotiv*?

In che modo state cercando di tenere "legata" la storia?
Discutete in classe i primi due capitoli, e date ai **gruppi 3** e **4** (che per ora non hanno ancora lavorato) il compito di inserire delle immagini che realizzino un *leitmotiv* che passa da un capitolo all'altro, come in questi primi tre capitoli è stato il *temporale*: nel primo capitolo stava arrivando, nel secondo è scoppiato, nel terzo è andato via.

Mentre parlava, Kris era già partito e solo dopo alcuni lunghi passi si rese conto di aver perso contatto con la ragazza. La aspettò. Il vento che aveva portato il temporale le spingeva la camicetta contro il corpo e la faceva sembrare nuda, ma il ragazzo non aveva occhi per lei. I suoi occhi erano persi altrove.
Trovarono Via Fiume, trovarono il numero 99, suonarono; la padrona di casa **ci mise un'eternità**[6] a rispondere, poi li fece salire fino all'appartamento e mentre li accompagnava verso la camera di Agostinho lo descrisse come **un ragazzo d'oro**, sempre allegro, «e poi è bellissimo, mi ha portato anche dei fiori». Poi raccontò che quel mattino lo aveva visto uscire di fretta, con un **borsone**[7]. Aprì la camera e quello che videro uccise l'amore della vecchia signora per il brasiliano: sembrava che ci fosse stato un tornado, cassetti aperti, armadio aperto, biancheria calze mutande magliette scarpe - tutto sparso in giro per la camera.
«Be', sì, quando è uscito stamattina pareva di corsa, mi ha salutato in fretta. Di solito, come tanti brasiliani che ho avuto, **mi dava tre baci**, ma oggi era di corsa. E aveva il telefono in mano, mentre infilava le scale...»
Valérie e Kris la ringraziarono, e quando la porta dell'appartamento si chiuse alle loro spalle, con un rumore profondo che risuonò per le scale del vecchio edificio, il sorriso gentile che avevano regalato alla signora sparì.
«E adesso?»

5. **fa angolo**: è una strada che ne incrocia un'altra, creando quattro angoli.
6. **ci mise un'eternità**: ci mise molto tempo.
7. **borsone**: grande borsa.

un ragazzo d'oro

Non si parla di valore in denaro o in ricchezza, ma significa che è una persona stupenda, gentile.

mi dava tre baci

In Italia, a differenza di quanto avviene in molte altre culture, si danno solo due baci, talvolta anche solo uno. In realtà non si danno baci veri e propri: basta avvicinare le guance, cominciando da quella destra.

Riflessione sulla lingua

7 Agostinho «è uno abituato .... avere quello che vuole».

Nel **P26** (→ **ES. 7**) hai visto alcuni aggettivi che vogliono *di* + *infinito*, qui invece hai trovato un aggettivo che richiede ...... + *infinito*.
Ecco altri aggettivi simili, con i quali devi creare delle frasi.

a. abituato *Sono abituato a* ....
b. attento *Stai attento a* ....
c. interessato ....
d. occupato ....
e. pronto ....

Al posto dell'infinito può esserci anche un *nome*: per esempio *Sono abituato* ***al fumo*** *delle sigarette*.
Crea delle frasi con *a* + *nome* (che di solito vuole anche un articolo!).

a. abituato *Sono abituato* ....
b. attento *Stai attento* ....
c. interessato ....

8 Il racconto contiene descrizioni di ambienti e di fatti e molti dialoghi. Ricordi come si racconta un dialogo senza riportare le parole esatte? E come si trasforma un racconto in dialogo?

a. Rileggi il dialogo tra Valérie e Kris all'inizio della parte ▷ e raccontalo al tuo compagno in questo modo: *Kris* (oppure: *il ragazzo / il ragazzo croato*) *disse che bisognava telefonare a Jeannine e Valérie* (oppure: *la ragazza*)...
Racconta il dialogo fino a quando i due ragazzi decidono di chiedere l'indirizzo alla segreteria.

b. Il tuo compagno fa il processo inverso: trasforma in dialogo la sezione finale della parte ▷, quando la padrona di casa racconta l'incontro con Agostinho quella mattina:
DRIIN
- Non risponde nessuno.
- Riprova.
DRIIN
- Chi è?
- Signora buongiorno, scusi siamo amici di Agostinho. Ci fa entrare?

VENTOTTESIMO PASSO

P28 / Ventotto | E adesso?

4

▶1 La maggior parte degli studenti cominciò a rientrare dopo aver cercato invano Jacqueline per un quarto d'ora. La scoperta che era successo qualcosa di grave li aveva eccitati ed erano diventati iperattivi[1], ma dopo tre-quattro tentativi di chiedere informazioni nei bar e nei negozi vicino alla scuola, scoprendo che erano già passati altri 10 studenti e i negozianti erano seccati, tutti si erano messi a pensare ai fatti loro tra un tramezzino, un caffè, una brioche e un cappuccino, come quando ci si incontra dopo **una brutta notizia** e si sta zitti o si parla d'altro.

Valérie aveva scoperto la scomparsa di Jeannine alle 10 e mezza circa, e tutti gli studenti erano usciti dalle aule intorno alle 10 e tre quarti; l'intervallo di **metà** mattina era dalle 11 alle 11 e **mezza** – e a quell'ora quasi tutti stavano rientrando nell'imponente[2] palazzo barocco[3] chiacchierando di altre cose; ma mentre rientravano chiedevano al portiere o agli altri studenti che erano già nel corridoio se ci fossero novità. Qualcuno nel frattempo doveva aver spiegato loro che il nome corretto era Jeannine e non Jacqueline. ◀

▶2 Un insegnante si avvicinò a Valérie, ignorando la presenza di Kris, che da ragazzo timido qual era si tirò

Comprensione linguistica e letteraria

1 **Ascolta il capitolo 4 nell'AUDIO 40, seguendo con gli occhi il testo. Poi ascoltalo una seconda volta, senza leggere.**

Discuti con la classe le difficoltà che hai trovato e le parti che non hai capito: mettendo insieme il modo in cui siete riusciti a capire anche parole non conosciute, fate un lavoro comune sulle vostre strategie di comprensione.

2 **Parte ▶1: la caratterizzazione.**

Leggi la prima frase dei primi due paragrafi della parte ▶1, e noterai subito un contrasto (ancora un bilanciamento, ma tra cose opposte anziché simili):

La .... degli studenti cominciò... *VS* .... aveva scoperto...

- **a.** La massa è già comparsa nei capitoli precedenti, sempre indistinta, come se fosse un personaggio: è un personaggio intelligente e attivo, secondo te?
- **b.** Qui la massa è descritta così: «erano diventati ...., ma dopo tre-quattro tentativi di chiedere informazioni nei bar e nei negozi vicino alla scuola [...], tutti si erano messi a pensare ....».
- **c.** Poco sotto il contrasto è ancora più chiaro: da un lato «.................... aveva scoperto la scomparsa di Jeannine...», dall'altro «tutti gli .... erano usciti dalle aule...».
- **d.** Poche righe sotto, ecco un altro contrasto. Valérie è un soggetto che *crea* informazione, che scopre la mancanza di Jeannine, mentre gli altri *ricevono* le informazioni: «mentre rientravano chiedevano al portiere o agli altri studenti che erano già nel corridoio se ci fossero novità».

3 **Parte ▶2: Kris.**

Leggi e completa queste frasi della parte ▶2.

- **a.** Un insegnante si avvicinò a Valérie, ignorando la presenza di Kris, che da ragazzo .... qual era si tirò subito ...., quasi avesse paura di ....
- **b.** Valérie guardò spontaneamente in direzione di Kris, che .... capendo che .... di lui. Lei gli fece un sorriso ...., poi si voltò verso il professore.
- **c.** C'erano due ragazzi che le facevano la corte; uno è – non lo guardi, è molto .... – è quel ragazzo alto e biondo che era con me un momento fa.
- **d.** Kris... – disse piano Valérie verso il ragazzo, che si avvicinò .... un po'.

subito due passi indietro, quasi avesse paura di **essere di troppo**...
«Scusa, sei tu l'amica di... Jeannine o Jacqueline, la ragazza...»
«Jeannine. Jeannine Duclos.»
«OK, Jeannine. Dicevo: sei tu che ti sei accorta che non c'era?»
«Sì.»
«Che ore saranno state?»
«Le 10 e 35. Avevo appena guardato l'orologio per vedere quanto mancava all'intervallo.»
«E... tu la conosci bene?»
«Direi di sì; per quanto ci si possa conoscere dopo due settimane. Ma mi sembra di conoscerla da sempre...»
«E sai se avesse **qualche storia**[4]... qualche storia con qualche ragazzo?»

Valérie guardò spontaneamente in direzione di Kris, che si sorprese capendo che si parlava di lui. Lei gli fece un sorriso rassicurante, poi si voltò verso il professore.
«In realtà non aveva delle storie **vere e proprie**, era uscita con qualcuno, ma di solito si stava tutti insieme. C'erano due ragazzi che le facevano la corte; uno - non lo guardi, è molto timido - è quel ragazzo alto e biondo che era con me un momento fa, un croato, noi lo chiamiamo Kris. E poi c'era un altro, che a lei forse piaceva, ma che era troppo... insomma, non lasciava il giusto tempo per... insomma, mi capisce...»
«So come vanno queste cose.»
«Le stava simpatico, secondo me le piaceva, ma non ne parlava troppo. È un ragazzo brasiliano, si chiama Agostinho di nome, il cognome non lo so.»
«Agostinho da Sousa. È nella mia classe. Un ragazzo **solare**[5],

1. **iperattivi**: *iper-* significa *molto, moltissimo*; quindi *iperattivi* significa "molto attivi", pronti a fare qualcosa.
2. **imponente**: grande, enorme, importante.
3. **barocco**: stile Sei-Settecentesco, pieno di statue, decorazioni ecc. (vedi la scheda nel *Dizionario visivo online*).
4. **qualche storia**: una relazione amorosa.
5. **solare**: persona sempre allegra, che dà calore umano.

Anche qui abbiamo un bilanciamento perfetto: lei è forte, lui è timido, ma lei lo protegge. Tutto questo viene mostrato con gesti: *show, don't tell!*

4 Parte 3: tornano i *leitmotiv*.

a. Kris va verso la sua classe, Valérie continua a proteggerlo e a rassicurarlo: «lo salutò e gli disse che .... alla fine delle lezioni».
b. Poi la ragazza viene ancora contrapposta alla massa: «A Valérie sembrò .... che la gente trovasse il tempo e la voglia di discutere mentre una loro compagna era scomparsa nel nulla...». In realtà, è strana la discussione o è strana la massa?
c. Ricordi il *leitmotiv* dell'acqua, con la pioggia, le gocce, le ondate? Verso la fine del capitolo c'è un richiamo: «era entrata un'.................. di luce gialla, forte, che riportava l'estate [...] il .... era passato, tutto tornava sereno.»
E poi il solito contrasto, che crea un effetto drammatico: «Tranne la questione ....».

una brutta notizia

In italiano si usa *brutto* mentre in molte lingue si usa *cattivo*: espressioni come *una brutta parola*, *una brutta giornata*, *un brutto scherzo* ecc., in inglese userebbero *bad*.

metà, mezza

Il primo è un nome, il secondo è un aggettivo, ma hanno lo stesso significato: il 50% di qualcosa.

essere / sentirsi di troppo

Sentirsi *fuori luogo*, cioè nel momento e nel posto sbagliati, aver paura di disturbare, aver voglia di non essere in un posto.

vere e proprie

È un raddoppiamento comune, che dà forza all'aggettivo *vero*.

5 Alla fine del capitolo la situazione sembra giunta a un punto morto.

Il titolo dell'esercizio significa che non si vede una direzione sicura in cui avviarsi, e infatti Valérie e Kris tornano nelle loro classi e le lezioni riprendono.
Secondo te i due ragazzi riusciranno a stare attenti alle lezioni?
No, certamente: che cosa penseranno? Che cosa decideranno di fare?
Come andresti avanti tu nel racconto, considerando che ci sono ancora solo due capitoli?

giungere a un punto morto

Giungere significa "arrivare"; un *punto morto* è un punto della strada in cui non si può più andare avanti.

6 A casa, riascolta i primi quattro capitoli senza leggere il testo (AUDIO 37-40).

Poi scrivi in breve riassunto della storia, senza usare dialoghi.

divertente... come ci si immagina i brasiliani. Stamattina è venuto a scuola, aveva un borsone; è uscito un paio di volte, e ho dovuto dirgli che la smettesse, perché disturbava; poi sulle dieci e mezza ha salutato ed è andato via.»
«Lo sappiamo.»
«Come "lo sappiamo"!?»
«Kris... - disse piano Valérie verso il ragazzo, che si avvicinò arrossendo un po'. - Come le dicevo, lo sappiamo: io sapevo di Agostinho, ci siamo fatti dare l'indirizzo dell'appartamento dove sta, ci siamo andati, la signora ci ha detto che stamattina Agostinho aveva un borsone ed è andato via in fretta. Poi ci ha fatto vedere la sua camera... - si girò verso Kris, quasi fosse troppo difficile per lei dire come era la camera - Era **straincasinata**[6], non ci sono altre parole, professore. Era tutto sparso in giro. Come se la decisione di partire fosse stata improvvisa.»
«Ho capito. Vi ringrazio.»

Il professore si allontanò verso la porta della direzione. Valérie vide che Kris non sapeva se seguirla o se andare verso il primo piano, dove c'era la sua classe. Allora lo salutò e gli disse che si sarebbero visti alla fine delle lezioni e lui iniziò a salire le scale, due o tre **gradini**[7] a ogni passo. Valérie si guardò intorno e vide che molti studenti erano ancora in corridoio anche se ormai erano le 11 e le lezioni stavano per ricominciare. Gli studenti erano in piccoli gruppi, e c'erano discussioni animate. A Valérie sembrò strano che la gente trovasse il tempo e la voglia di discutere mentre una loro compagna era scomparsa nel nulla... poi si disse che forse stavano proprio discutendo della scomparsa di Jeannine.
D'improvviso, un momento di silenzio: il sole era ricomparso, e dalle due finestre, quella sulla strada e quella sul giardino, era entrata un'ondata di luce gialla, forte, che riportava l'estate. Per qualche secondo tutti

Quello che hai capito della narrazione

Riprendiamo tre elementi chiave.

a. Se vuoi caratterizzare un personaggio, puoi farlo dicendo come è («è timido, ha paura di...»), come nei romanzi dell'Ottocento, oppure puoi mostrare fatti, espressioni del viso, riportare parole in modo che il lettore "veda" il carattere. È sempre il solito principio *show, don't tell* e lo ripetiamo perché è fondamentale.

b. Il bilanciamento è sempre importantissimo, sia quando è positivo (i due "eroi", una più aperta, l'altro più timido, ma entrambi ragazzi in gamba e pieni di iniziativa) sia quando è negativo (l'eroe e l'eroina contrapposti alla massa che non ha carattere).

c. I *leitmotiv* possono passare da un capitolo all'altro, segnando l'evolversi della storia e tenendola insieme, come i fili di un tessuto.

Produzione linguistica e letteraria

7 Come state cercando di tenere "legata" la storia?

Ormai siete arrivati alla metà del vostro giallo, quindi dovete avere un'idea di **dove state andando a parare**, dovreste ormai sentirvi sicuri della trama.
Discutete quindi in classe i possibili eventi futuri, per arrivare alla conclusione. Potete seguire due strategie:

- decidere tutto adesso;
- fare tutti insieme una lista delle possibili soluzioni nel capitolo 4, che il **gruppo 5** scriverà in questi giorni, e negli ultimi due capitoli, e poi lasciare che siano i singoli gruppi a decidere come arrivare alla soluzione.

Nel **P27** avevamo suggerito di inserire delle immagini che facessero da *leitmotiv*, nel passaggio da un capitolo all'altro: ci siete riusciti?
Avete anche giocato sui bilanciamenti tra personaggi, scene ed eventi?

dove andare a parare

Sapere, o non sapere, dove si sta andando, dove si vuole andare.

Riflessione sulla lingua

8 Le funzioni di *ci*.

a. Completa queste frasi del racconto: non "copiare" dal testo, ma usa la tua competenza in italiano. Usa poi il testo per verificare le forme impersonali, cioè senza un soggetto preciso.

Parte 1

- Tutti si erano messi a pensare ai fatti loro tra un tramezzino, un caffè, una brioche e un cappuccino, come quando (*incontrarsi*) .... dopo una brutta notizia e **si sta zitti** o si parla d'altro.

Si sta zitti

Ricorda che con le forme impersonali, se dopo il verbo c'è un aggettivo che indica una caratteristica generale, di tutti, l'aggettivo va al plurale.

guardarono la luce, sorrisero – il temporale era passato, tutto tornava sereno. Tranne la questione Jeannine.
«È scappata da qualcosa. Non si va via lasciando la borsa con i libri, e senza un sandalo, se non si sta fuggendo da un pericolo.»
«No, è stata portata via! **Una** di venti, venticinque anni non scappa come una bambina. Se c'è un pericolo lo dice a noi, ai prof, al direttore...»
«Non ha avuto il tempo. L'hanno rapita!»
«Ma chi si mette a **rapire**[8] una studentessa straniera!?»
«Abbiamo appena i soldi per una pizza, non ci rapisce nessuno!»
«Rapita per amore?»
«Ma dài, non siamo in un romanzo dell'Ottocento!»
«Eh, però sai che i brasiliani hanno il sangue caliente.»
«"Caliente" ce l'hanno gli spagnoli! Se mi ricordo giusto, in portoghese è sangue "caloroso".»

Valérie passava da un gruppetto all'altro scivolando tra le persone, lentamente, e ascoltando senza mostrare di stare ascoltando, e non riusciva a capire come potessero degli adulti – perché erano tutti universitari e c'erano anche dei quarantenni, dei cinquantenni! – giocare con le parole; come gli venisse in testa l'idea di mettersi a fare i poliziotti, a fare film immaginari su rapimento, fuga, paura, senza sapere nulla di Jeannine; come si permettessero di sospettare di quell'Agostinho che lei aveva guardato qualche volta solo perché era un **gran bel** ragazzone e perché sapeva che faceva la corte a Jeannine. Ma siccome era brasiliano, era un selvaggio rapitore... Preferì entrare in aula, per non mettersi a discutere.

6. **straincasinata**: *stra-* significa *extra-*, *molto*, e *incasinato* deriva da *casino*, cioè confusione, caos.
7. **gradini**: piani che formano una scala.
8. **rapire**: non c'entra con *to rape*, "violentare"; significa "portar via una persona". Spesso il rapitore chiede un "riscatto", cioè dei soldi, e per questo gli studenti dicono che hanno pochi soldi.

Parte
- Direi di sì; per quanto (*potere + conoscersi*) .... dopo due settimane.
- Agostinho da Sousa. È nella mia classe. Un ragazzo solare, divertente... come (*immaginarsi*) .... i brasiliani.

b. Nel capitolo ci sono altre espressioni con *ci*, non impersonale ma con altre funzioni. Ricorda che i verbi sono al passato prossimo, quindi con l'ausiliare.

Parte
- Come le dicevo, lo sappiamo: io sapevo di Agostinho, (*farsi + dare*, cioè "far dare a sé") .... l'indirizzo dell'appartamento dove sta, (*ci + andare*, "in quel luogo") ...., la signora (*dire a noi*) .... che stamattina Agostinho aveva un borsone ed è andato via in fretta. Poi (*far vedere a noi*) .... la sua camera...

uno, una

Possono essere articoli indeterminativi ma anche pronomi: *una persona, un tipo, un uomo*.

gran bel(lo)

Davanti a un aggettivo, *gran* significa "molto": *una **gran** bella giornata*.

Esistono tre **usi di *ci***.
- **Pronome personale** che corrisponde a *a noi* (*ci* è "atono", cioè non è accentuato nella pronuncia, mentre *a noi* è "tonico", ha un tono più forte):
  - .... siamo fatti dare l'indirizzo
  - la signora .... ha detto che
  - poi .... ha fatto vedere la sua camera...
- *Noi* nei **verbi impersonali**:
  - come quando .... si incontra dopo una brutta notizia
  - per quanto .... si possa conoscere dopo due settimane
  - come .... si immagina i brasiliani
- **Pronome** che indica un **luogo**:
  - l'indirizzo dell'appartamento dove sta, ... siamo andati

9 ***La maggior parte*: sono tanti o è una cosa unitaria?**

Nell'italiano parlato puoi sentire «La maggior parte delle persone pensano che...» oppure «Il 50% degli italiani dicono che...». In effetti, il 50% degli italiani sono 30.000.000, quindi sono tanti!
Ma queste forme hanno una caratteristica, che trovi all'inizio del capitolo:
- La maggior parte degli studenti (*cominciare*) .... a rientrare dopo aver cercato invano Jacqueline per un quarto d'ora.

Il verbo è singolare perché *la maggior parte, il 50%, la maggioranza, un gran numero di* sono tutte forme singolari, come è ben chiarito dall'articolo singolare.

P29 / Ventinove | Arriva il tenente dei carabinieri

5

▶1 Erano le 11.40 quando la professoressa riuscì a chiudere la porta dell'aula, avendo chiamato tutti i suoi studenti che ancora discutevano in corridoio; mancavano alcuni studenti che avevano deciso di allargare le ricerche di Jeannine ed erano ancora in giro per il centro di Firenze.

«**Non credo che sia il caso** di riprendere con il passato remoto... Anche perché nel vostro passato prossimo, molto *prossimo*, cioè *vicino*, c'è stato un evento ben più importante. Ma durante l'intervallo, mentre tutti eravate fuori a cercare Jeannine Duclos, io ho pensato di andare a vedere che cosa avesse lasciato sul suo banco e ho trovato...»

Senza attendere l'*avanti!* dell'insegnante, entrò il direttore, con la faccia che sembrava presa da un'inquadratura del film *Titanic*, mentre l'iceberg sta per colpire la nave. Dietro di lui, quasi spingendolo, arrivarono due carabinieri. Uno dei due si fermò sulla porta, con le braccia dietro la schiena, quasi volesse impedire a qualcuno di fuggire. Il secondo venne avanti, con un sorriso che era il frutto di un corso di relazioni pubbliche, perché gli occhi non sorridevano **affatto** e

> **non credo che sia il caso**
> Nell'espressione *sia il caso* si usa spesso il congiuntivo perché viene dopo *pensare*, *credere* ecc. e significa "che sia la cosa giusta", "che sia opportuno".
>
> **affatto**
> Serve per dare forza a una negazione.

Comprensione linguistica e letteraria

1 Ascolta il capitolo 5 nell'AUDIO 41 senza leggere il testo.

Dopo il primo ascolto, apri il libro e ascolta di nuovo seguendo il testo. Con l'aiuto delle note, dei compagni e dell'insegnante, chiarite i punti poco chiari e poi passate all'analisi.

2 Caratterizzazione: il tenente.

In questo capitolo ci sono due personaggi nuovi, la professoressa e il tenente. Vediamo come vengono "disegnati" in modo che li possiamo immaginare. Cominciamo dal tenente.

a. A metà della parte ▶1: il tenente «venne avanti, con un sorriso che era il frutto di un ...., perché gli occhi .... e stavano scannerizzando lentamente tutti gli studenti, uno dopo l'altro». Lo vedi in faccia, ma vedi anche che ancor prima di salutare è già al lavoro: è un uomo d'azione.

b. A metà della parte ▶2: «Fuga, rapimento... stiamo calmi, andiamo ....!»; è un uomo razionale.

c. Poco dopo l'inizio della parte ▶3, osserva con che precisione e decisione il tenente cerca le informazioni: «Comunque lei .... che fosse il sandalo della persona scomparsa?»; «Chi .... Kris?»; «E Agostinho chi ....?».

d. A metà della parte ▶3 cerca di fare una battuta: «Cos'era, un .... di ragazzi?». Secondo te è davvero un uomo spiritoso o anche questa battuta è il frutto di un corso di relazioni pubbliche? Lo scopo è chiaro: fino a questo momento era troppo perfetto, serve che abbia qualche punto debole...

e. Quasi alla fine della parte ▶3: «Scusa, Rocca – disse il tenente con tono ....»; è un uomo deciso.

Con il tuo compagno scrivi tre aggettivi che descrivono il tenente; poi raccogliete alla lavagna tutti gli aggettivi e scegliete quelli più adatti. Se non li conoscete in italiano, condividete la vostra idea con i compagni della vostra stessa lingua: forse troverete un aiuto. Quale attore sarebbe adatto per interpretare il ruolo del tenente?

3 Caratterizzazione: la professoressa.

Finora la professoressa era comparsa solo per un momento nel capitolo 1; qui assume più vita.

a. All'inizio della parte ▶1 dimostra di capire gli studenti. Prova a ricordare cosa dice: «Non credo che .... di riprendere con il passato remoto...».

b. Poco dopo, sempre nella parte ▶1, dimostra di essere una donna concreta: «Ma durante l'intervallo [...] io ho pensato .... che cosa avesse lasciato sul suo banco e ho trovato...».

stavano scannerizzando lentamente tutti gli studenti, uno dopo l'altro.
«Buongiorno, signor direttore» disse la professoressa tanto per **rompere il ghiaccio**[1], visto che per alcuni secondi c'era stato un silenzio immobile. Ma quei pochi secondi erano sembrati un'ora...
«Sì... dunque... Buongiorno, professoressa. Ecco... Questo è il tenente Giupponi - e poi continuò rivolto agli studenti, da buon professore di italiano - è un tenente dei carabinieri, che è una delle forze dell'ordine in Italia insieme alla polizia. - Si voltò verso il carabiniere e continuò. - Sa, tenente, questi sono studenti stranieri, non conoscono la nostra tradizione, per loro tutte le forze dell'ordine sono "polizia"...» ◀
▶2 «Grazie della precisazione, direttore. Dunque, io sono qui perché la scuola mi ha comunicato che è sparita una studentessa. Che un **maggiorenne**[2] decida di uscire dalla scuola è un fatto normale e non è un nostro problema, ma mi hanno detto che vicino alla porta d'ingresso c'era una scarpa...»
«Un sandalo infradito, signor tenente» disse il direttore, con una voce da uccellino spaventato.
«Una scarpa, un sandalo... una persona non ne lascia uno a scuola per andare a passeggiare con solo l'altro sandalo... E poi mi ha anche detto che ha lasciato qui la borsa. Posso vederla?»
«Ecco, tenente, - **intervenne**[3] la professoressa - stavo proprio dicendo agli studenti che durante l'intervallo sono andata a vedere che cosa fosse rimasto qui dopo che Jeannine è scappata o è stata... è stata rapita.»

1. **rompere il ghiaccio**: quando c'è una situazione di imbarazzo, un silenzio prolungato, è necessario che qualcuno incominci a parlare, *rompa il ghiaccio*, come una nave *rompighiaccio* che apre la strada alle altre navi.
2. **maggiorenne**: persona che ha raggiunto la maggiore età, 18 anni, e quindi è responsabile delle sue azioni.
3. **intervenne**: disse qualcosa mentre stavano parlando altri.

c. Quasi alla fine parte ▶3 «Scusate, non sono un investigatore, ma sono una .... e credo che l'............ ogni tanto serva».

Quanti anni ha, secondo te, la professoressa? Come è fisicamente? Come è la sua voce? Condividi le tue impressioni con la classe - e ricorda che nessuna di queste informazioni ti è stata data: le hai immaginate tu.

4 Caratterizzazione: la "macchietta".

Mentre gli altri personaggi hanno caratteri ben precisi, il direttore è una "macchietta", uno di quei personaggi che trovi nei film o nei romanzi e che sono basati su dei *cliché* tradizionali. In questo capitolo viene caratterizzato in questo modo.

a. A metà della parte ▶1 è quasi un ostacolo: «Senza attendere l'*avanti!* dell'insegnante, entrò il direttore, con la faccia che sembrava presa da un'inquadratura del film .... Dietro di lui, quasi ...., arrivarono due carabinieri».

b. Poco dopo, nella parte ▶1: «Sì... dunque... Buongiorno, professoressa. Ecco...»; tutte queste sospensioni ti danno l'idea di una persona ....

c. All'inizio della parte ▶2: «Un sandalo infradito, ... tenente - disse il direttore, con una voce da ....».

Mentre il direttore parla, tu lo immagini con la schiena dritta o curva? Non c'è scritto, nel racconto...

5 Il *leitmotiv*: l'acqua diventa ghiaccio.

Nel capitolo 2 c'era la grandine e nel capitolo 4 c'era una nevicata: qui l'acqua, l'umidità, continuano a esserci, ma la situazione è, come si dice nel cinema per indicare l'immobilità, *frozen*, ghiacciata.

a. A metà della parte ▶1: «Senza attendere l'*avanti!* dell'insegnante, entrò il direttore, con la faccia che sembrava presa da un'inquadratura del film *Titanic*, mentre l'............ sta per colpire la nave».

b. Verso la fine del capitolo: «Il carabiniere si mosse come un fulmine, tornò la .... del silenzio». Poco dopo: «disse la professoressa, con la sua voce dolce che sciolse la .... del silenzio».

c. All'inizio della parte ▶3 l'umidità torna con un gesto che Valérie ha già fatto nel capitolo 2: «Ancora una volta la ragazza francese ebbe un'esplosione di ...., si passò la mano sulla fronte, se l'............ sui pantaloni cercando di farlo di nascosto».

A proposito di Valérie: nelle ultime righe interviene per proteggere Kris, forse... che cosa ne pensi?

«Fuga, rapimento... stiamo calmi, andiamo con ordine. Che cosa c'era nella borsa? E posso averla?»
«Sì, la borsa è questa, l'ho portata io sulla cattedra. Ho messo dentro io le cose che erano rimaste sul banco. È la borsa con le cose del corso, i libri, un quaderno, un dizionarietto; è rimasto qui anche il tablet. Era spento. Non c'è la sua borsa personale, quella con soldi, documenti ecc.: evidentemente la ragazza l'ha portata con sé. Ecco, se la vuole prendere...»
«Sì, grazie. E il sandalo?»
Tutti si voltarono verso Valérie.
«Mon Dieu... où est-il...»
«Valérie, in italiano, per piacere...» disse l'insegnante con una voce che voleva calmarla, dolce come il profumo delle magnolie nel giardino.
Ancora una volta la ragazza francese ebbe un'esplosione di sudore, si passò la mano sulla fronte, se l'asciugò sui pantaloni cercando di farlo di nascosto, poi cominciò a parlare, ma **la voce era come scomparsa**, per cui si schiarì la gola due o tre volte e riuscì a parlare: «Non ho idea di dove possa essere. L'ho raccolto, poi l'ho tenuto in mano mentre cercavo Jeannine in giro, quando ho guardato nelle classi; ricordo che **ce l'avevo** in mano perché avevo solo una mano libera per aprire le porte delle aule e guardare se c'era Jeannine, e dovevo farlo con attenzione per non fare rumore, e...».
Il silenzio fu come una nebbia gelata; si sentiva solo il ronzio del condizionatore.
«Non può essere scomparso - disse il tenente - comunque lei è sicura che fosse il sandalo della persona scomparsa?»
«Sì... Ah, ecco: sono certa che l'avevo quando sono andata con Kris in segreteria per...»
«Chi è questo Kris?»
«Un ragazzo croato, non si chiama proprio Kris ma ha un nome difficile... era molto... insomma: Jeannine gli interessava molto; è nel corso B1 intensivo. Era con me, siamo andati in segreteria a cercare l'indirizzo di Agostinho per...»

la voce era come scomparsa

È una forma particolare che sta al posto di "era come se la voce fosse scomparsa": si evita un congiuntivo! Impara questo uso per capirlo, ma non usarla tu perché in alcuni casi è accettata, in altri no...

ce l'avevo

Davanti ai pronomi personali *lo / la / li / le + avere* spesso si aggiunge *ce*, che è la forma di *ci* che si usa davanti a questi pronomi.

chi sarebbe?

Ha lo stesso significato di "chi è?", usato poche righe prima parlando di Kris. L'uso del condizionale serve a mettere in risalto che le informazioni che si stanno ricevendo sono incerte, che c'è bisogno di più precisione.

se fossi in lei

"Se fossi al suo posto". Può essere usato anche con nomi: *Se fossi in Giovanni la sposerei subito!*

Quello che hai capito della narrazione

a. La caratterizzazione di un personaggio deve essere ripetitiva: bisogna tornare più volte sulla caratteristica che si vuole mettere in evidenza - timidezza, debolezza, sensibilità ecc. Ma il personaggio può essere anche "a tutto tondo" (come una statua, che puoi vedere da tutte le parti) oppure una "macchietta" (come un disegno fatto con pochi segni, poche macchie di colore).

b. I *leitmotiv* invece non devono essere ripetitivi, si devono evolvere: qui l'acqua del temporale è diventata un iceberg!

Produzione linguistica e letteraria

6 **Come avete caratterizzato i personaggi?**

Avete protagonisti "a tutto tondo" e "macchiette"? Volete aggiungere qualche elemento alla caratterizzazione fatta nei primi capitoli che avete scritto? Affidate il compito ai **gruppi 1** e **2**, che ormai da tempo non lavorano al vostro giallo.
Un modo per vedere se un personaggio è stato ben caratterizzato è quello di immaginarlo come se fosse vivo, come un attore che deve recitare la sua parte: anche se non è scritto nel racconto, avete certamente immaginato il direttore come una persona curva e il tenente come una persona dritta.
Avete anche immaginato un attore che possa recitare la parte del tenente. Che attori immaginereste per i vostri personaggi?
Discutetene in classe, come se foste i registi di un film basato sul vostro racconto.

«E Agostinho **chi sarebbe?**»
«Un altro ragazzo che faceva la corte a Jeannine...»
«Cos'era, un harem di ragazzi? - disse il tenente convinto di fare una battuta - Lei mi stava dicendo che era andata in segreteria con il ragazzo croato...»
«Sì, e non sapevo dove appoggiarlo, il sandalo... mi pareva scortese tenerlo davanti al naso del segretario, ma non so dove l'ho messo...»
«Scusa, Rocca - disse il tenente con tono militare al carabiniere che se ne stava **piantato**[4] sulla porta - vai in segreteria e vedi se c'è 'sto **benedetto**[5] sandalo!»
Il carabiniere si mosse come un fulmine, tornò la nebbia gelida del silenzio e dell'attesa, e dopo un minuto tornò anche il carabiniere; fece un cenno di "no" con la testa.
«Scusate, non sono un investigatore, ma sono una donna e credo che l'**intuito femminile**[6] ogni tanto serva... - disse la professoressa, con la sua voce dolce che sciolse la nebbia del silenzio - **se fossi in lei**, andrei a chiederlo a Kris.»
«Non davanti a tutti, lo faccia uscire dall'aula» disse Valérie, con **un filo di**[7] preoccupazione per quel ragazzone che aveva osservato poco nelle settimane precedenti, ma che adesso **le era caro**[8] come un fratello minore.
Il tenente guardò il carabiniere senza dire una parola, e lui partì rapidissimo, come prima quand'era andato in segreteria; ma due secondi dopo ricomparve sulla porta: «Mi dite qual è l'aula? E mi ripetete il nome?».
«Vado io - disse Valérie, alzandosi - vado io, parlo io con Kris.»

4. **piantato**: fermo come una pianta, immobile.
5. **benedetto**: non c'entra con la *benedizione*, cioè la protezione "divina" data da un sacerdote o l'approvazione di un padre ecc.; come aggettivo davanti a un nome indica che si è parlato troppo di quel nome, quindi ha un senso negativo, di irritazione.
6. **intuito femminile**: *intuire* significa capire qualcosa anche se non è ben chiaro: è la grande abilità delle persone sensibili, dei poliziotti, degli psicologi. Da *intuire* derivano *intuizione*, un'idea improvvisa che forse può risolvere un problema, e *intuito*, riferito soprattutto alla capacità femminile di avere *intuizioni* sui comportamenti umani.
7. **un filo di**: usato in questo senso indica *un po'*, perché un filo è una cosa sottile, leggera.
8. **le era caro**: le interessava; *caro* indica un rapporto di amicizia.

Riflessione sulla lingua

7 La scelta del lessico nei testi letterari.

Una delle caratteristiche del testo letterario è l'uso molto attento del lessico. Uno degli aspetti principali è dato dall'uso dalle **figure retoriche**, cioè combinazioni di parole che spesso non si usano nei discorsi quotidiani. Le figure retoriche sono moltissime.

a. La famiglia più numerosa è quella che stabilisce **somiglianza**, spesso indicata dalla congiunzione ...., che vedi in queste frasi del capitolo:
- Inizio parte 3: «...disse l'insegnante con una voce che voleva calmarla, dolce .... il profumo delle magnolie nel giardino».
- A metà della parte 3: «Il silenzio fu .... una nebbia gelata».

L'idea di somiglianza è alla base anche di questa frase:
- Inizio parte 1: «Entrò il direttore, con la faccia che .... presa da un'inquadratura del film *Titanic*».

b. Altre volte, anziché sulla somiglianza, si lavora sulla **differenza**, mettendo insieme due parole che nella lingua di ogni giorno non possono stare insieme:
- Fine parte 1: «Buongiorno, signor direttore - disse la professoressa tanto per rompere il ghiaccio, visto che per alcuni secondi c'era stato un *silenzio* ....».
- Fine parte 3: «Il carabiniere si mosse come un fulmine, tornò la .... gelida del *silenzio*».

Il *silenzio* è una sensazione sonora: c'entra qualcosa con la sensazione visiva e tattile di *movimento* / *immobilità* o con la *nebbia*? La coppia di parole ti dà la sensazione di quello che vuol dire l'autore? Ti aiuta a "sentire" quello che avviene nel racconto?

In questo caso abbiamo messo insieme sensazioni diverse, udito, tatto, vista (il termine tecnico di questi accoppiamenti è *sinestesia*), come quando diciamo *un colore caldo / freddo*, *un amore bruciante* ecc.
In altri casi possiamo mettere insieme parole opposte, come vedi in questi versi di Catullo (in latino è *odi et amo*) o nelle parole di Dante e di Baglioni.

TRENTESIMO PASSO

P30 / Trenta | Troveremo Jeannine?

6 ▷ Il carabiniere alla porta dell'aula si spostò per lasciar passare Valérie e poi tornò al suo posto, come se fosse di guardia[1]. Valérie andò fino all'aula di Kris, aprì un po' la porta sperando di vederlo per fargli segno di uscire, ma il ragazzo croato era altissimo e quindi sedeva nell'ultima fila, per cui non era visibile; allora bussò alla porta già un po' aperta ed entrò senza attendere l'*avanti!* dell'insegnante.

«Scusate, è arrivata la polizia... anzi, i carabinieri...»

La correzione della parola "carabinieri" fu coperta dai commenti degli studenti che ripetevano la parola *polizia* e tutte le z sembravano il ronzio di cento zanzare[2]: l'arrivo della polizia significava che era successo davvero qualcosa di serio, che stavano vivendo dentro un romanzo giallo.

«Stanno cercando informazioni per capire come sono andate le cose. Scusi, professore, avrebbero bisogno di parlare con Kris...»

«Con me? Come, con me?...» disse il ragazzo mentre si alzava e pareva non finire mai, tanto era alto. Fece per andare verso Valérie, che però lo fermò dicendogli di portare anche la borsa.

Il viso di Kris, biondo con gli occhi grigi, era molto chiaro, come quello di molti slavi, ma mentre prendeva lo zaino[3] delle macchie rosse come ciliegie comparvero sulla fronte, sulle guance, sul collo del ragazzo, che chinò la testa come se fosse stato sorpreso mentre faceva una cosa proibita. Buttò lo zaino su una spalla e si avviò verso la porta, dove Valérie stava già uscendo e lo aspettava.

«Che cosa succede, Valérie?» disse Kris appena la porta fu chiusa.

Comprensione linguistica e letteraria

1 Ascolta il capitolo 6 nell' AUDIO 42, senza leggere il testo.

Dopo il primo ascolto, apri il libro e ascolta di nuovo seguendo il testo.
Con l'aiuto delle note, dei compagni e dell'insegnante, chiarite i punti poco chiari e poi passate all'analisi.

2 Era la foto di Agostinho.

Il racconto è diviso in sei capitoletti, e hai appena letto il sesto, l'ultimo: ma non finisce qui... Se volti le pagine, *senza leggere*, trovi l'*epilogo*, cioè la conclusione vera e propria della storia.
Torniamo all'ultima riga di questo capitolo: di chi sarà il numero sconosciuto? Discutine con la classe.
Prima di passare all'epilogo, analizziamo queste ultime pagine del racconto negli esercizi che seguono.

3 *Show, don't tell.*

Questa espressione inglese viene usata anche in italiano, perché "fai vedere, non raccontare" non è la traduzione perfetta: *tell* significa "dire", "spiegare", "raccontare", "elencare"... tutte cose che rendono noioso un racconto, perché da un secolo il cinema ci ha abituato a vedere le scene, non ad ascoltare qualcuno che ce le *racconta*...

a. Rileggi le righe centrali della parte ▷ e inserisci le parole "visive", relative a cose o azioni.
Il viso di Kris, ... con gli occhi ...., era molto ...., come quello di molti slavi, ma mentre .... lo zaino delle macchie .... come ciliegie .... sulla fronte, sulle guance, sul collo del ragazzo, che .... la testa come se fosse stato sorpreso mentre faceva una cosa proibita. .... lo zaino su una spalla e .... verso la porta, dove Valérie stava già .... e lo ....

b. Alla fine della parte ▷ il racconto ti fa "vedere" sensazioni e relazioni emotive: completa.
Non disse niente, gli ...., gli mise la .... sul .... – era ...., come se stesse ....; per il cuore .... del ragazzo croato il silenzio .... di Valérie fu come una .... calda d'inverno».

Nel primo caso vedi le azioni, nel secondo senti il calore attraverso Valérie e poi entri nell'anima di Kris, nel suo cuore... non ci sono le spiegazioni dello scrittore, ci sono solo le sensazioni dei personaggi.

«Vogliono vedere il sandalo; ho pensato che potessi averlo preso tu, in segreteria...»
«Io... be', sì... me l'hai dato tu, quando hai scritto l'indirizzo dell'appartamento di Agostinho, e io senza pensarci l'ho tenuto, e poi l'ho messo nello zaino... Io... io mi sono dimenticato di ridartelo, poi, **sai com'è...**»
Valérie lo guardò con tenerezza, la tipica tenerezza delle donne che capiscono esattamente come sono i maschi quando tornano bambini. Non disse niente, gli sorrise, gli mise la mano sul braccio - era caldissimo, come se stesse bruciando; per il cuore gelato del ragazzo croato il silenzio tenero di Valérie fu come una coperta calda d'inverno.
«Non so perché... ma ho avuto paura che le fosse successo qualcosa e volevo avere un ricordo, un ricordo tutto mio...» ◀1

▶2 Scesero la scalinata in silenzio e arrivarono all'aula di Valérie, dove le spalle del carabiniere occupavano la porta. Valérie sentì dei rumori in corridoio, si voltò e vide che dall'aula 4 stavano uscendo due ragazze, una andava al bagno e l'altra, dopo aver visto il carabiniere nell'aula vicina, infilò la scalinata verso il primo piano. Valérie capì che l'onda del pettegolezzo («È arrivata la polizia!», «Forse l'hanno rapita!», «Deve essere una cosa grave», «Forse è stata uccisa») stava per **allagare**[4] tutta la scuola...
«Resta qui» disse la ragazza a Kris. Toccò la spalla del carabiniere, che si spostò lasciandola passare. Guardò il tenente e gli disse di sì con la testa, per confermare che il sandalo l'aveva preso Kris.
«Rocca, fallo entrare!» disse il tenente con voce da militare.
«Mi scusi» intervenne la professoressa, la cui voce

1. **di guardia**: un militare è "di guardia", "fa la guardia" quando sta attento che non succeda nulla di strano, che non entri o esca nessuno ecc.
2. **ronzio di cento zanzare**: un *ronzio* è un rumore basso, fatto di solito da piccole ali come quelle degli insetti, delle api, delle zanzare.
3. **zaino**: una borsa che si porta sulle spalle, dietro la schiena.
4. **allagare**: quando una stanza, una strada o una valle si allaga vuol dire che un tubo rotto o un fiume hanno fatto uscire troppa acqua, che copre il pavimento o la strada.

Sai com'è...
È una richiesta di scuse. Si chiede all'altra persona di capire come stanno le cose, di mostrare comprensione perché sa com'è quella situazione.

4 E il *leitmotiv* legato all'acqua e al ghiaccio?

C'è ancora? Lo hai notato? Un lettore esperto (e per diventare esperti bisogna provare a scrivere, come stiamo facendo noi in questa Unità!) lo avrebbe notato.

a. All'inizio della parte ▶2: «Valérie capì che l'.................... del pettegolezzo [...] stava per .... tutta la scuola».
b. A metà della parte ▶2: «Poi il viso duro dell'ufficiale .... nel sorriso di una persona intelligente» (ricorda che quando il ghiaccio si .... diventa acqua).
c. Poco dopo, nella parte ▶2: «Il tenente uscì, lasciò una .... di silenzio rotto solo dal rumore della sedia di Valérie».

5 A questo punto devono concludersi anche le caratterizzazioni dei personaggi.

a. La professoressa era stata presentata come dolce, saggia, capace di capire le persone. È ancora così? (vedi le righe centrali della parte ▶2 e l'inizio della ▶3)
b. Il tenente era stato presentato come una persona dura e militaresca. Continua a esserlo anche nell'ultimo capitolo? (vedi la conclusione della parte ▶2)
c. La massa era "stupida". Si comporta in maniera diversa, alla fine dell'ultimo capitolo?

In questo modo le tre caratterizzazioni sono concluse.

6 Le *similitudini*, cioè il paragone tra cose simili.

Nel **P29** abbiamo detto che paragonare due cose, con *come* o con *sembrare / parere / assomigliare*, è il modo più semplice per renderle visibili. Qui il racconto usa ancora molti paragoni.

a. Parte ▶1: «gli studenti ripetevano la parola *polizia* e tutte le *z* .... il ronzio di cento zanzare»;
b. Conclusione della parte ▶1: «per il cuore gelato del ragazzo croato il silenzio tenero di Valérie fu .... una coperta calda d'inverno».
c. Inizio della parte ▶3: «l'insegnante iniziò a raccogliere le sue cose e a metterle ordinatamente in borsa, ... se l'ordine della borsa potesse riportare l'ordine umano che era stato spezzato dalla scomparsa di Jeannine». Qui c'è ancora un bilanciamento (o "parallelilsmo") tra due cose: l'ordine nella borsa e l'ordine nella realtà.
d. A metà della parte ▶3: «Lentamente, ... foglie di un autunno improvviso, altri studenti scendevano dalla scalinata».

dolcissima toglieva durezza alla frase del tenente, che era ancora sospesa nell'aria della classe. «Mi scusi, forse è meglio che vada lei da lui, in corridoio...»
Il tenente la guardò, sorpreso come succede a coloro che sono abituati a sentirsi rispondere **signorsì**[5] e non a sentirsi dare consigli. Poi il viso duro dell'ufficiale **si sciolse**[6] nel sorriso di una persona intelligente: «Ancora intuito femminile?»
«Sì... ma anche vent'anni di lavoro con giovani di questa età.»
Il tenente uscì, lasciò una **scia**[7] di silenzio rotto solo dal rumore della sedia di Valérie che intanto era arrivata al suo banco e stava riprendendo il suo posto, felice di tornare a essere una studentessa e di smettere di essere una **testimone**[8] in un'indagine per... fuga? Rapimento? Qualcosa di peggio?
Dopo pochi secondi il tenente chiamò il carabiniere e dai banchi vicini alla porta alcuni studenti videro che l'ufficiale dava il sandalo di Jeannine al carabiniere, che lo metteva in un sacchetto di plastica.
Il tenente rientrò nell'aula, si scusò dell'interruzione, salutò la professoressa, disse a Valérie che nel pomeriggio, dopo le 3, aspettava lei e Kris al commissariato per **raccogliere la loro deposizione**[9], fece un sorriso a tutti e se ne andò.
La sua uscita improvvisa lasciò tutti sorpresi, nessuno ruppe il silenzio, e questo permise di sentire il brusio degli studenti che in corridoio commentavano la presenza della polizia.
«**Non credo che abbia senso** riprendere la lezione, a questo punto, anche se sono solo le... - guardò l'orologio sulla lavagna - sono solo le 12.40. Non credo che qualcuno

5. **signorsì**: è il modo in cui i militari rispondono "sì signore" quando ricevono un ordine.
6. **si sciolse**: scomparve come in un liquido, come lo zucchero nel caffè; quando il ghiaccio è in un ambiente caldo si scioglie trasformandosi in acqua.
7. **scia**: quando le barche si muovono veloci lasciano dietro di sé una striscia di acqua agitata: è la *scia*.
8. **testimone**: persona che ha visto quello che è successo o sa come sono andate le cose, e lo dichiara alla polizia o in un tribunale.
9. **raccogliere la loro deposizione**: scrivere le parole di Valérie e Kris che, come testimoni, devono dichiarare come sono andati i fatti e poi firmare.

7 La persuasione occulta.

Durante il racconto l'autore ti guida in maniera *occulta*, cioè "nascosta", "non visibile", verso l'idea che questa sia una storia brutta, cattiva, e lo fa con una serie di immagini legate al clima. Unisci le quattro foto alle considerazioni qui sotto.

a. La storia avviene a Firenze in piena ...., quando fa caldo, un caldo *feroce* (ricordi quest'aggettivo? adesso capisci perché è stato usato due volte parlando del sole e del caldo?).
b. Per segnalare che sta per succedere qualcosa di brutto e di improvviso arriva un .... molto forte, pieno di tuoni e lampi.
c. Nel *leitmotiv* che ha accompagnato il racconto, lentamente l'acqua si è trasformata in ....
d. Alla fine i ragazzi vanno via: «Lentamente, come foglie di un .... improvviso, altri studenti scendevano dalla scalinata».

Non ti è stato detto niente, ma sei stato *persuaso* (da *persuadere*, "convincere", "far venire un'idea, un'opinione") in maniera *occulta* che la storia non abbia un "lieto fine", un *happy ending*.

voglia restare qui fino alle 13.30 solo perché questo è l'orario. Se c'è qualche novità, la carichiamo sul profilo Facebook della classe, così siamo tutti informati. Buon weekend... se ce la fate a fare un buon weekend con il pensiero di dove possa essere finita Jeannine Duclos!» e senza più guardare negli occhi i suoi studenti l'insegnante iniziò a raccogliere le sue cose - libri, penne, pennarelli ecc. - e a metterle ordinatamente in borsa, come se l'ordine della borsa potesse riportare l'ordine umano che era stato spezzato dalla scomparsa di Jeannine.

Gli studenti uscirono in corridoio e videro che c'erano già molti compagni di altre classi con gli zaini sulle spalle o le cartelle appoggiate a terra. Lentamente, come foglie di un autunno improvviso, altri studenti scendevano dalla scalinata, passando sotto lo sguardo privo di vita della grande statua di donna che regnava sulle scale. Nessuno parlava ad alta voce, e nessuno si avviava verso la grande porta a vetri che dava sulla strada, dove il sole aveva vinto la sua guerra quotidiana e **regnava sovrano**[10].

Valérie però non voleva restare lì, guardata da tutti, anche se tutti facevano finta di guardare altrove quando lei incrociava i loro sguardi. Vide la testa di Kris, una **spanna**[11] sopra tutte le altre teste, che si avvicinava; quando le fu vicino, il ragazzo si chinò verso di lei, le disse con voce bassissima che voleva andare via da lì e le propose di andare a mangiare una pizza da qualche parte. Valérie **annuì**[12] senza dire nulla; sorrise alle compagne vicine e uscì, seguita dal ragazzo croato.

Valérie era appena uscita dal portone quando suonò il cellulare. Sullo schermo comparve un numero sconosciuto.

10. **regnava sovrano**: un *sovrano* è un re, che quindi "regna come un re"; l'espressione è usata per indicare la forza di qualcuno o di qualcosa, in questo caso il sole.

11. **spanna**: circa 20 cm; è la distanza tra la punta del pollice e quella del mignolo tenendo la mano aperta.

12. **annuì**: disse di sì muovendo la testa in su e in giù.

non credo che abbia senso

Senso è un sinonimo di *significato*: *Questa frase non ha **senso***, *Ho capito il **senso** delle tue parole*. *Credo che abbia **senso***. Può avere anche un valore più ampio: "vale la pena", "è una cosa che è bene fare".

Quello che hai capito della narrazione

a. La "persuasione occulta" è tipica dei grandi maestri del *show, don't tell*: non ti fanno "vedere", ti suggeriscono senza che tu te ne accorga. Per esempio, se vogliono che un personaggio sia negativo, questi scrittori continuano a dare, qua e là, immagini negative sul modo in cui cammina, in cui sorride ecc.

b. Le figure retoriche non sono solo un abbellimento: devono essere utili a far continuare un *leitmotiv*, a fare persuasione occulta, a caratterizzare i personaggi, a creare l'atmosfera. In altre parole: riempire una pagina di similitudini o ossimori non significa scrivere in modo "letterario"...

c. La *suspense* si crea interrompendo un'azione importante e lasciando che il lettore si chieda che cosa potrà succedere, esattamente come nell'**ES. 2**.

8 ***Suspense*.**

È una parola inglese che nei film e nei romanzi gialli, *horror*, *thriller* ecc. indica "attesa": nel momento in cui sta per succedere qualcosa di importante la narrazione si interrompe.

a. Rileggi come si conclude il capitolo 3: ....

b. Poco dopo l'inizio del capitolo 5, la professoressa dice: «Ma durante l'intervallo, mentre tutti eravate fuori a cercare Jeannine Duclos, io ho pensato di andare a vedere che cosa avesse lasciato sul suo banco e ho trovato...» e subito dopo si interrompe, perché .... il direttore, e quindi non sai che cosa ha trovato.

c. Ecco la conclusione di questo capitolo: «Valérie era appena uscita dal portone quando suonò il cellulare. Sullo schermo comparve un numero sconosciuto.» Questa frase genera attesa, *suspense*.

Produzione linguistica e letteraria

9 **Siete quasi alla fine.**

Decidete insieme come deve lavorare il **gruppo 6** per concludere il giallo. Gli altri gruppi studiano invece la possibilità di aggiungere qualche dettaglio che guidi, con persuasione occulta, la simpatia o l'antipatia del lettore per i vari personaggi.

Epilogo

Piazzale Michelangelo è su una collina: da lì si vede l'Arno e il centro di Firenze.
Perché c'è questa foto, secondo te? Confronta la tua opinione con la classe, prima di ascoltare l'audio in cui capirai la ragione della foto.

10 Che cosa è un *epilogo*?

Leggi il testo nella pagina seguente in alto.

11 Ipotesi di epilogo.

Dividete la classe in due gruppi: quelli che immaginano un lieto fine e quelli che prevedono un epilogo triste. Ciascun gruppo (o sotto-gruppo, se il gruppo è troppo numeroso) ha qualche minuto per immaginare la conclusione della storia. Scrivete la vostra ipotesi qui sotto.

....

....

....

....

....

....

....

12 Ascolta l'AUDIO 43: trovi la trascrizione tra gli esercizi supplementari online.

Non andare subito a vedere la trascrizione, ascolta prima l'audio. Dopo aver ascoltato, cerca di ricordare queste informazioni.

a. Chi parla al telefono: ....
b. Di chi è il telefono da cui parla: ....
c. Come sta la persona che parla: ....
d. Perché era uscita dall'aula: ....
e. Che cosa vede mentre è in giardino: ....
f. Che cosa capisce in quel momento: ....
g. Che cosa decide di fare in quel momento: ....
h. Quale scelta deve fare: riprendere l'autobus oppure ....
i. Come mai non ha telefonato subito: ....
j. Che cosa deve fare alle 3: ....
k. Dove sono adesso, che cosa fanno: ....
l. Che invito riceve Valérie: ....
m. Non lo accetta, perché ....

Che cosa è un *epilogo*? Nell'**ES. 2** abbiamo detto che è la "conclusione", e infatti come vedi viene dopo i sei capitoli del racconto. Oggi nei film e nei romanzi non c'è quasi mai un capitolo conclusivo chiamato *epilogo*, che bilancia il capitolo iniziale chiamato *prologo*, cioè l'inizio e la fine: oggi il prologo e l'epilogo sono inseriti nella narrazione, uno per darti la situazione di partenza e l'altro per mostrarti la situazione alla fine. Nei romanzi classici, come questo, c'è spesso una sezione con il titolo *epilogo*. Noi l'abbiamo separato dal capitolo **6** perché... lo capirai nell'**ES. 13** (e questa interruzione è una forma di *suspense*!).

Prima di ascoltare l'epilogo concludiamo questa Unità vedendo alcuni termini che troverai spesso in letteratura o nel melodramma, cioè nel teatro musicale.

- Prima dell'inizio della storia, il **prologo** introduce il racconto; nelle opere c'è l'***ouverture***, cioè un brano orchestrale che anticipa i temi musicali, i ***leitmotiv***. Verdi nella *Traviata* e Wagner nel *Tristano e Isotta* usano proprio la parola *prologo*.
- L'inizio è l'***incipit***, che in latino significa che una cosa "comincia". Nella *Palestra di italiano* troverai delle raccolte di *incipit* famosi - perché scrivere la prima frase di un racconto è la parte più difficile!
- A metà di un'opera puoi trovare un **interludio** o **intermezzo**: il prefisso *inter-*, che significa "fra", "in mezzo", chiarisce il concetto. L'intermezzo è il brano più famoso dell'opera *Cavalleria Rusticana* di Mascagni: puoi ascoltarlo in rete.
- Alla fine c'è l'**epilogo**, che può essere "lieto fine", cioè una conclusione serena, felice (*lieta*), come nelle *commedie*, oppure triste, amaro, come nelle *tragedie*.

13 ***Suspension of disbelief.***

Questo è il ritratto di Coleridge, uno dei padri del Romanticismo. Secondo lui, tra autore e lettore c'è un patto, la *suspension of disbelief*: il lettore è disposto ad accettare quel che l'autore gli dice, se questo lo aiuta a leggere una storia o una poesia, a vedere un film. Si crede all'autore e basta!
E infatti qui ti è stato chiesto di accettare una cosa assurda: due amiche francesi che in un momento di tensione parlano tra loro in... italiano! Ci avevi pensato?
La letteratura è *fiction*, cioè è una finzione, una cosa non vera: ogni lettore lo sa. E nella "finzione" si possono anche accettare cose strane, si può *sospendere l'incredulità* (*belief*, "credere"; *disbilief*, "non credere", "incredulità").

14 **Perché abbiamo fatto questa Unità didattica, secondo voi?**

Questa Unità è diversa dalle precedenti, ma in realtà è una prosecuzione dell'Unità 4. Vediamo perché.

a. L'Unità 4 ha trattato l'italiano settoriale di tre "mondi":
l'italiano dell'*a*...............................,
della *m*...............................,
del *c*...............................
Qui hai visto l'italiano della *lett*...............................

b. Hai visto come si costruisce un testo letterario, e questo ti serve per *leggere* meglio i testi letterari.

c. Hai anche trovato alcune parole tecniche, che puoi tradurre nella tua lingua, come hai fatto nell'Unità 4:
- romanzo, racconto, giallo, *noir*: ....
- raccontare, narrare, caratterizzare: ....
- preludio, *incipit*, intermezzo, interludio, epilogo: ....
....
- atmosfera, *leitmotiv*, bilanciamento: ....
- stile, figure retoriche, similitudine, immagine, ossimoro: ....
....
- descrizione, dialogo, narrazione: ....

Saper descrivere

Saper descrivere la realtà è una delle più importanti abilità da sviluppare nella lingua (materna, seconda, straniera). Il testo descrittivo deve farci vedere le cose descritte, deve permetterci di immaginarle; migliore è la descrizione, più precisa è l'immagine che ne abbiamo.
Vediamo come si progetta una buona descrizione.

1 Descrivere l'autunno.

Scrivi una breve descrizione dell'autunno. Confrontala con quella del tuo compagno e poi lavorate in modo da giungere a una descrizione unica, unendo la tua e la sua.
Date la vostra descrizione a un'altra coppia, che vi dà la loro; leggetele, poi ciascuno aggiunge sulla propria descrizione qualche buona idea ricevuta dai compagni.
Conserva per ora la tua descrizione, e passa all'ES. 2. Torneremo alla vostra descrizione alla fine.

2 Si può migliorare.

Leggi questa descrizione minimale:

> L'autunno è una stagione intermedia, tra estate e inverno, tra caldo e freddo; le foglie diventano gialle e poi cadono; spesso piove per giorni e giorni.

Certo si può fare meglio. Leggi questa versione e nota quello che è stato aggiunto:

L'autunno è una stagione intermedia, tra estate e inverno, tra caldo e freddo; le foglie diventano di mille colori: alcune sono gialle, altre rosse, marroni, beige, ocra, e anche i tronchi degli alberi si fanno più scuri, quasi neri, si coprono di muschio verde scuro; poi le foglie cadono e fanno un tappeto multicolore; spesso piove per giorni e giorni, o comunque è nuvoloso, e l'aria diventa grigia, tutto assume lo stesso colore smorto, anche se viene interrotto qua e là dall'arancio di una zucca messa a seccare fuori della finestra o dal rosso dei melograni e dal giallo dei cachi che in questa stagione pendono dagli alberi ormai senza foglie e sembrano palle di Natale...

Che cosa hanno in comune le parti aggiunte? Se non lo noti, non preoccuparti, lo capirai tra poco.

3 Puoi farla ancora meglio!

Si possono aggiungere questi dettagli:

a. poi le foglie cadono e fanno un tappeto multicolore: in autunno fanno un rumore particolare, mentre ruzzolano, secche, a terra – rumore totalmente diverso dallo stormire che fanno al vento quando sono vive, attaccate ai rami.

b. In autunno spesso piove per giorni e giorni, con un rumore piccolo piccolo, un grattare tranquillo delle gocce contro i vetri della finestra.

c. ... interrotto qua e là dall'arancio di una zucca messa a seccare fuori della finestra o dal rosso dei melograni e dal giallo dei cachi che in questa stagione pendono dagli alberi ormai senza foglie e sembrano palle di Natale... È come se il brusio sommesso dell'autunno avesse d'improvviso un urlo di colore, per poi tornare pian piano alla sua voce tranquilla e sommessa.

Che cosa hanno in comune le parti aggiunte? Se non lo noti, non preoccuparti, lo capirai tra poco.

4 Ancora meglio!

Puoi aggiungere anche questo, cercando di capire con quale logica è stato scelto il dettaglio:

d. In autunno spesso piove per giorni e giorni: la pioggia ha l'odore di freddo, di umidità.

e. È come se il brusio sommesso dell'autunno avesse d'improvviso un urlo di colore, di odore di cose buone – il profumo delle caldarroste sulle braci, la zucca al forno – per poi tornare pian piano alla sua voce tranquilla e sommessa.

5 Ancora meglio, si può fare!

A questo punto dovresti capire perché abbiamo aggiunto questo.

f. L'autunno è una stagione intermedia, tra estate e inverno, tra caldo e freddo, tra i sapori forti dell'estate e quelli rotondi, dolci, familiari delle cose che si ritrovano a casa tornando la sera - un brodo caldo, le caldarroste, le zucche, le patate americane al forno: sapori che sanno di buono e di casa, dopo i viaggi dell'estate.

6 Un ultimo passo.

Puoi aggiungere le parti in viola per completare una descrizione "a tutto tondo" (ricordi che cosa vuol dire? abbiamo trovato questa espressione parlando di caratterizzazione).

g. i tronchi degli alberi si fanno più scuri, quasi neri, si coprono di muschio verde scuro; se tocchi un tronco senti il freddo umido, e anche la ringhiera e il cancello sono freddi e bagnati.

h. ... rumore totalmente diverso dallo stormire che fanno al vento quando sono vive, attaccate ai rami. E se le prendi in mano si sbriciolano di colpo, lasciando solo le nervature, ancora rigide e solide.

i. ... con un rumore piccolo piccolo, un grattare tranquillo delle gocce contro i vetri della finestra; i vetri si appannano e puoi disegnare, sulla superficie fredda e bagnata, un cuore con il nome della persone che ami... per poi cancellarlo in fretta con il palmo della mano, per paura che qualcuno in casa venga a saperlo!

7 Adesso è perfetta!

Leggi questa versione.

L'autunno è una stagione intermedia, tra estate e inverno, tra caldo e freddo, tra i sapori forti dell'estate e quelli rotondi, dolci, familiari delle cose che si ritrovano a casa tornando la sera - un brodo caldo, le caldarroste, le zucche, le patate americane al forno: sapori che sanno di buono e di casa, dopo i viaggi dell'estate.
Le foglie diventano di mille colori: alcune sono gialle, altre rosse, marroni, beige, ocra, e anche i tronchi degli alberi si fanno più scuri, quasi neri, si coprono di muschio verde scuro; se tocchi un tronco senti il freddo umido, e anche la ringhiera e il cancello sono freddi e bagnati;

poi le foglie cadono e fanno un tappeto multicolore: in autunno fanno un rumore particolare, mentre ruzzolano, secche, a terra - rumore totalmente diverso dallo stormire che fanno al vento quando sono vive, attaccate ai rami. E se le prendi in mano si sbriciolano di colpo, lasciando solo le nervature, ancora rigide e solide.
In autunno spesso piove per giorni e giorni: la pioggia ha l'odore di freddo, di umidità e fa un rumore piccolo piccolo, un grattare tranquillo delle gocce contro i vetri della finestra; i vetri si appannano e puoi disegnare, sulla superficie fredda e bagnata, un cuore con il nome della persone che ami... per poi cancellarlo in fretta con il palmo della mano, per paura che qualcuno in casa venga a saperlo!

Anche se non piove è comunque nuvoloso, e l'aria diventa grigia, tutto assume lo stesso colore smorto, anche se viene interrotto qua e là dall'arancio di una zucca messa a seccare fuori della finestra o dal rosso dei melograni e dal giallo dei cachi che in questa stagione pendono dagli alberi ormai senza foglie e sembrano palle di Natale...
È come se il brusio sommesso dell'autunno avesse d'improvviso un urlo di colore, di odore di cose buone - il profumo delle caldarroste sulle braci, della zucca al forno - per poi tornare pian piano alla sua voce tranquilla e sommessa.

8 **Adesso chiudi gli occhi, ascolta l'AUDIO 44, e mentre ascolti cerca di...**

9 **Perché è perfetta?**

Hai visto come si trasforma una descrizione banale in una descrizione piena, completa, di quelle che ti fanno "vivere" quello che viene descritto. Che cosa è stato aggiunto di volta in volta?
A che cosa corrispondono i cinque colori?

Abbiamo usato la "stella dei sensi", inserendo elementi visivi (**ES. 2**), uditivi (**ES. 3**), i profumi (**ES. 4**), i sapori (**ES. 5**) e le sensazioni del tatto (**ES. 6**).

10 **Riprendi la tua descrizione dell'autunno.**

Riprendi la versione che hai fatto insieme al tuo compagno dopo averla confrontata con quella di un'altra coppia.
Lavorateci insieme, a scuola o a casa, e poi inviatela alla classe.
Nella lezione successiva si deciderà il Nobel per la letteratura!

11 **Tu dove sei?**

Guarda le due immagini: il panorama è lo stesso, il ragazzo che lo guarda è lo stesso. Ma nelle possibili descrizioni del paesaggio c'è una differenza immensa:

a. nell'immagine a ◯ sinistra ◯ destra il ragazzo descrive il paesaggio che lui vede dall'esterno: è una visione *oggettiva*, realistica;

b. nell'immagine a ◯ sinistra ◯ destra il ragazzo è dentro il paesaggio: è una visione *soggettiva*, che porta con sé il suo punto di vista, le sue emozioni. Se sei bravo a descrivere, anche chi ti legge è *dentro* insieme a te.

Vediamo un po' queste opposizioni, nella descrizione nella pagina accanto.

12 **Riprendi la tua descrizione dell'autunno.**

Probabilmente è oggettiva. Vuoi renderla soggettiva o viceversa?

Tu sei fuori dalla descrizione	Tu sei dentro la descrizione
C'è un campo pieno di papaveri, e in primo piano c'è un *covone di fieno* [una mucchio di erba seccata per le mucche].	Sono in un campo pieno di papaveri e davanti a me c'è un covone di fieno, con il suo odore buono che mi fa venire in mente le mucche che mangiano in pace.

Sul campo di papaveri c'è ancora una *chiazza* [una macchia] di sole, ma il tempo non è bello, forse sta arrivando un temporale.	Se faccio pochi passi entro tra i papaveri, e siccome c'è ancora una chiazza di sole proprio sui fiori rossi, mi pare che tutta l'aria sia rossa, anche se il cielo sta diventando grigio e forse sta arrivando un temporale.

Di là dal campo c'è un gruppo di case di contadini, ma non si vede nessuno.	Non ci sono mucche, non ci sono api o insetti tra i fiori rossi, forse è l'aria pesante. Anche guardando in fondo, dove c'è un villaggio di contadini, non vedo nessuno, quasi che la vita sia fuggita da qui, o si sia rinchiusa nelle case per proteggersi da qualcosa che sta per arrivare.

Dietro le case ci sono dei grandi alberi e, sullo sfondo, delle colline grigio-verdi, distanti, lontane.	Sullo sfondo, grandi alberi che sembrano neri, come se avessero dentro il buio della notte e fossero pronti a gettarlo su questo paesaggio dolcissimo ma che sembra in pericolo. Lontano, le montagne grigio-verdi sono del tutto disinteressate alla vita dei contadini, degli animali, dei fiori, e mi fanno sentire piccolo e sperduto. Ho voglia di ripararmi dentro il covone di fieno – quest'assenza di vita mi toglie il respiro.

Palestra di italiano

1 **Nelle note e nei *post-it* dei primi 2 capitoli del racconto giallo hai trovato molto lessico interessante. Usiamolo.**

Completa il testo usando queste espressioni:

~~sentirsi la gola secca~~	a grandezza naturale
venire giù il finimondo	mano a mano che
avere una storia con	piangere sulla spalla
quasi fosse necessario	andare di stanza in stanza
quasi quasi	sui 35-40 anni

Quando ha saputo che Giacomo la tradiva io ero lì, e mi sono sentito *la gola secca*: lei è rimasta immobile, di ghiaccio, sembrava una statua ...., poi è venuto giù .... di pianti e urla, si è messa a girare per la casa, andava .... come se cercasse qualcosa e alla fine l'ha trovato, era un vaso di Murano che lui le aveva regalato: l'ha buttato per terra, quasi .... compiere un atto simbolico per segnalare la rottura con Giacomo.
Si è lasciata con Giacomo e adesso ogni giorno è qui e mi ....; spero che si tranquillizzi .... che passa il tempo. Ma era facile capire che sarebbe finita così: sapevamo tutti che lui .... con una sua collega, una più vecchia di lui, ... Siccome lui non è una brava persona .... speravo che la situazione esplodesse e che lei lo lasciasse!

2 **Ripassiamo il femminile.**

a. il narratore → *la narratrice*
b. il cantante → ....
c. il dottore → ....
d. l'elefante → ....
e. il professore → ....
f. lo studente → ....
g. il principe → ....
h. il calciatore → ....
i. lo sciatore → ....
l. l'avvocato → ....
m. il poeta → ....
n. lo scrittore → ....

3 **Alcuni aggettivi sono seguiti da *di*, altri da *a*.**

Li ricordi? È impossibile ricordare a memoria una lista: per svolgere l'esercizio devi provare a creare una breve frase, e ti **verrà subito in mente**.

venire in mente
Significa *ricordarsi* di qualcosa in maniera improvvisa.

attento
abituato
contento
interessato
pronto
felice
desideroso
capace

stanco
sicuro
convinto
curioso
occupato
libero

4 **Accoppia le parole della letteratura alle definizioni corrispondenti.**

a. preludio
b. epilogo
c. similitudine
d. ossimoro
e. *leitmotiv*
f. bilanciamento
g. giallo
h. noir

1. Spiegare una cosa dicendo che è come un'altra, che somiglia a un'altra.
2. Conclusione di una narrazione.
3. Tema che ritorna continuamente, legando le varie parti di una narrazione.
4. Romanzo poliziesco, in cui il piacere sta nello scoprire la verità su un furto, un delitto, un rapimento ecc.
5. Presentare situazioni, personaggi, giochi di parole che si equilibrano, si specchiano, si ripetono dando unitarietà al racconto.
6. Uso di due parole che nella lingua quotidiana non possono stare insieme, sono in contrasto, ma che possono servire per dare una sensazione, per far capire un'emozione.
7. Romanzo duro, che presenta una realtà violenta.
8. Introduzione a una narrazione.

5 **I personaggi del racconto che hai letto.**

Le lettere che trovi nello schema ti devono bastare per inserire i nomi o le funzioni indicate.

Devi inserire:

- i nomi dei due ragazzi
- i nomi delle due ragazze francesi
- la funzione di due persone che lavorano nella scuola: uno la dirige e uno sta in ufficio
- la funzione del carabiniere che interroga le persone e il nome del carabiniere che sta sulla porta

6 **Che cosa è successo in questi luoghi del racconto?**

Lavorate in gruppi di quattro: ciascuno racconta una delle scene agli altri, e poi se l'insegnante ve lo chiede le racconterete a tutta la classe.

7 **L'*incipit* è l'inizio di un racconto, di un romanzo, di una poesia.**

Questi sono alcuni famosissimi *incipit*: qualcuno di voi li conosce? Sono scritti da:

- un poeta del Trecento, che racconta un viaggio molto particolare;
- il maggior romanziere russo dell'Ottocento, che racconta la storia di una donna, madre, moglie, che decide di vivere come vuole lei;
- uno scrittore che molti considerano "per bambini", che parla di un burattino che diventa un bambino vero;
- un Premio Nobel colombiano, che narra storie fantastiche, che durano anche un secolo;
- un Premio Nobel americano che racconta la lotta tra un uomo e un grande pesce nelle Antille;
- uno scrittore praghese di lingua tedesca che scrive di un signore che si sveglia ed è diventato uno scarafaggio.

Chi li conosce racconta agli altri quello che sa e quello che ricorda di questi scrittori.

Nel mezzo del cammin di nostra vita
mi ritrovai per una selva oscura
ché la diritta via era smarrita.

Tutte le famiglie felici si assomigliano fra loro,
ogni famiglia infelice è infelice a suo modo.

C'era una volta... - Un re! - diranno subito
i miei piccoli lettori. No, ragazzi, avete
sbagliato. C'era una volta un pezzo di legno.

Molti anni dopo, di fronte al plotone di esecuzione, il colonnello
Aureliano Buendìa si sarebbe ricordato di quel remoto pomeriggio
in cui suo padre lo aveva condotto a conoscere il ghiaccio.

Era un vecchio che pescava da solo su una barca a
vela nella Corrente del Golfo ed erano ottantaquattro
giorni ormai che non prendeva un pesce.

Una mattina Gregorio Samsa, destandosi
da sogni inquieti, si trovò mutato, nel
suo letto, in un insetto mostruoso.

Trovi altri esercizi in
www.bonaccieditore.it

INDICE ANALITICO DELLA GRAMMATICA E TESTUALITÀ

Referenze iconografiche:

(ove non diversamente indicato, le referenze sono indicate dall'alto verso il basso, da sinistra a destra, in senso orario. a = alto; b = basso; c = centro; dx = destra; s = sinistra)

P. 9: © FXQuadro/Shutterstock; p. 10: © Kostenko Olga/Shutterstock, Yale University Press, 1997; p. 12: Staatsgemaldesammlung Schack-Galerie, Monaco/Micione, 2011/Wikimedia.org; p. 13: Boccaccio visualizzato, Einaudi 1999, vol. I; p. 15: www.lacasadiestervacanzecilento.it; p. 16: http://areziaviaggi.it; p. 19: © goodluz/Shutterstock, © goodluz/Shutterstock, © Poznyakov/Shutterstock; p. 22: Gipsoteca, Possagno/www.gallerieditalia.com, Galleria degli Uffizi, Firenze/www.teladoiofirenze.it; p. 23: Galleria nazionale d'arte moderna e contemporanea, Roma/www.artslife.com, https://it.pinterest.com, www.21cnmc.com; p. 24: © Massan/Shutterstock, © Eric Isselee/Shutterstock, © Asier Romero/Shutterstock, © Hurst Photo/Shutterstock, © WorldWide/Shutterstock, © Bill Frische/Shutterstock, © Photographee.eu/Shutterstock, © JupiterImages, © Alina Cardiae Photography/Shutterstock, © flowgraph/shutterstock, www.heartgallery.nu, © lightwavemedia/shutterstock, © Zuzanae/Shutterstock; p. 28: Bihbliothèque Nationale, Parigi, 1990; p. 29: Bibliothèque Nationale de France, Parigi; p. 30: Architetto del Campidoglio, Rotonda del Campidoglio, Washington D.C.; p. 32: Galleria Nazionale d'Arte Moderna, Roma /Hohum, 2016/Wikimedia.org, Hermitage, San Pietroburgo/https://it.pinterest.com; p. 33: © yousang/shutterstock, www.ferrarimaseratiofvancouver.com, https://red-live.it, www.rainews.it, www. onestoespietato.wordpress.com, www.roadsmile.com, Scottish National Gallery, Edimburgo/DcoetzeeBot, 2012/Wikipedia.org, http://mapio.net, J. Paul Getty Museum, Los Angeles/Smalljim, 2015/Wikimedia.org, Accademia Carrara, Bergamo; p. 34: ©vvoe/shutterstock, Francia, Italia, 1960/GIUSEPPE AMATO E ANGELO RIZZOLI PER RIAMA FILM (ROMA) - GRAY FILM - PATHE' CINEMA (PARIGI)/CINERIZ (1960/1980) - DOMOVIDEO, NUOVA ERI, MONDADORI VIDEO, MULTIGRAM, L'UNITÀ VIDEO - DVD: CINEMA FOREVER, Italia, 1954/PONTI-DE LAURENTIIS CINEMATOGRAFICA/PARAMOUNT - RICORDI VIDEO, VIVIVIDEO/http://www.movpins.com, Italia, 1973/FRANCO CRISTALDI PER F.C. PRODUZIONI (ROMA), PECF (PARIGI)/DEAR - WARNER HOME VIDEO, L'UNITÀ VIDEO (GLI SCUDI)/http://scirocco.blog.tiscali.it, Kraprabe, 2014/Wikimedia.org; p. 35: www.turistafaidate.it, www.clubhotelolivi.it, © Andrey Lobachev/Shutterstock, © Bambuh/Shutterstock; p. 36: Palazzo Vecchio, Firenze/Thomas Gun, 2010/Wikimedia.org, Biblioteca Apostolica Vaticana, Città del Vaticano; p. 37: http://mapassion-macollection.e-monsite.com, www.influx.co.uk; p. 38: Chiesa di San Rocco, Vigo-Daré/www.parrocchiedirendena.altervista.org, Museo del Prado, Madrid/Alexcoldcasefan, 2012/Wikipedia.org, Artemisia3496, 2012/Wikipedia.org, © Scala, Firenze, Chiesa dei SS. Geremia e Lucia, Venezia/Y.haruo, 2016/Wikipedia.org; p. 39: © Arsgera/Shutterstock, Musée du Louvre, Parigi/File Upload Bot, 2005/Wikimedia.org, San Pietroburgo, Museo dell'Hermitage/Stewart, Tabori & Chang, New York, 1990, Mueso Benaki, Atene/Tetraktys, 2008/Wikimedia.org, Convento di S. Pietro, Perugia/www.sanpietroperugia.it, Museo Nazionale di San Matteo; p. 40: pinterest.com/https://panethos.wordpress.com; p. 44: www.consorzioganosis.com; p. 47: © Vereshchagin Dmitry/Shutterstock; p. 48: © Leela Sae-ang/shutterstock; p. 49: © Andrey Arkusha/Shutterstock; p. 50: © SpeedKingz/Shutterstock; p. 51: © Vitalinka/Shutterstock; p. 52: © Catalin Petolea/Shutterstock, © Elena Elisseeva/Shutterstock, © Shooting Star Studio/Shutterstock, © Jeka/Shutterstock; p. 56: © Tyler Olson/Shutterstock; p. 59: © travelview/Shutterstock; p. 60: www.tuttartpitturasculturapoesiamusica.com, www.arte.it, www.deartibus.it; p. 61: Famiglia Leopardi Recanati, © Jamroen Jaiman/Shutterstock; p. 62: © 2010 Photos, © rui vale sousa/Shutterstock; p. 63: © stockyimages/Shutterstock, © Minerva Studio/Shutterstock, © Pressmaster/Shutterstock, © Africa Studio/Shutterstock; p. 65: Fæ, 2015/Wikipedia.org, USA, 1972/PARAMOUNT PICTURES/CIC - CIC VIDEO- PARAMOUNT PICTURES DVD IN COFANETTO CON IL PADRINO PARTE II E PARTE III/http://kutv.com, www.telemundo.com, © DenisNata/Shutterstock, www.gutenberg.org; p. 66: © Rawpixel.com/Shutterstock, © Hal_P/Shutterstock, © 2010 Photos; p. 68: © Robert Kneschke/Shutterstock, © lightpoet/Shutterstock, © Nicky Rhodes/Shutterstock; p. 71: © A.Raths/Shutterstock; p. 74: © Hong Vo/Shutterstock; p.75: © Alexander Raths/shutterstock; p. 76: www.rsi.ch, https://territoridel900.wordpress.com; p. 77: http://salvatoreloleggio.blogspot.it, www.perunaltracitta.org; p. 78: © wavebreakmedia/Shutterstock; p. 80: © Istockphoto; p. 81: © wjarek/Shutterstock; p. 83: © Botond1977/Shutterstock; p. 86: The Metropolitan Museum of Art, New York/Napoleon Sarony/Kimsaka, 2014/Wikimedia.org; p. 87: © wavebreakmedia/Shutterstock, © Albina Tiplyashina/Shutterstock, © alessandro guerriero/Shutterstock; p. 90: © Sarah2/Shutterstock, © Dmytro Zinkevych/Shutterstock, © ELENKS/Shutterstock: p. 91: © BlendImages/Tipsimages; p. 93: © Olga Danylenko/Shutterstock, © George Rudy/Shutterstock, © Andrey_Popov/Shutterstock; p. 94: © DeAgostini Picture Library/Scala, Firenze, © Foto Scala, Firenze, Cattedrale di santa Maria Assunta, Cremona/Renzo Dionigi, 2009/Flickr.com; 95: Bettmann/Corbis/http://blog.myheritage.com, www.emaze.com, Museo Francesco Borgogna, Vercelli/https://alberinube.wordpress.com, Italia, 1948/DINO DE LAURENTIIS PER LUX FILM/LUX FILM, RICORDI VIDEO, SKEMA, PANARECORD, GRUPPO EDITORIALE BRAMANTE, L'UNITA VIDEO, 20TH CENTURY FOX DVD (2003)/https://cookingnovel.wordpress.com, Genova/www.museidigenova.it/Renato Guttuso/© by SIAE Roma 2017 ; p. 99: © file404/Shutterstock; p. 100: © Olga Hofman/Shutterstock, © Robert Kneschke/Shutterstock, © michaeljung/Shutterstock, © michaeljung/Shutterstock; p. 101: © Volodymyr Kyrylyuk/Shutterstock, © Olga Vorontsova/Shutterstock, © project1photography/Shutterstock, Teatro scientifico Bibiena, Mantova/https://it.pinterest.com; p. 102: Museo Centrale del Risorgimento, Roma/www.150anni.it; p. 106: © g-stockstudio/Shutterstock; p. 107: © Mangostar/Shutterstock, © SERGEI PRIMAKOV/Shutterstock, © Lana K/Shutterstock, © wavebreakmedia/Shutterstock; p. 109: vilegye/www.designcrowd.com, © Foto Scala, Firenze, USA, 1991/JOHN WATSON, PEN DENSHAM E RICHARD B. LEWIS PER MORGAN CREEK PRODUCTION, WARNER BROS./ ARTISTI ASSOCIATI INTERNATIONAL - VIVIVIDEO, DE AGOSTINI, PANARECORD, http://library2.usask.ca; p. 110: © Photos; p. 111: © J.Ammit/Shutterstock, © Monkey Business Images/Shutterstock; p. 116: Aldo Rossi/Alessi/http://store.alessi.com, Teatro Carlo Fenice, Genova/Maurizio Beatrici, 2016/Wikimedia.org, © LongJon/Shutterstock; p. 117: © gumbao/Shutterstock; p. 118: Museo archeologico nazionale, Reggio Calabria/Araldo De Luca, Roma/Electa, Milano, 1998, Museo archeologico nazionale, Reggio Calabria/Araldo De Luca, Roma/Electa, Milano, 1998, Roma, Galleria Borghese, © DeAgostini Picture Library/Scala, Firenze; p. 119: © Raffaello Bencini/Archivi Alinari, Firenze, © Lessingimages, © 2013. Digital image, The Museum of Modern Art, New York/Scala, Firenze/Giorgio De Chirico/© by SIAE Roma 2017; p. 120: Palazzo Pitti, Museo degli Argenti, Firenze/http://www.iicmosca.esteri.it, Duomo Vecchio, Brescia/PrincipeRoby, 2011/Wikimedia.org, Griffin Collection, The Metropolitan Museum, New York/www.beth-bernstein.com; p. 121: Museo del Vetro, Murano/www.stilearte.it, Cà Rezzonico, Venezia/Michele Rienzo, 2016/Wikimedia.org; p. 123: http://finestagione.blogspot.it, http://mapio.net, © soulofbeach/Shutterstock, © Mi.Ti./Shutterstock; p. 124: © Archivio Mauro Ranzani/Archivi Alinari, © Irina Mos/Shutterstock, © Alexander A.Trofimov/Shutterstock, www.grazia.it; p. 125: © Luca Bonina/Shutterstock, http://mapio.net, © lauradibi/Shutterstock, © Anton_Ivanov/Shutterstock; p. 126: © Luciano Romano/Foto Scala, Firenze, © Icponline, Palazzo Strozzi, Firenze/http://gustarviaggiando.civico20.it, © Zoran Karapancev/Shutterstock; p. 128: © Raffaello Bencini, 2006/Archivi Alinari, Firenze/Per Concessione del Ministero per i Beni e le Attività Culturali, Galleria dell'Accademia, Firenze/Sailko, 2010/Wikimedia.org, Galleria dell'Accademia, Firenze/Sailko, 2010/Wikimedia.org; p. 129: © Folco Quilici/Archivi Alinari, Stefan Lew, 2007/Wikimedia.org, http://tantparfa.blogspot.it; p. 130: © Photos, www.corilon.com, © Mindscape studio/Shutterstock, elaborazioni grafiche (c) Elena Tagioni, © Icponline, © Photos, © Icponline, © Photos, © Photos, © 3DMAVR/Shutterstock, © Baishev/Shutterstock, © Boris Medvedev/Shutterstock, © PsyComa/Shutterstock, © alexsol/Shutterstock, © OZaiachin/Shutterstock, © Icponline; p. 131: © Byjeng/Shutterstock, © Nordroden/Shutterstock, © Berents/Shutterstock, © Bildagentur RM/Tipsimages, © Photos, © 3DMAVR/Shutterstock, © NMorozova/Shutterstock, © Justyna Kaminska/Shutterstock; p. 132: © DenisFilm/Shutterstock; p. 133: © Verpeya/Shutterstock, © Dragana Eric/Shutterstock; p. 134: https://images-na.ssl-images-amazon.com, www.eclassical.com, https://www.amazon.it, Museo Teatrale alla Scala, Milano / Skira Editore, 2004, www.leviedellamusica.net, Firenze, Palazzo Pitti, Galleria Palatina, www.wikiwand.com, Frank C. Bangs/Ed g2s , 2009/Wikimedia.org; p. 135: http://s1156.photobucket.com, https://images-na.ssl-images-amazon.com, http://www.zyxmusic.co.uk; p. 137: www.pavarottidoro.it, www.imagozone.ro, https://amfortas.wordpress.com; p. 138: Pier Leone Ghezzi/Rettinghaus, 2016/Wikimedia.org, https://alchetron.com; p. 139: www.windoweb.it, http://unbosquedepinos.blogspot.it, Rob at Houghton, 2014/Wikimedia.org; p. 140: www.filmforlife.org, Italia, 1946/PAOLO WILLIAM TAMBURELLA PER SOCIETÀ COOPERATIVA ALFA CINEMATOGRAFICA/ENIC - NUOVA ERI, GENERAL VIDEO, SWAN VIDEO, SKEMA, FONIT CETRA VIDEO, AB VIDEO, VIDEOGRAM, MONDADORI VIDEO, DOMOVIDEO, SAN PAOLO AUDIOVISIVI/www.raistoria.rai.it, Italia, 1948/PRODUZIONI DE SICA/ENIC/www.japantimes.co.jp; p. 141: Italia, 1954/PONTI-DE LAURENTIIS CINEMATOGRAFICA/PARAMOUNT - RICORDI VIDEO, VIVIVIDEO/https://it.pinterest.com, Francia, Italia, 1956/DINO DE LAURENTIIS CINEMATOGRAFICA (ROMA) - LES FILMS MARCEAU (PARIGI)/PARAMOUNT/http://celebritypictures.wiki, Francia, Italia, 1963/FEDERICO FELLINI E ANGELO RIZZOLI PER LA CINERIZ (ROMA), FRANCINEX (PARIGI)/CINERIZ - DOMOVIDEO, MONDADORI VIDEO, DE AGOSTINI, MULTIGRAM, L'UNITÀ VIDEO/https://nicenizza.it; p. 142: Italia, 1963/CARLO PONTI PER COMPAGNIA CINEMATOGRAFICA CHAMPION, LES FILMS CONCORDIA (PARIGI)/INTERFILM - GENERAL VIDEO, SAN PAOLO AUDIOVISIVI/https://weltretter.wordpress.com, Italia, 1969/DAVIDE SENATORE E MARINA CICOGNA PER VERA FILMS/EURO INTERNATIONAL FILM (1970) - RICORDI VIDEO, PANARECORD, L'UNITÀ VIDEO/www.electronique.it, Italia, 1970/GIANNI HECHT LUCARI, ARTHUR COHN PER DOCUMENTO FILM (ROMA), CCC FILMKUNST (BERLINO)/TITANUS- MONDADORI VIDEO, SAN PAOLO AUDIOVISIVI (IL GRANDE CINEMA), DE AGOSTINI/http://ioamoviaggiare.altervista.org; p. 143: Francia, Italia, 1973/FRANCO CRISTALDI PER F.C. PRODUZIONI (ROMA), PECF (PARIGI)/DEAR - WARNER HOME VIDEO, L'UNITÀ VIDEO (GLI SCUDI)/http://theredlist.com, Francia, Gran Bretagna, Italia, 1987/FRANCO GIOVALE', JEREMY THOMAS E JOYCE HERLIHY PER TAO FILM (ROMA) - YANCO FILMS LIMITED (HONG KONG), RECORDED PICTURE COMPANY, SCREENFRAME, AAA PRODUCTIONS, SOPROFILMS/COLUMBIA PICTURES ITALIA (1987) - VIVIVIDEO, CECCHI GORI HOME VIDEO, SAN PAOLO AUDIOVISIVI, TECNEDIT (LANTERNA MAGICA, GLI ORI)/www.videaspa.it, Francia, Italia, 1988/FRANCO CRISTALDI PER CRISTALDI FILM, RAITRE (ROMA), LES FILMS ARIANE, TF 1 FILMS PRODUCTIONS (PARIGI)/TITANUS (1989) - VIDEOGRAM, TITANUS DISTRIBUZIONE VIDEO, NUMBER ONE VIDEO, PANARECORD, GRUPPO EDITORIALE BRAMANTE (NUMBER ONE, CINECITTÀ)/http://gds.it; p. 144: Italia, 1991/A.M.A. FILM, PENTA FILMS, SILVIO BERLUSCONI COMMUNICATIONS/PENTA DISTRIBUZIONE (1991) - PENTAVIDEO, CECCHI GORI HOME VIDEO, L'UNITÀ VIDEO/www.makotour.it, Italia, 1997/Melampo Cinematografica/Cecchi Gori Distribuzionewww.rainews.it, Italia, Francia, 2013/Indigo Film, Medusa Film, Babe Films, Pathé/Medusa Film//www.mediaport.ua; p. 146: www.cinemagia.ro, www.privateislandnews.com, © Eleni_Mavrandoni/Shutterstock; p. 149: Francia, Italia, 1981/LUCIANO DE FEO PER OPERA FILM PRODUZIONE (ROMA), RENZO ROSSELLINI PER GAUMONT (PARIGI)/D.A.C., GAUMONT VALE - DOMOVIDEO, MULTIGRAM, MONDADORI VIDEO, crimetimepreview.com, Italia, 1965/BRUNO BOZZETTO/CINERIZ/www.afnews.info, Italia, 2012/Cattleya, Fastfilm; in collaborazione con Rai Cinema/Bolero film/www.circuitocinema.mo.it, USA, 2000/Universal Pictures, DreamWorks SKG/UIP/http://radio.wpsu.org, http://horatiorosa.com; p. 151: © Africa Studio/Shutterstock, © PhotoMediaGroup/Shutterstock; p. 152: © mimagephotography/Shutterstock; p. 153: © Scala, Firenze - su concessione Ministero Beni e Attività Culturali, Galleria degli Uffizi, Firenze /Centro Audivisivi del Credito Italiano, © Iakov Kalinin/Shutterstock, © Lessing Photo Archive/Museo Archeologico Nazionale, Cividale del Friuli, www.blitzquotidiano.it, © Photos, © RMN-Grand Palais (musée du Louvre)/Michel Urtado-- Réunion des Musée Nationaux/distr. Alinari, © Scala, Firenze, © Musée du Louvre, Dist. RMN-Grand Palais/Raphaël Chipault, © ArTono/shutterstock, http://living.corriere.it/Fortunato Depero/© by SIAE Roma 2017; p. 154: © Africa Studio/Shutterstock; p. 155: Mondadori/http://libroperamico.blogspot.it, Einaudi/www.amazon.it, Adelphi/http://grant4congress.com, Sellerio/www.bookrepublic.it, Sellerio/www.anobii.com, Sellerio/www.bookrepublic.it, Mondadori/www.bookrepublic.it, Sellerio/www.amazon.it, Adelphi/www.ibs.it, Sellerio/http://www.sololibri.net, Einaudi/www.amazon.it, http://ilsi.org, Adelphi/www.ibs.it; p. 156: Mondadori/www.anobii.com, Sellerio/www.ibs.it, Arnoldo Mondadori/www.anobii.com, Einaudi/www.ibs.it, USA, 1939, 20TH CENTURY FOX FILM CORPORATION/www.basilrathbone.net; p. 157: https://thewelltravelledpostcard.files.wordpress.com, © YanLev/Shutterstock, Italia, 2014- in produzione/Sky, Cattleya, Fandango, LA7, Beta Film/Sky Atlantic Sky Cinema 1/www.zone-telechargement.ws; p. 158: © estudio Maia/Shutterstock; p. 161: © kurhan/Shutterstock, © ELENKS/Shutterstock; p. 162: © Jade ThaiCatwalk/Shutterstock, © ICPonline; p. 163: © ESB Professional/Shutterstock; p. 166: © Amazingmikael/Shutterstock, © Arogant/Shutterstock; p. 168: © ProStockStudio/Shutterstock; p. 170: © Dean Drobot/Shutterstock; p. 172: © antoniodiaz/Shutterstock; p. 174: © V.Korostyshevskiy/Shutterstock; p. 176: © Luis Molinero/Shutterstock; p. 177: Schorle, 2009/Wikimedia.org, Boccaccio visualizzato, Einaudi 1999, vol. I, ttps://blog.cliomakeup.com; p. 178: www.lesara.it; p. 180: © UMB-O/Shutterstock, © Balazs Kovacs Images/Shutterstock, M.Palm/www.ci.orono.mn.us, © Photos; p. 181: © Milles Studio/Shutterstock; p. 182: © Andrew S/Shutterstock; p. 183: Olaf Stemme/IPS International, National Portrait Gallery, Londra/Mar11, 2016/Wikimedia.org, © V.Louro/Shutterstock; 184: www.hiren.info; p. 185: © GypsyGraphy/Shutterstock, © VarnakovR/Shutterstock, © Timmary/Shutterstock, © Cora Mueller/Shutterstock; p. 186: © Chetty Thomas/Shutterstock, © kimberrywood/Shutterstock, © LeventeGyori/Shutterstock, © Marjan Apostolovic/Shutterstock, © Khamidulin Sergey/Shutterstock, © Luca Santilli/Shutterstock, Museo dell'Ermitage, Sanpietroburgo/Ras67, 2010/Wikimedia.org; p. 188: © Ollyy/Shutterstock; p. 189: © andersphoto/Shutterstock, Collegio Cairoli, Pavia/Collegio Cairoli, 2009/Wikimedia.org, http://cloeginevra.blogspot.it, www.bedpostblog.com; p. 190: Gaspard Bodmer Collection, Cologny, The State Tretyakov Gallery, Mosca, La Fondazione Nazionale Carlo Collodi, Collodi/Ctac, 2012/Wikimedia.org, http://elreporterosf.com, Time Inc., © 2012 AKG/Photoservice Electa.